딱정벌레 크기 랭킹

일본의 장수풍뎅이 몸길이는 55.6mm입니다.

타이탄하늘소
200mm ▶P.66

헤라클레스왕장수풍뎅이
178mm ▶P.23

넵투누스왕장수풍뎅이
160mm ▶P.24

가위톱장수하늘소
150mm ▶P.66

코끼리장수풍뎅이
130mm ▶P.24

MOVE 알아보자!
곤충 무엇이든 랭킹!

곤충들에게는 다양한 능력과 특징이 있습니다.
여기에서는 그중에서 크기를 중심으로 소개합니다.
각각의 곤충에 관해서는 본편에서 더욱 자세한 내용을
즐기기 바랍니다.

나비의 크기 랭킹

알렉산더비단나비 ▶P.110
암컷 120mm
수컷 100mm

골리앗비단나비
100mm 전후

무늬박이제비나비 ▶P.81
80mm

무리의 종이 많은 랭킹

번데기 과정의 유무, 딱지날개의 유무 등을
기준으로 해서 무리를 크게 분류했습니다.

딱정벌레 무리
약 37만 종

파리 무리
약 15만 종

나비·나방 무리
약 14만 4천 종

벌 무리
약 14만 4천 종

차례

움직이는 도감 MOVE **곤충**

- 이 책의 사용법 ····· 4
- 곤충이란 무엇인가? ····· 6
- 곤충은 외계 생명체? ····· 8
- 곤충들의 기묘한 일생 ····· 10
- 반짝반짝 빛나는 곤충들 ····· 12
- 곤충들의 위장술 ····· 14
- 깜짝 놀라게 하는 곤충들 ····· 16
- 하늘을 나는 곤충들 ····· 17
- 곤충 탐험을 떠나 보자! ····· 18

딱정벌레목

- **장수풍뎅이** 무리 ····· 20
  - 세계의 장수풍뎅이들 ····· 23
- **사슴벌레** 무리 ····· 26
  - 세계의 사슴벌레들 ····· 32
- **풍뎅이** 무리 ····· 35
  - 세계의 풍뎅이들 ····· 38
- **길앞잡이·딱정벌레** 등의 무리 ····· 40
  - 세계의 길앞잡이·딱정벌레들 ····· 44
- **송장벌레·반날개** 등의 무리 ····· 45
- **물방개·물땡땡이·물맴이** 등의 무리 ····· 46
- 물에 서식하는 곤충들 ····· 49
- **반딧불이** 무리 ····· 50
- **비단벌레·방아벌레·병대벌레** 등의 무리 ····· 52
  - 세계의 반딧불이·비단벌레들 ····· 55
- **무당벌레** 무리 ····· 56
- **거저리·꽃벼룩·가뢰** 등의 무리 ····· 58

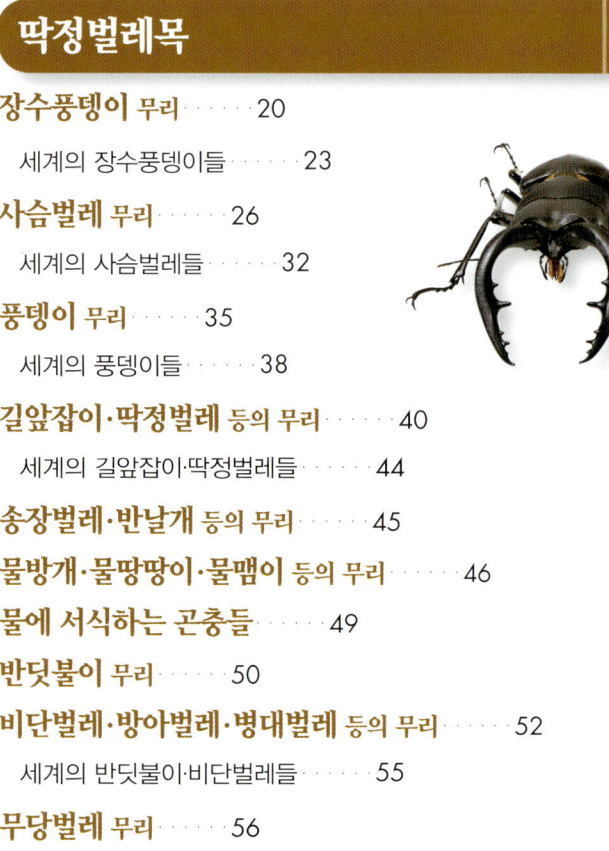

- **하늘소** 무리 ····· 60
  - 세계의 하늘소들 ····· 66
- **잎벌레** 무리 ····· 68
- **바구미·거위벌레** 무리 ····· 70
  - 세계의 바구미들 ····· 75

나비목

- **나비** 무리 ····· 76
  - 호랑나비 무리 ····· 80
  - 흰나비 무리 ····· 83
  - 네발나비 무리 ····· 85
  - 부전나비 무리 ····· 92
  - 팔랑나비 무리 ····· 95
- **나방** 무리 ····· 96
  - 산누에나방 무리 ····· 98
  - 박각시 무리 ····· 100
  - 밤나방 무리 ····· 101
  - 자나방 등의 무리 ····· 102
  - 불나방·독나방 무리 ····· 103
  - 재주나방·누에나방 등의 무리 ····· 104
  - 다양한 나방 ····· 105
- **나비·나방 유충 총집합** ····· 108
  - 세계의 나비들 ····· 109
  - 세계의 나방들 ····· 113

벌목

벌 무리 ····· 114
　말벌 무리 ····· 118
　대모벌·배벌·호리병벌 무리 ····· 120
　구멍벌·은주둥이벌 무리 ····· 121
　기생벌 등의 무리 / 잎벌·송곳벌 무리 ····· 122
　꿀벌·꽃벌 무리 ····· 123

개미 무리 ····· 124
　세계의 개미들 ····· 128
　흰개미는 개미가 아니다! ····· 129

파리목

파리·등에·모기 무리 ····· 130

풀잠자리목 등

풀잠자리·뱀잠자리 등의 무리 ····· 134

날도래 무리 / 밑들이 무리 / 벼룩 무리 ····· 137

잠자리목

잠자리 무리 ····· 138
　물잠자리·실잠자리 등의 무리 ····· 140
　무카시잠자리·측범잠자리 등의 무리 ····· 142
　왕잠자리·장수잠자리 무리 ····· 144
　잠자리·청동잠자리 등의 무리 ····· 146
　세계의 잠자리들 ····· 149

하루살이목·강도래목

하루살이 무리 ····· 150

강도래 무리 ····· 151

메뚜기목

메뚜기 무리 ····· 152
　메뚜기·밑들이메뚜기 무리 ····· 154
　여치 등의 무리 ····· 156
　귀뚜라미 등의 무리 ····· 158
　세계의 메뚜기들 ····· 159

사마귀목

사마귀 무리 ····· 160
　세계의 사마귀들 ····· 163

대벌레목

대벌레 무리 ····· 164
　세계의 대벌레들 ····· 166

노린재목

노린재 무리 ····· 168
　세계의 노린재들 ····· 173

소금쟁이·장구애비·물장군 등의 무리 ····· 174

매미 무리 ····· 178
　세계의 매미들 ····· 183

매미충·거품벌레·진딧물 등의 무리 ····· 184

바퀴목 등

바퀴벌레·그 외의 곤충 ····· 186

곤충 이외

거미 무리 ····· 188

공벌레·지네 등의 무리 ····· 192

색인 ····· 193

이 책의 사용법

이 책에서는 주로 일본에 서식하는 곤충과
거미 등 곤충에 가까운 동물을 소개합니다.
각각의 무리별로 사진을 통해 생활을 설명한 '생태 페이지'와
그 무리에 포함되는 종류를 소개한 '표본 페이지'로 구분되어 있습니다.

표본 페이지

【특징, 몸 구조】
표본 페이지의 첫 장에서는 무리의 공통적인 특징이나 몸 구조를 설명합니다.

생태 페이지

생태 페이지에서는 박력 넘치는 곤충들의 사진과 함께 먹이와 성장 과정, 서식하는 장소의 모습 등 '생활'에 대해 설명합니다.

【칼럼】
재미있는 곤충의 특징이나 알아 두면 유익한 지식 등을 사진과 글로 자세히 설명합니다.

【확대경】
작은 곤충이나 몸의 일부 등을 크게 확대해서 알기 쉽게 보여 줍니다.

【데이터를 보는 방법】

종명 : 일반적으로 사용되는 이름을 소개합니다.
설명 : 그 종류에 독자적인 특징 등이 있는 경우에는 설명문을 넣었습니다.
각 데이터

- **■ 과**
해당 페이지가 전부 같은 과의 무리일 경우에는 그 페이지 위에 모두 같은 과임을 언급했습니다.

- **■ 몸길이(전체 길이, 앞날개 길이)**
그 종류의 대략적인 크기입니다. 크기를 나타내는 방법은 5쪽의 일러스트를 참고하세요.

- **■ 분포**
대체로 분포하는 지역입니다.

- **■ 성충을 볼 수 있는 주요 시기**
활발하게 활동해서 잘 볼 수 있는 시기를 나타냅니다.

- **■ 유충의 먹이**
유충의 먹이가 정해져 있는 종류에 대해서는 대표적인 먹이를 나타냅니다.

- **■ 서식 장소**
주로 살고 있는 환경을 나타냅니다.

- **● 울음소리**
우는 곤충의 경우에는 울음소리를 소개합니다.

※각 데이터의 어느 항목이 실려 있는지는 무리에 따라 차이가 있습니다. 또한 명확하지 않은 정보는 데이터를 공개하지 않습니다.
※ 수컷과 암컷의 형태와 크기 등이 다른 종류의 경우, 수컷에는 ♂, 암컷에는 ♀ 표시를 해 놓았습니다.

【메모】
그 종류만 지니는 특이한 특징 등을 메모 표시로 설명합니다.

【표시를 보는 방법】
다음 항목에 해당하는 종류에 대해서 각각 표시했습니다.

멸종 위기종	일본 환경성의 멸종 위기종 Ⅰ류 및 Ⅱ류(2007년판)로 지정된 종류.
외래종	외국에서 유입되어 일본에 정착한 사실이 알려진 종류.
2001년 신종	2000년 이후에 새로 등록된 종류(서기는 등록된 해).
희귀종	발견하기 어려워 보기 드문 종류.

【곤충의 분포에 관하여】

【Q & A／토막 상식】 해당 페이지에 나오는 무리나 종류에 대해 재미있는 미니 정보를 소개합니다.

【크기를 나타내는 방법】
몸의 크기를 나타내는 방법은 무리별로 다릅니다. 이 도감에서는 몸의 크기를 다음의 일러스트와 같이 나타냈습니다.

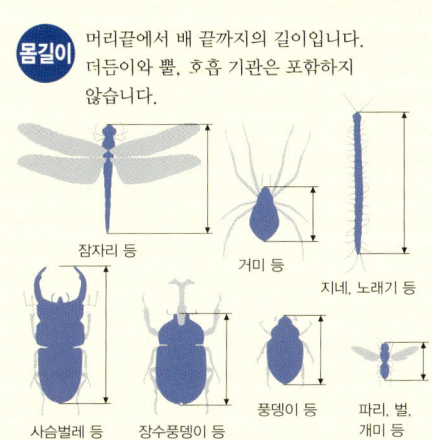

몸길이 머리끝에서 배 끝까지의 길이입니다. 더듬이와 뿔, 호흡 기관은 포함하지 않습니다.

잠자리 등 / 거미 등 / 지네, 노래기 등 / 사슴벌레 등 / 장수풍뎅이 등 / 풍뎅이 등 / 파리, 벌, 개미 등

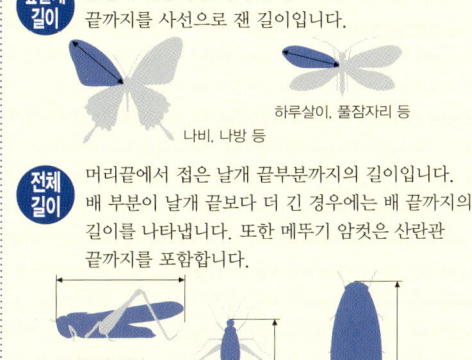

앞날개 길이 앞날개 연결 부분에서 날개 끝까지를 사선으로 잰 길이입니다.

나비, 나방 등 / 하루살이, 풀잠자리 등

전체 길이 머리끝에서 접은 날개 끝부분까지의 길이입니다. 배 부분이 날개 끝보다 더 긴 경우에는 배 끝까지의 길이를 나타냅니다. 또한 메뚜기 암컷은 산란관 끝까지를 포함합니다.

메뚜기, 여치, 귀뚜라미 등 / 매미 등

크기 표시
크기를 바꿔서 소개한 곤충은 표본 옆에 실물 크기를 나타내는 표시를 첨부했습니다. 표시가 없는 곤충은 실물 크기거나 페이지 위에 표시해 놓은 배율로 확대 및 축소한 것입니다.

실물 크기 표시, 배율 표시
실물 크기 표시는 페이지 전체의 표본이 실물 크기가 아닐 때, 해당 표본은 실물 크기라는 점을 나타내는 표시입니다.
배율 표시는 해당 표본이 페이지 전체의 배율과 다른 배율이라는 점을 나타내는 표시입니다(숫자는 확대한 크기).

곤충이란 무엇인가?

장수풍뎅이나 나비, 잠자리, 메뚜기 등은 생김새는 전혀 다르지만 다 똑같은 곤충류입니다. 곤충은 척추가 없는 동물(무척추동물) 중 절지동물이라는 그룹에 속해 있습니다. 절지동물에는 곤충 외에도 거미류, 다지류(지네) 등이 있습니다.

곤충 그룹

곤충류는 '번데기 과정을 거치는(완전 변태) 종류', '번데기 과정을 거치지 않는(불완전 변태) 종류', '변태하지 않는(불변태) 종류'로 나뉩니다. 또 그 속에서 딱정벌레(목), 나비(목) 등의 그룹으로 분류됩니다.

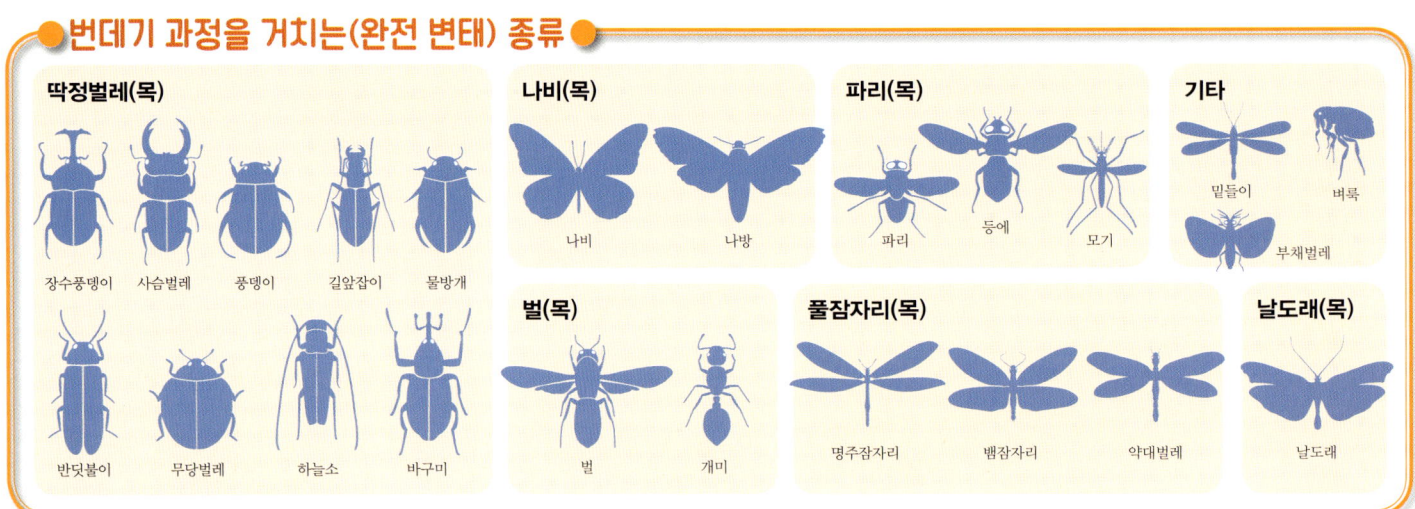

● 번데기 과정을 거치는(완전 변태) 종류 ●

딱정벌레(목): 장수풍뎅이, 사슴벌레, 풍뎅이, 길앞잡이, 물방개, 반딧불이, 무당벌레, 하늘소, 바구미
나비(목): 나비, 나방
파리(목): 파리, 등에, 모기
벌(목): 벌, 개미
풀잠자리(목): 명주잠자리, 뱀잠자리, 약대벌레
날도래(목): 날도래
기타: 밑들이, 벼룩, 부채벌레

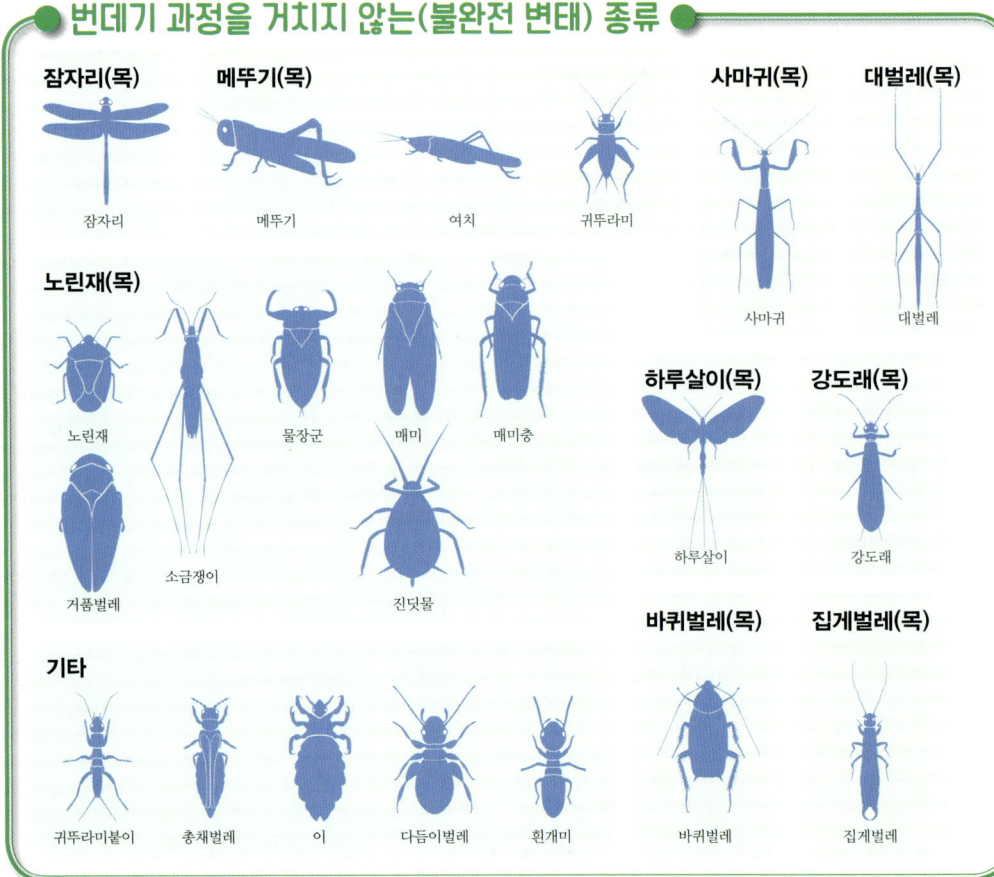

● 번데기 과정을 거치지 않는(불완전 변태) 종류 ●

잠자리(목): 잠자리
메뚜기(목): 메뚜기, 여치, 귀뚜라미
노린재(목): 노린재, 물장군, 매미, 매미충, 거품벌레, 소금쟁이, 진딧물
사마귀(목): 사마귀
대벌레(목): 대벌레
하루살이(목): 하루살이
강도래(목): 강도래
바퀴벌레(목): 바퀴벌레
집게벌레(목): 집게벌레
기타: 귀뚜라미붙이, 총채벌레, 이, 다듬이벌레, 흰개미

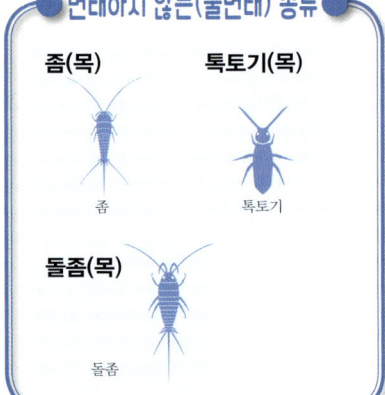

● 변태하지 않는(불변태) 종류 ●

좀(목): 좀
톡토기(목): 톡토기
돌좀(목): 돌좀

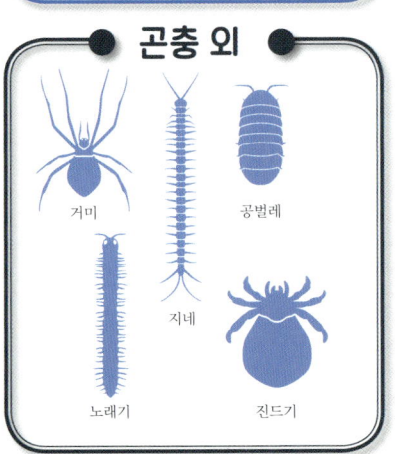

곤충 외: 거미, 공벌레, 지네, 노래기, 진드기

곤충의 몸 구조

곤충은 무리에 따라 생김새가 각각 다르지만 몇 가지 공통점이 있습니다.

- 몸은 머리, 가슴, 배 세 부분으로 구분되어 있습니다.

- 다리는 6개이며, 전부 가슴에 달려 있습니다.

- 날개는 앞날개와 뒷날개를 합쳐 총 4장입니다. 하지만 뒷날개가 퇴화하거나 날개가 없는 종류도 있습니다.

● 다양한 곤충의 몸 구조

다양한 종류의 곤충들은 저마다 생활하는 방법이나 서식하는 장소에 적합한 몸을 지니고 있습니다.

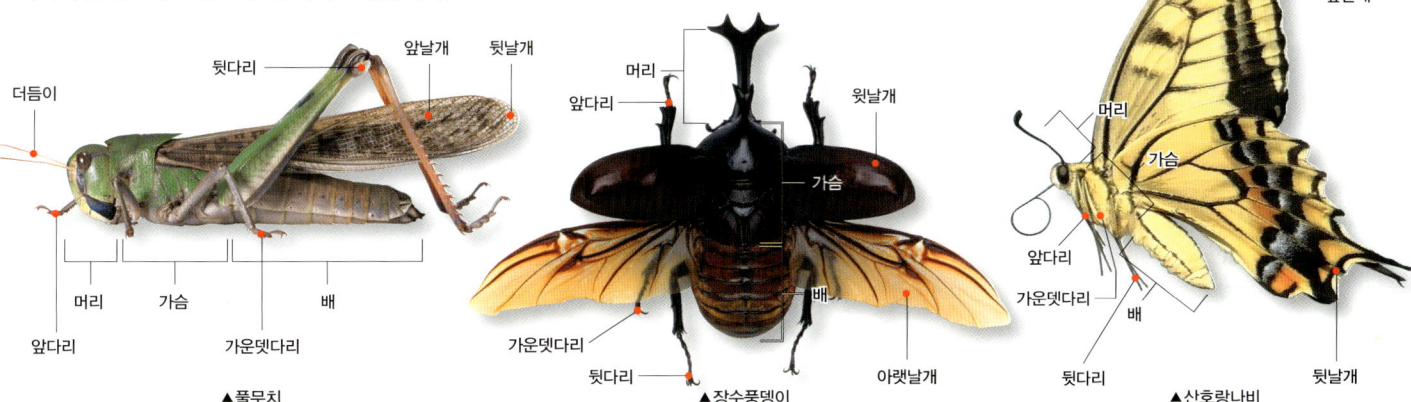

▲일본꿀벌

▲풀무치 ▲장수풍뎅이 ▲산호랑나비

● 더듬이

머리에 있는 더듬이 2개로 냄새나 형태를 느낄 수 있습니다.

▲산누에나방의 더듬이.

▲참나무하늘소의 더듬이.

● 겹눈

대부분의 곤충은 2개의 겹눈을 지니고 있습니다. 겹눈은 홑눈이라고 불리는 작은 눈이 모여 생긴 것으로, 사물의 형태나 색을 분별할 수 있습니다.

▲왕잠자리의 커다란 겹눈.

● 기문

곤충은 가슴과 배의 옆쪽에 있는 기문이라고 불리는 숨구멍으로 공기를 들이마셔서 숨을 쉽니다.

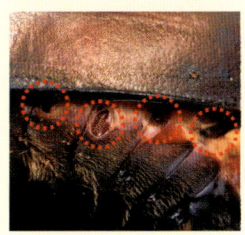

▲장수풍뎅이의 기문.

● 외골격

곤충은 사람과 같은 뼈는 없지만 몸 주위가 딱딱하며 그 안쪽에 근육이 붙어 있습니다. 이를 외골격이라고 부릅니다.

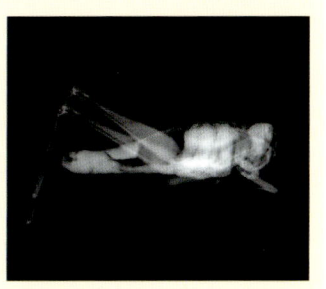

▲풀무치의 엑스선 사진.

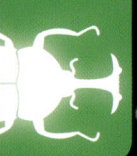
곤충은 외계 생명체?

곤충 중에는 상상할 수도 없을 정도로 얼굴과 형태가 독특한 종류가 수두룩합니다. 이렇게 신기한 형태를 띠는 이유는 무엇일까요?

▼ 길쭉한 머리가 특징인 도비에다사마귀(일본명). (말레이시아)

흡사 외계인

익살 꾸러기

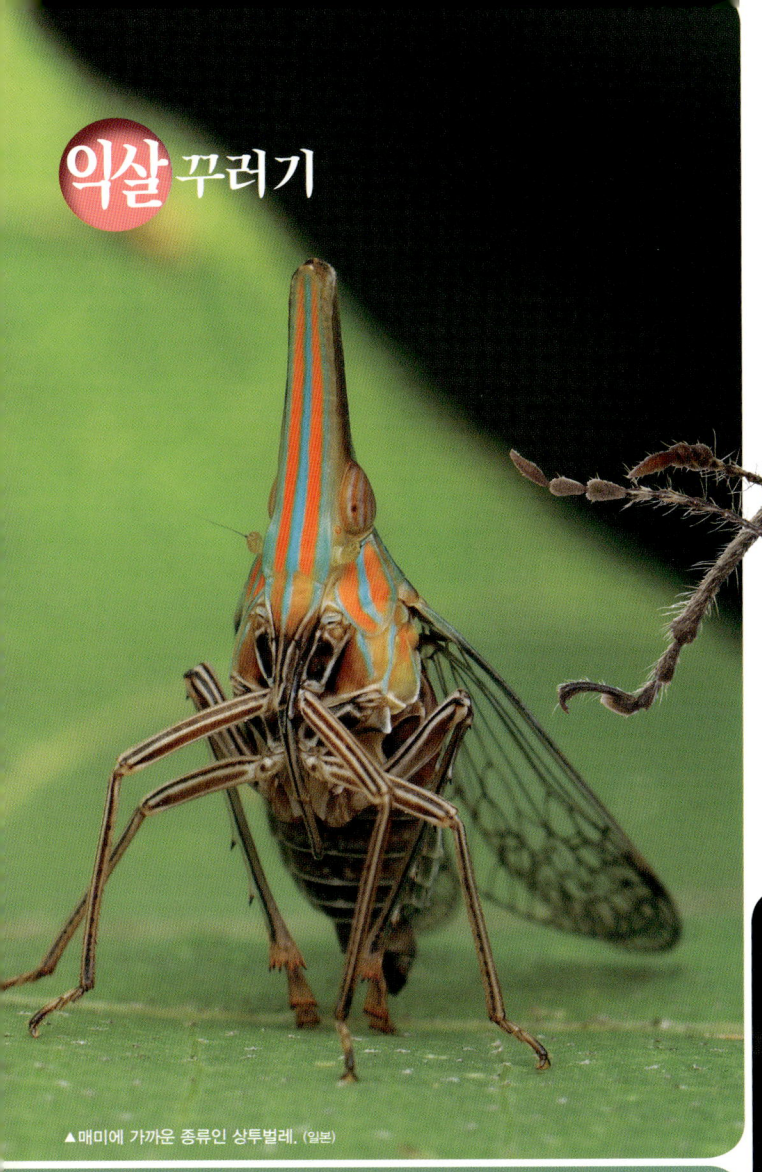

▲매미에 가까운 종류인 상투벌레. (일본)

털이 덥수룩한 코끼리?

▲바구미와 비슷한 도토리거위벌레. (일본)

멋진 머리

▲중남미 열대 지역에 서식하는 네혹뿔매미. (브라질)

뿔이 난 몬스터

▲신기한 모양의 뿔을 지닌 사슴뿔파리(일본명). (호주)

곤충들의 기묘한 일생

질서 잡힌 집단생활을 하거나 시기와 목적에 따라 모습을 바꾸거나 무리끼리 서로 의사소통하는 등 생활 방식이 다양합니다.

▼은색으로 빛나는 누에고치 안의 번데기에서 성충이 된 혜성꼬리나방. (마다가스카르섬)

눈 뜨다

*책 형

*책형: 죄인을 기둥에 묶어 놓고 창으로 찔러 죽이던 형벌

▲침입한 개미를 붙잡아서 찔러 죽이는 푸른베짜기개미. (말레이시아)

애정을 담은 선물

▲수컷이 암컷에게 먹이인 벌레를 선물하는 각다귀붙이. (호주)

사체를 짊어지다

▲개미를 공격해서 체액을 빨아 먹고 그 사체를 등에 붙이는 구비아카노린재(일본명) 유충. 개미로 둔갑해서 사냥감에게 접근하고 동시에 천적으로부터 몸을 보호한다고 생각할 수 있다. (라오스)

▲개미를 등에 짊어진 유충은 탈피하면 완전히 다른 모습의 선명한 색의 성충이 된다. 오른쪽은 개미 사체가 붙어 있는 허물.

반짝반짝 빛나는 곤충들

황금빛이나 마치 보석처럼 반짝반짝 빛나는 곤충들. 이렇게 예쁘게 빛나는 이유는 무엇일까요?

▶몸에 주위의 풍경이 비치는 마루바네루리마다라(일본명) 번데기. (일본)

황금빛 번데기

▲ 나뭇잎 위를 걷는 스플렌디두스비단사마귀. (말레이시아)

▼ 나뭇가지에 있는 모세리황금사슴벌레. (말레이시아)

빛을 반사해서 반짝반짝 빛나다

◀ 금으로 이루어진 듯한 옵티마보석풍뎅이. (코스타리카)

▲ 잎에 앉은 검은날개물잠자리. (일본)

▲ 꽃을 향해 날아가는 미도리시타벌(일본명). (파나마)

곤충들의 위장술

숲속의 나뭇잎이나 나뭇가지로 위장하거나 모래에 뒤섞이는 등 곤충들은 숨바꼭질이 특기입니다. 어디에 있는지 찾아봅시다.

어디에 있을까?

▲ 나뭇가지와 똑같은 이끼실베짱이(일본명). (코스타리카)

▲ 몸이 나뭇잎과 꼭 닮은 톱니다리녹색나뭇잎벌레. (말레이시아)

▲ 숲속에 숨은 시모후리대왕나뭇잎베짱이(일본명). (코스타리카)

▲ 모래로 위장한 모조장삼모메뚜기(일본명). (일본)

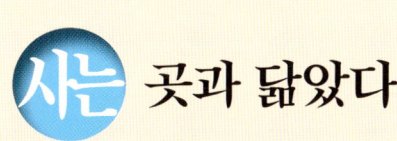
사는 곳과 닮았다

▲ 몸 색깔이 지의류와 똑같은 애알락명주잠자리 유충. (일본)

▲ 나무껍질로 위장한 흰무늬겨울가지나방. (일본)

깜짝 놀라게 하는 곤충들

화가 난 곤충들은 날개와 다리를 크게 펼쳐서 상대방을 위협합니다.

몸집을 크게 부풀려 보이다

▲ 거꾸로 매달려 놀라게 하는 악마꽃사마귀. (케냐)

▲ 물구나무를 서서 위협하는 딜라타타왕대벌레. (말레이시아)

▲ 날개를 펼쳐서 몸집을 키우는 어리여치. (일본)

하늘을 나는 곤충들

하늘을 자유롭게 날아다니는 곤충부터 잘 날지 못하는 곤충까지. 어떤 곤충이나 온몸을 사용해서 날아다닙니다.

날개를 펼쳐 공중에서 춤추다

▲온몸을 쫙 펼쳐서 나는 긴다리파리매(일본명). (일본)

▲만세 포즈로 나는 톱다리개미허리노린재. (일본)

▲날아오르는 순간의 톱사슴벌레. (일본)

▲위협하며 나는 장수말벌. (일본)

곤충 탐험을 떠나 보자!

도감을 읽고 곤충에 흥미를 느낀다면 곤충 탐험을 떠나 봅시다. 어쩌면 아직 아무도 발견하지 못한 신종 곤충을 찾을 수 있을지도 모릅니다!

요로 다케시 선생님의 메시지

요로 다케시 선생님
(해부학자, 도쿄대학교 명예 교수)

신종 곤충을 채집하자!

저도 신종 곤충을 발견한 적이 있습니다.

부탄을 처음 방문했을 때였습니다. 그런데 부탄은 어디에 있을까요? 인도의 북쪽, 히말라야 남쪽 경사면에 자리한 작은 나라입니다. 텔레비전 방송 관련 업무로 갔다가 여유 시간이 생겨서 그 사이에 곤충을 찾아다녔습니다.

부탄의 수도 팀부는 산골짜기 안에 있는 작은 도시입니다. 당시에는 인구가 3만 명 정도였습니다. 이 산골짜기에는 소나무가 자라고 있으며, 대부분의 나무들이 소나무입니다. 그 소나무가 호텔 정원에도 있었는데, 멍하니 소나무를 바라보다 작은 벌레가 나무줄기 위를 기어가는 것을 발견했습니다. 그 벌레는 바구미였어요. 저는 바구미를 찾아다니고 있었기에 쾌재를 불렀습니다.

부탄의 여기저기를 걸어 다녀 보면 사방에 소나무가 자라고 있는데, 그 소나무에 바구미가 살고 있는 것입니다. 자세히 살펴보니 여러 마리가 나무줄기를 기어 다녔습니다.

소나무는 송진이 나와서 벌레가 여기에 달라붙으면 떨어지지 못합니다. 이를테면 무당벌레 등이 달라붙어서 도망가지 못해요. 이것이 땅속에 묻혀서 몇 백만 년, 몇 천만 년이라는 시간이 흐르면 호박이 됩니다. 이런 이유로 호박 속에는 벌레가 종종 들어 있습니다. 하지만 이 바구미는 한 마리도 송진에 달라붙지 않았습니다. 이렇게나 잔뜩 있는데도 송진에 달라붙지 않는 점이 흥미로웠습니다.

새 발견!

부탄쿠로쿠치부토바구미

일본에 돌아온 후 이름을 조사했지만 알 수 없었습니다. 영국 런던 박물관까지 가서 뒤져 봤지만 결국 찾지 못했습니다. 즉 신종 바구미였던 것입니다. 그래서 십여 년이 지난 후에 이름을 붙여서 발표했습니다. 이것이 제가 발견한 최초의 신종 곤충입니다.

그렇지만 지금은 그런 신종이 많다는 것을 깨달았습니다. 저는 해마다 라오스에 곤충을 채집하러 갑니다. 그런데 라오스에서 채집하는 바구미의 80퍼센트 정도는 이름이 없습니다. 즉 신종입니다. 사실 신종은 아직 많이 존재합니다. 그렇다면 일본에도 있을까요? 당연합니다. 보기 드물어서 신종인 것이 아닙니다. 그때까지 아무도 몰랐기 때문에 신종입니다.

▲요로 다케시 선생님이 부탄쿠로쿠치부토바구미를 발견한 부탄의 호텔.

 체험기

환상의 하늘소를 발견하다!

발견자 : 다카쿠와 마사토시 (가나가와현립 생명의별·지구박물관 명예 관원)

나는 어릴 때부터 곤충을 좋아하는 소년이었는데, 대학생이 된 후 일본의 하늘소를 전문으로 채집해야겠다고 결심했다. 그때는 은근히 신종을 발견하고 싶다는 꿈이 있었을지도 모르지만, 정말로 현실이 될 줄은 생각지도 못했다.

그런데 열아홉 살 때 홋카이도에서 일본에 알려지지 않은 하늘소 1종을 발견하고, 스무 살 때는 미나미큐슈에서 신종으로 보이는 곤충 2종을 채집했다. 특히 야쿠시마산 위에서 채집한 곤충은 잡자마자 신종이라는 것을 알 수 있을 정도로 한 번도 본 적 없는 개체였다. 감격에 겨워 어찌할 바를 몰라 전문가에게 조사를 부탁했지만 결과는 안타깝게도 신종이 아니었다. 그렇지만 신아종으로서 학명에 내 이름을 붙인 것만으로도 좋았다.

스물여덟 살 때 '동양의 갈라파고스'라고 불리는 남쪽 섬 오가사와라에서 조사할 기회가 생겼다. 길 없는 곳을 헤치며 땀으로 흠뻑 젖어서 도착한 산 정상은 진한 안개로 뒤덮여 있었다. 웃통을 벗고 밑에서 날아오르는 곤충을 채집하는데 재빨리 날아가는 까맣고 작은 벌레가 눈에 들어왔다. 순간적으로 휘두른 포충망 속을 들여다보니 거기에는 처음 보는 아름다운 자태의 하늘소가 있었다. 이때의 감동은 나만 아는 행복이라고 할 수밖에 없을 정도로, 뭐라 표현할 방법이 없다. 이것이 하늘소 세계에서 유명한 희귀종 미이로호랑하늘소(일본명)인데,

그 후에는 확실한 기록이 없어서 유일한 표본으로 일본 국립과학박물관에 보관되어 있다.

신종 하늘소는 조사가 진행된 일본에서는 더 이상 찾아보기 어려울 수 있지만 동남아시아나 아프리카, 중앙·남아메리카 등에서는, 아직 얼마든지 가능성이 있다. 하늘소를 제외한 딱정벌레라면 일본에서도 반날개류나 바구미류 등과 같은 미소종이나 낙엽 밑에 서식하는 종류에는 앞으로의 연구에 따라 많은 신종이 발견될 것이다. 작은 딱정벌레뿐만 아니라 연구가 진행되지 않은 벌이나 파리 종류 등도 마찬가지다. 채집과 연구에 도전해서 신종을 찾았을 때의 감격을 꼭 느껴 보길 바란다.

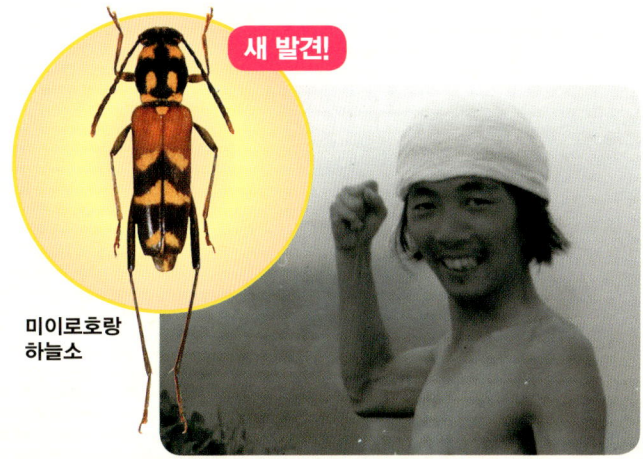

미이로호랑 하늘소

▲미이로호랑하늘소를 발견하고 기뻐하는 다카쿠와 마사토시 선생님.

 곤충 뉴스

일본 최북단 섬에서 발견한 기적의 딱정벌레

2004년 11월, 곤충 연구자들 사이에서 엄청 충격적인 사건이 일어났습니다. 홋카이도 앞바다에 떠 있는 화산섬 리시리섬의 산 위에 지금껏 아무도 몰랐던 금록색으로 빛나는 아름다운 딱정벌레가 서식한다는 사실이 발표된 것입니다.

처음 발견한 것은 2001년 여름입니다. 아이치현에 사는 아마노 마사하루 씨가 등산하는 도중 암컷의 사체를 주운 것이 발단이었습니다. 3년 후 그 사진을 본 세계적인 딱정벌레 연구자 이무라 유키 씨는 지금까지 일본에서 전혀 알려지지 않은 딱정벌레라는 사실을 깨달았습니다. 그 즉시 '환상의 딱정벌레 조사대'를 결성하고 특별한 허가를 얻어 리시리섬으로 향했습니다. (리시리산 정상에서는 허가 없이 생물을 채집할 수 없습니다.) 그리고 12일에 걸친 조사 끝에 결국 조사대의 일원 나가하타 요시유키 씨가 암컷 한 마리를 발견했습니다. 자세히 조사한 결과,

그것은 러시아에 서식하는 청단애딱정벌레를 닮은 신아종이라는 사실이 판명되어 리시리노청단애딱정벌레라고 이름을 붙였습니다. 이무라 씨 일행은 이듬해에도 아직 발견하지 못한 수컷을 찾아 계속 조사했고, 그토록 간절히 찾아다니던 수컷도 채집했습니다. 또 알에서부터 유충 및 번데기까지 모든 생태 과정을 밝혀내는 데도 성공했습니다.

(보고 : 이토 야스히코) (자연사 영상 제작 프로듀서)

리시리노청단애딱정벌레

▲환상의 딱정벌레가 발견된 일본 리시리산.

장수풍뎅이 무리

장수풍뎅이와 사슴벌레는 딱딱한 앞날개를 지녔으며 딱정벌레 그룹(딱정벌레목)에 포함되어 있습니다. 딱정벌레목에 속한 곤충들은 매우 많은데, 장수풍뎅이와 사슴벌레 외에도 하늘소와 반딧불이, 바구미도 포함되며 전 세계에 35만 종이 넘게 있습니다. 딱정벌레는 유충과 성충 사이에 번데기가 되는 '완전 변태'를 합니다.

▶수액에 모여든 장수풍뎅이와 다른 곤충들.

먹이는 수액

장수풍뎅이 성충의 먹이는 상수리나무나 졸참나무 등의 수액입니다. 몸이 크고 힘이 센 장수풍뎅이는 수액에 몰려드는 곤충 중에서 가장 좋은 장소를 고를 수 있습니다.

성충이 되기까지 흙에서 자란다

장수풍뎅이 유충은 흙 속에서 부엽토(풀, 나무 따위가 썩어서 된 흙)에 들어 있는 낙엽이나 썩은 나무를 먹으며 자랍니다. 번데기가 되면 흙 속에 만든 방에서 꼼짝 않고 몸이 성장하기를 잠자코 기다립니다.

◀흙 속에서 성장을 기다리는 번데기.

▲부엽토를 먹는 유충.

멋있는 뿔을 지닌 곤충의 왕

장수풍뎅이 수컷에는 길고 멋있는 뿔이 있습니다. 또한, 몸은 갑옷처럼 단단합니다. 주로 야행성이며 낮에는 나무뿌리 근처에서 쉬다가 해가 저물면 수액이 있는 나무 근처까지 날아갑니다.

◀ 나무 위의 장수풍뎅이.

▼ 뿔을 맞대고 있는 장수풍뎅이 수컷.

▼ 비행하는 장수풍뎅이 수컷.

암컷을 둘러싼 싸움
장수풍뎅이의 뿔은 영역을 지키거나, 암컷을 사이에 두고 수컷끼리 싸울 때 필요한 무기입니다. 긴 뿔을 상대의 몸 밑에 끼워 넣어 상대를 휙 뒤집습니다.

하늘을 나는 건 어렵다
장수풍뎅이의 딱딱한 앞날개 밑에는 투명한 뒷날개가 숨어 있어서 날 수 있습니다. 하지만 몸이 무거워서 능숙하게 날진 못합니다.

장수풍뎅이 무리

장수풍뎅이는 풍뎅잇과에 속해 있습니다. 딱딱한 날개와 둥그스름한 몸을 지녔습니다. 장수풍뎅이의 뿔은 수컷에게만 있으며, 암컷을 얻기 위해 수컷끼리 싸울 때 주로 사용합니다.

※ ┣━━━┫ 는 실물 크기를 나타냅니다.
※ 크기 표식이 없는 것은 거의 실물 크기입니다.
※ 여기에서 소개하는 곤충은 모두 풍뎅잇과입니다.

더듬이 · 입 솔 모양으로, 수액을 핥아 먹는다. · 겹눈

앞날개 · 앞가슴 · 뿔 · 뿔 · 머리 · 앞다리 · 소순판 · 뒷날개 · 기문(숨구멍) 배 부분 옆에 있는 숨구멍으로 호흡한다. · 배 · 뒷다리 · 가운뎃다리

확대

남방장수풍뎅이 〔외래종〕
유충은 종려나무나 사탕수수의 뿌리를 먹는 해충입니다. ■ 33~47mm
■ 1년 내내 ■ 열대 아시아, 일부 태평양 제도

암컷은 수컷보다 작으며 뿔이 없다.

외뿔장수풍뎅이
썩은 나무 안에서 살며, 밝은 곳으로 옵니다. 곤충의 사체 등을 먹을 때도 있습니다. ■ 18~26mm
■ 4~9월 ■ 한국, 일본, 중국

장수풍뎅이
수컷은 두 개의 멋있는 뿔이 나 있습니다. 뿔을 포함한 몸 전체 길이는 최대 85mm나 됩니다. 오키나와에서 사는 장수풍뎅이는 수컷의 뿔이 짧으며 아종 오키나와장수풍뎅이라고 부릅니다. ■ 27~55.6mm ■ 6~9월
■ 한국, 일본, 중국

검은둥근장수풍뎅이 (일본명) 〔희귀종〕
수컷, 암컷 모두 뿔이 없습니다. ■ 12~15mm
■ 5~10월 ■ 일본

히사마쓰남방장수풍뎅이 (일본명) 〔2002년 신종〕 〔희귀종〕
지금까지 몇 마리밖에 발견하지 못했습니다.
■ 45~48mm ■ 일본

■ 몸길이   ■ 성충을 볼 수 있는 주요 시기   ■ 분포

세계의 장수풍뎅이들

전 세계에 약 1,600종의 장수풍뎅이가 서식하는 것으로 알려졌습니다. 머리 부분과 배 부분에 커다란 뿔이 몇 개씩 나 있는 종도 있는데, 그 모습이 매우 박력 넘칩니다.

※이 페이지의 표본은 거의 실물 크기입니다.

아메리카 1

중미부터 남미에 있는 열대 우림에는 세계에서 가장 많은 종류의 장수풍뎅이가 살고 있습니다.

세계 최대의 장수풍뎅이.

▼날고 있는 헤라클레스왕장수풍뎅이.

헤라클레스왕장수풍뎅이

수컷의 뿔은 지역에 따라 각각 특징이 다르며, 10종 이상의 아종으로 나누어집니다. 뿔을 포함한 전체 몸길이는 수컷이 46~178mm, 암컷이 47~80mm이며, 중미에서 남미 중부에 걸쳐 서식합니다.

♀ (에콰도르산)   ♂ (에콰도르산)

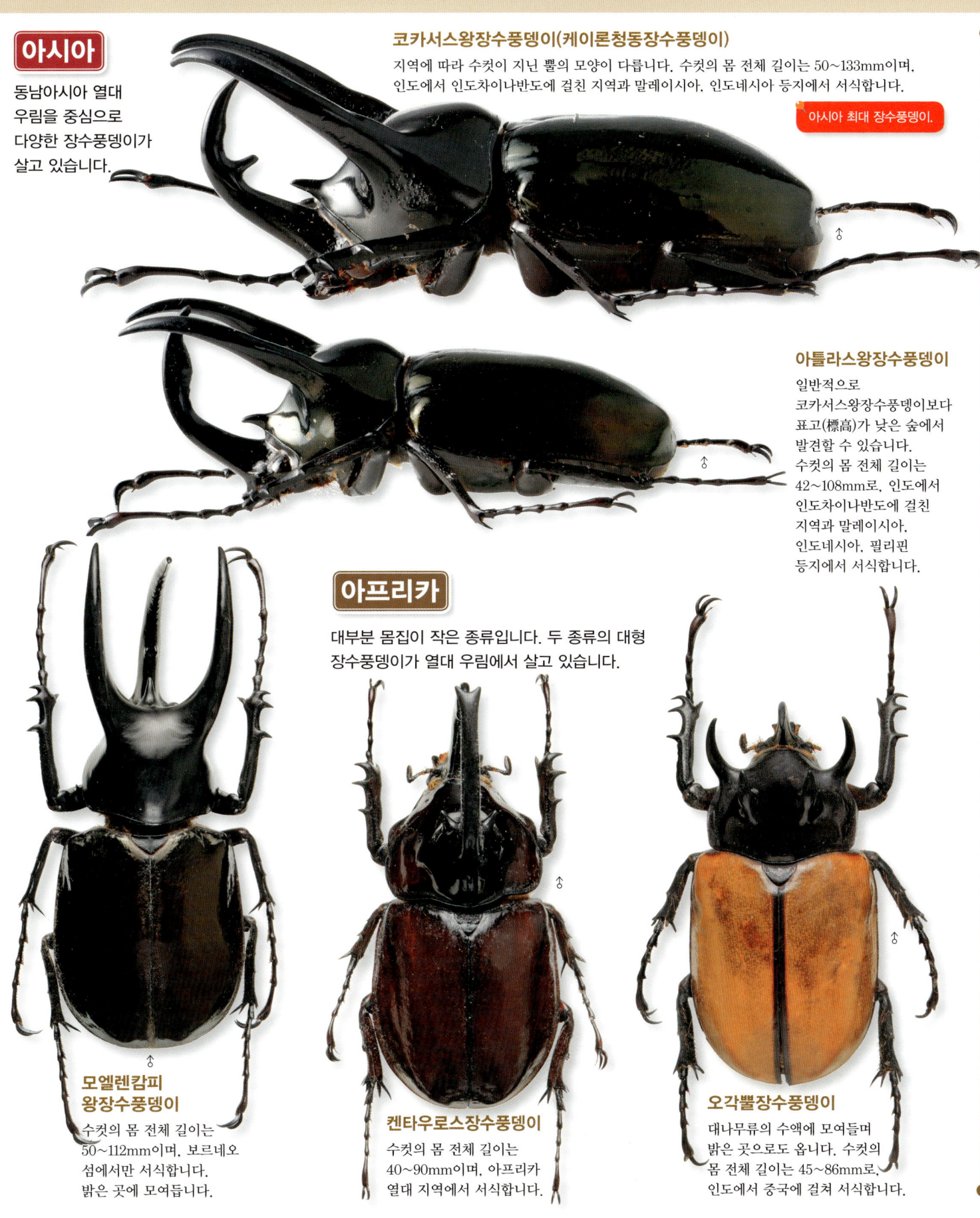

사슴벌레 무리

사슴벌레의 생활

사슴벌레 유충은 썩은 나무 안에서 성장하며, 성충은 장수풍뎅이와 마찬가지로 수액을 먹습니다. 수컷의 큰턱은 입 일부가 발달한 것으로, 모양과 크기는 종류에 따라 다릅니다.

▲큰턱을 벌리고 있는 톱사슴벌레 수컷.

▶큰턱을 펼쳐 싸우는 톱사슴벌레 수컷.

사슴벌레도 싸운다

수컷 사슴벌레는 먹이가 있는 곳이나 암컷을 빼앗기 위해 종종 싸웁니다. 처음에는 큰턱을 한껏 벌린 뒤 위협하는데, 그래도 승부가 나지 않을 때는 맞붙어 싸웁니다.

이긴 수컷이 암컷과 맺어진다

수컷끼리 싸우는 건 암컷을 얻기 위함입니다. 수컷은 수액을 먹으러 오는 암컷을 위에서 덮쳐 교미합니다.

△교미하는 톱사슴벌레.

▼큰턱 모양만큼은 확실히 알 수 있는 수컷 번데기(미야마사슴벌레).

썩은 나무와 함께 살아가는 유충과 번데기

균류가 분해한 나무는 사슴벌레 유충의 보금자리이자 먹이입니다. 유충은 썩은 나무 안을 먹으면서 서서히 자랍니다.

▲썩은 나무를 파 나가는 유충.

칼럼 다리로 대화하는 유충들

사슴벌레 유충은 다리 뒤쪽에 있는 줄 같이 생긴 기관을 비벼서 사람에게는 들리지 않는 초음파를 낼 수 있습니다. 이 '소리'로 유충끼리 대화하여 썩은 나무 안에서 서로 부딪치지 않도록 움직입니다.

27

사슴벌레 무리

수많은 종류의 사슴벌레 수컷에게는 발달한 큰턱이 있습니다. 큰턱은 좌우로 움직일 수 있으며, 암컷을 사이에 두고 수컷끼리 싸울 때 무기로 씁니다. 몸은 편평하며 딱딱한 앞날개를 지녔습니다. 한국에는 17종이 서식합니다.

※ ├──┤는 실물 크기를 나타냅니다.
※ 크기 표식이 없는 것은 거의 실물 크기입니다.
※ 여기에서 소개하는 곤충은 모두 사슴벌렛과입니다.

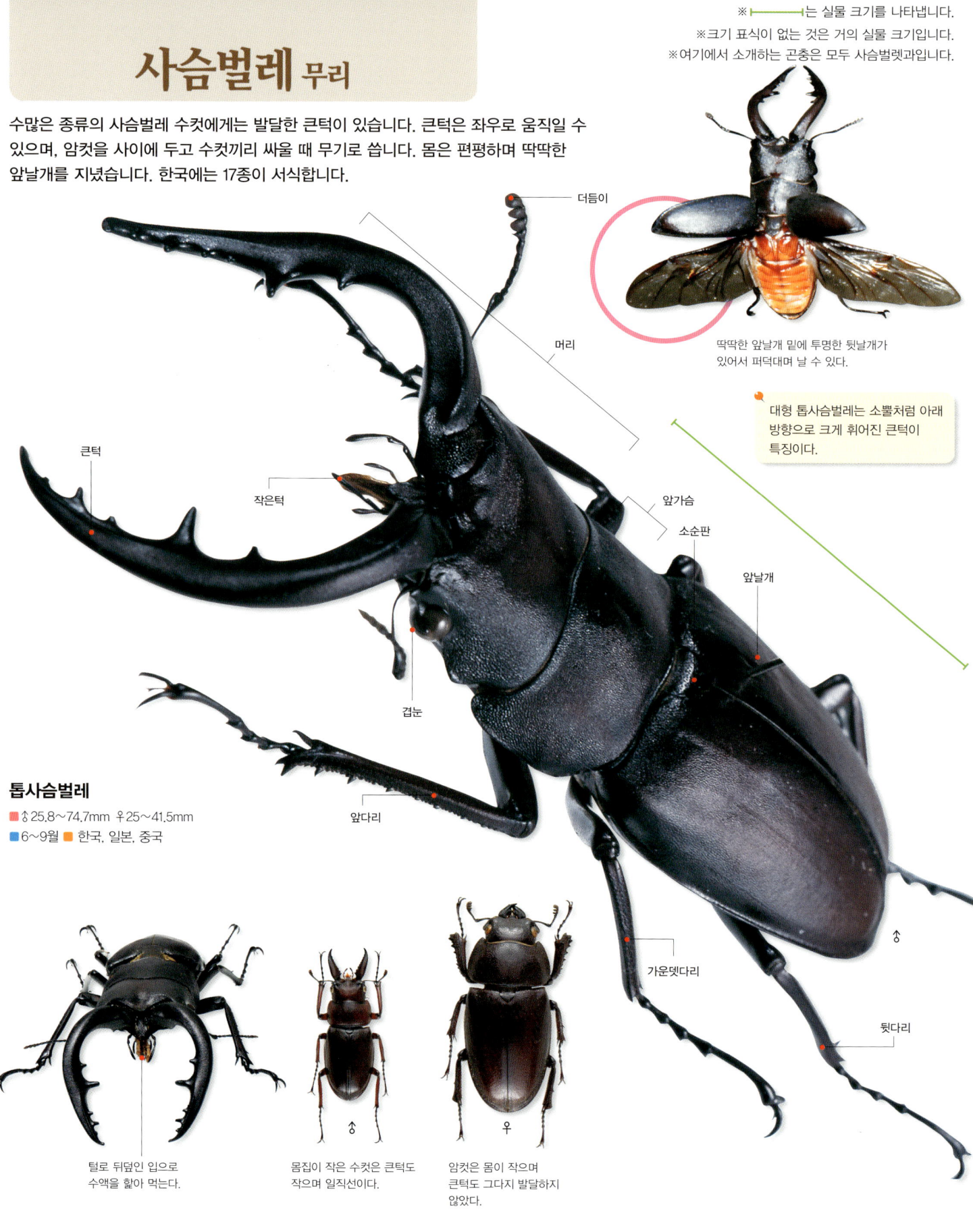

딱딱한 앞날개 밑에 투명한 뒷날개가 있어서 퍼덕대며 날 수 있다.

대형 톱사슴벌레는 소뿔처럼 아래 방향으로 크게 휘어진 큰턱이 특징이다.

톱사슴벌레
- ♂ 25.8~74.7mm ♀ 25~41.5mm
- 6~9월   한국, 일본, 중국

털로 뒤덮인 입으로 수액을 핥아 먹는다.

몸집이 작은 수컷은 큰턱도 작으며 일직선이다.

암컷은 몸이 작으며 큰턱도 그다지 발달하지 않았다.

■ 몸길이   ■ 성충을 볼 수 있는 주요 시기   ■ 분포

(오키나와섬산)　(아마미오섬산)

꼬마넓적사슴벌레
서식하는 장소에 따라 큰턱의 모양이 다릅니다. ♂13.4~33mm ♀14~27mm
6~9월　한국, 일본, 중국

멸종 위기종

왕사슴벌레
♂27~77mm ♀25~47mm
5~9월　한국, 일본, 중국

일본 최대 크기의 사슴벌레는 왕사슴벌레, 넓적사슴벌레, 미야마사슴벌레 등의 수컷이다. 가장 작은 크기의 사슴벌레는 얼룩사슴벌레(일본명)다.

말똥사슴벌레(일본명)
풍뎅이처럼 생겼습니다.
♂7~8.5mm ♀8~9.3mm
4~6월　일본

얼룩사슴벌레(일본명)
일본에서 가장 작은 사슴벌레입니다.
4~6mm 5~7월
일본

미야마사슴벌레(일본명)
♂31.5~78.6mm ♀25~46.8mm
6~9월　일본

넓적사슴벌레
서식하는 장소에 따라 생김새가 많이 다른 종류입니다. ♂22~82mm ♀20~44mm 5~9월
한국, 일본, 중국

길쭉꼬마사슴벌레
8~12mm 1년 내내
한국, 일본

큰꼬마사슴벌레
9~16mm 1년 내내
한국, 일본

애사슴벌레
가장 쉽게 볼 수 있는 사슴벌레 중 하나입니다.
♂17.8~54.4mm ♀21.6~29.9mm
5~9월　한국, 일본, 중국

(혼슈산)　(이리오모테섬산)

 Q : 왜 '사슴벌레'라는 이름이에요?　　　A : 큰턱이 수사슴의 뿔처럼 생겼기 때문입니다.

사슴벌레 무리

애왕사슴벌레
- ♂29~58mm ♀26.3~42mm
- 6~10월 일본

야에야마둥근날개 사슴벌레(일본명) 희귀종
땅 위를 걸어 다닙니다.
- ♂32.6~69.2mm ♀38.4~57mm
- 10~11월 일본

아마미둥근날개 사슴벌레(일본명) 멸종 위기종
- ♂44.3~65.2mm ♀42~52.8mm
- 8~10월 일본

줄넓적사슴벌레
주로 야행성이며 낮에는 나무뿌리 근처 흙 속에 숨어 있습니다.
- ♂23~70.1mm
- ♀26.2~41.2mm 6~9월
- 일본

갈색둥근날개 사슴벌레(일본명)
낮에 잘 날아다닙니다. 수컷은 숲에서 땅 위를 걸어 다니며 암컷을 찾습니다.
- ♂20.4~36.6mm
- ♀20.1~29.2mm
- 9~11월 일본

오키나와둥근날개 사슴벌레(일본명) 멸종 위기종
땅을 걸어 다닙니다.
- ♂42.4~70mm ♀40~55.6mm
- 10월 일본

줄사슴벌레
- ♂15~38.4mm ♀14~24.2mm
- 5~9월 일본, 중국, 대만

홍다리사슴벌레
다리와 배 쪽이 붉은색입니다.
- ♂23.4~58.5mm
- ♀24.9~38mm
- 6~10월 한국, 일본, 대만

쓰야하다사슴벌레(일본명)
- ♂12.1~23.2mm
- ♀11.8~16.7mm
- 7~9월 일본

■몸길이 ■성충을 볼 수 있는 주요 시기 ■분포

(아마미오섬산)

**아마미
톱사슴벌레**(일본명)

서식하는 섬에 따라
모습이 다릅니다.
- ♂ 24.5~79.5mm
- ♀ 20.3~40.4mm
- 6~10월 일본

(아마미오섬산)

**하치조
톱사슴벌레**(일본명)

숲속 땅 위를 걸어
다니며 거의 날지
못합니다.
- ♂ 27.4~59.2mm
- ♀ 23~40mm
- 5~9월 일본

**야마토
사비사슴벌레**(일본명)

몸 표면에 진흙이
붙어 있습니다.
- ♂ 14.8~26.2mm
- ♀ 17~22.1mm
- 6~10월 일본

다우리아사슴벌레
- ♂ 20~38mm
- ♀ 20~23.3mm
- 7~9월 한국, 일본, 중국

**야에야마
톱사슴벌레**(일본명) 희귀종
- ♂ 22.4~63.5mm
- ♀ 19.9~33.5mm
- 5~9월 일본

아마미시카사슴벌레(일본명) 희귀종
- ♂ 22~48mm ♀ 19.5~30.4mm
- 6~9월 일본

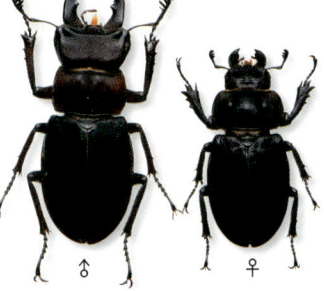

미쿠라미야마사슴벌레(일본명)

땅에서 생활하며 숲속 땅 위를
걸어 다닙니다. 날지는
못합니다. ♂ 23.6~34.7mm
♀ 25~26.5mm 5~7월 일본

미운사슴벌레
- ♂ 17~26.1mm
- ♀ 16~23mm
- 7~9월 일본

애보라사슴벌레속

애보라사슴벌레
- ♂ 9~14.3mm
- ♀ 8~12.2mm
- 5~8월 일본

**호소쓰야애보라
사슴벌레**(일본명)
- ♂ 9~13mm
- ♀ 8~12mm
- 5~7월 일본

애비단사슴벌레

사는 지역에 따라 몇 가지 종류로
나뉘기도 합니다.
- ♂ 8.5~14mm ♀ 8~12mm
- 5~7월 일본

다카네애보라사슴벌레
(일본명) 2007년 신종
- ♂ 10.2~12.5mm
- ♀ 9.2~12.1mm
- 일본

 Q : 육식성 사슴벌레도 있나요?   A : 큰꼬마사슴벌레와 길쭉꼬마사슴벌레 성충은 다른 벌레를 먹을 때가 있습니다.

세계의 사슴벌레들

전 세계에는 약 1,500종의 사슴벌레가 있는 것으로 알려져 있습니다.
대형 사슴벌레 수컷은 큰턱이 매우 발달했습니다.

아시아 대부분의 대형 사슴벌레는 동남아시아 열대 우림에 살고 있습니다.

※ ┣━━━┫ 는 실물 크기를 나타냅니다.
※ 크기 표식이 없는 것은 거의 실물 크기입니다.

세계 최대의 사슴벌레.

기라파톱사슴벌레
지역에 따라 큰턱의 톱니 모양이 다릅니다. 기라파는 기린을 뜻합니다. 수컷의 몸길이는 45~118mm이며, 인도에서 말레이반도, 인도네시아, 필리핀 등지에서 서식합니다.

(말레이반도산)

패리큰턱사슴벌레
지역에 따라 큰턱 모양이 다릅니다. 매우 난폭한 사슴벌레입니다. 수컷의 몸길이는 52~94mm이며, 인도에서 인도차이나반도, 말레이반도, 수마트라섬, 보르네오섬 등지에 서식합니다.

디디에리사슴벌레
큰턱은 크게 휘어졌으며, 사슴뿔처럼 생겼습니다. 수컷의 몸길이는 35~87mm로, 말레이반도에서 서식합니다.

(말레이반도산)

(말레이반도산)

엘라푸스가위사슴벌레
산지의 수액에 모여들며, 밝은 곳에도 옵니다. 수컷의 몸길이는 48.5~109mm이며, 수마트라섬에서 서식합니다.

메탈리퍼가위사슴벌레
커다란 수컷 개체는 큰턱이 몸보다 깁니다. 수컷의 몸길이는 26~100mm이며, 술라웨시섬과 그 주위 섬에 서식합니다.

모세리황금사슴벌레
너도밤나무과 식물의 수액이나 대나무 새싹에 모여들며 밝은 곳에도 다가옵니다. 수컷의 몸길이는 34~81mm이며, 미얀마, 말레이시아, 수마트라섬에서 서식합니다.

안테우스왕사슴벌레
수컷의 몸길이는 34~87.6mm이며, 인도에서 중국 및 말레이반도에 서식합니다.

(말레이반도산)

(말레이반도산)

(말레이반도산)
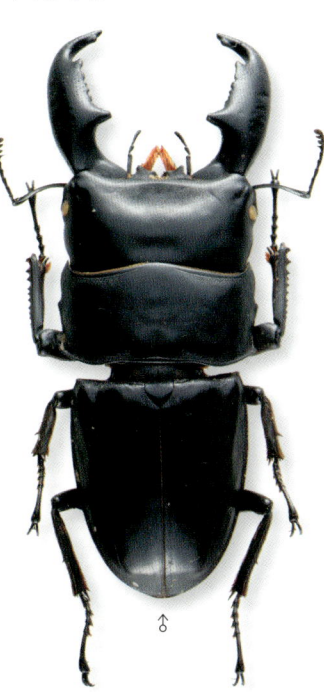

가젤라멋쟁이사슴벌레
수컷의 큰턱은 오른쪽과 왼쪽의 모양이 다릅니다. 수컷의 몸길이는 38~65mm이며, 인도차이나반도부터 말레이반도, 인도네시아, 필리핀 등지에서 서식합니다.

등검은맵시사슴벌레
표고 700~1,000m 산지에서 서식합니다. 종려나무 꽃이나 대나무에 모여듭니다. 수컷의 몸길이는 41~79mm이며, 말레이반도와 수마트라섬에서 삽니다.

제브라집게사슴벌레
낮은 곳에서 높은 곳에 이르기까지 넓게 서식하며 밝은 곳으로 모여듭니다. 수컷의 몸길이는 21~60mm이며, 미얀마, 말레이시아, 인도네시아, 필리핀 등지에 삽니다.

왕넓적사슴벌레
25개 종류로 나누어진 넓적사슴벌레 아종 중 하나입니다. 수컷의 몸길이는 32~98mm로, 말레이반도, 보르네오섬, 니아스섬에서 서식합니다.

오세아니아

다른 지역에서 볼 수 없는 특이한 모양의 사슴벌레가 살고 있습니다.

아프리카

열대 지역을 중심으로 다양한 사슴벌레가 살고 있습니다.

※이 페이지의 표본은 거의 실물 크기입니다.

뮤엘러리사슴벌레
세계에서 가장 아름다운 사슴벌레로 알려졌습니다. 표고 700m 이상 되는 열대 우림에서 서식합니다. 수컷의 몸길이는 36~68mm이며, 호주 북동부와 뉴기니에서 삽니다.

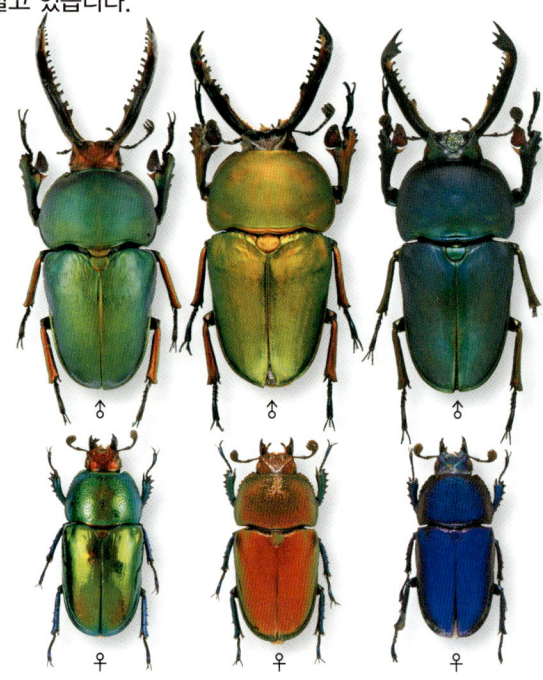

람프리마사슴벌레
산에서 살며 부채처럼 생긴 앞다리로 국화과 식물의 줄기를 잘라서 즙을 빨아 먹습니다. 몸 색은 매우 다양합니다. 몸길이는 수컷이 24~50mm, 암컷이 19~26mm이며, 뉴기니에서 서식합니다.

타란두스광사슴벌레
아프리카에서 가장 큰 사슴벌레입니다. 에나멜 같은 강한 광택이 있습니다. 수컷의 몸길이는 45.5~91.5mm이며, 아프리카 중부에서 서부에 걸쳐 서식합니다.

아메리카

아메리카 대륙의 사슴벌레는 종류가 그다지 많지는 않으나, 남아메리카 등지에 독특한 모습을 한 종류가 있습니다.

다윈사슴벌레
몸집이 큰 수컷의 큰턱은 몸길이보다 길게 자랍니다. 노토파구스과 나무의 수액에 모여듭니다. 수컷의 몸길이는 28.3~90mm이며, 칠레와 아르헨티나에서 서식합니다.

룩케리광사슴벌레
중앙아메리카의 파나마와 남아메리카의 콜롬비아에서 서식하며 아보카도 나뭇가지 끝에 모여듭니다. 수컷의 몸길이는 28~60mm입니다.

멜리가면사슴벌레
아프리카 중부에서 서부에 걸쳐 서식합니다. 수컷의 몸길이는 26~55mm입니다.

풍뎅이 무리

풍뎅잇과에는 동물의 똥이나 사체를 먹는 종류, 식물의 잎이나 꽃가루를 먹는 종류, 수액을 먹는 종류 등이 있습니다. 동물의 똥을 먹는 풍뎅이들은 '소똥구리'라고 합니다. 한국에 약 35종이 있습니다.

※ ┣━━┫ 는 실물 크기를 나타냅니다.
※ 크기 표식이 없는 것은 실물의 약 150% 크기입니다.

뿔소똥구리 [멸종 위기종]
주로 소똥에 모여들며, 방목지 등에서 발견할 수 있지만, 최근 들어 급감하고 있습니다. ■ 풍뎅잇과
■ 18~34mm ■ 5~10월
■ 한국, 일본, 중국

◀▼뿔소똥구리는 똥을 땅 밑에 있는 둥지로 옮기며, 둥글게 빚어 공 모양으로 만든 뒤 그 안에 알을 낳습니다. 부화한 유충은 똥으로 만든 공 안에서 주위의 똥을 먹으며 자라납니다.

금풍뎅이
똥이나 썩은 버섯 등에 모여듭니다.
■ 금풍뎅잇과
■ 12.4~21.5mm
■ 3~12월
■ 한국, 일본

칼럼 — 소똥구리는 미식가?

소똥구리가 먹이로 삼는 똥에도 취향이 있습니다. 예를 들어 아마미오섬과 도쿠노섬에 사는 둥근뿔소똥구리(일본명)는 아마미검은멧토끼의 똥을 좋아합니다.

[희귀종] ◀아마미검은멧토끼의 똥을 찾아온 둥근뿔소똥구리.

(시즈오카현산) (교토부산) (나라현산)

🍂 서식 장소에 따라 색이 다르다.

보라금풍뎅이
짐승의 똥에 모여듭니다. ■ 금풍뎅잇과
■ 14~22mm ■ 4~11월 ■ 한국, 일본, 중국

🍂 색이 다양하다.

똥풍뎅이
평지에서 산에 걸쳐 서식하며 짐승의 똥에 모여듭니다. ■ 풍뎅잇과
■ 4.9~7.2mm ■ 1년 내내
■ 한국, 일본, 중국

🍂 색이 다양하다.

왕똥풍뎅이
햇살 좋은 평지에 있는 똥에 모여듭니다. 방목지에서 발견할 수 있습니다. ■ 풍뎅잇과 ■ 8.2~12.5mm
■ 4~9월 ■ 한국, 일본

가슴빨간금풍뎅이
풀숲에 구멍을 파고 숨어 있습니다.
■ 가슴빨간금풍뎅잇과 ■ 9~14mm
■ 5~11월 ■ 한국, 일본

고혼뿔소똥구리(일본명)
짐승의 똥에 모여듭니다.
■ 풍뎅잇과 ■ 10~16mm
■ 4~10월 ■ 일본

창뿔소똥구리
산에서 살며 짐승의 똥에 모여듭니다. 방목지에서 볼 수 있습니다. ■ 풍뎅잇과
■ 7~11.3mm
■ 6~10월
■ 한국, 일본, 중국

알락똥풍뎅이
개똥을 좋아합니다. 겨울에 많으며 도심지에서도 볼 수 있습니다. ■ 풍뎅잇과
■ 3.9~6mm ■ 거의 1년 내내 ■ 한국, 일본, 중국

큰점박이똥풍뎅이
양지에 있는 똥이나 말똥에 모여듭니다.
■ 풍뎅잇과 ■ 11~13mm
■ 3~12월 ■ 한국, 일본, 중국

넉점박이똥풍뎅이
양지에 있는 소똥에 모여듭니다. 방목지에서 볼 수 있습니다. ■ 풍뎅잇과
■ 5~7.8mm ■ 4~11월
■ 한국, 일본

렌지소똥풍뎅이
짐승의 똥, 썩은 고기나 채소 등에 모여듭니다.
■ 풍뎅잇과
■ 6.1~10.2mm
■ 3~12월

검정혹가슴 소똥풍뎅이
짐승의 똥이나 썩은 고기에 모여듭니다.
■ 풍뎅잇과 ■ 5~10.1mm
■ 3~11월 ■ 한국, 일본

동남아송장풍뎅이
닭 등의 사체에 모여들며 깃털이나 뼈를 먹습니다.
■ 풍뎅잇과
■ 5.3~7.7mm ■ 3~9월
■ 일본, 대만, 인도

Q : 소똥구리는 어떤 곤충인가요?   A : 소·말·사람의 똥을 둥글게 빚어서 땅속의 굴로 굴려 가 알을 낳는 곤충입니다.

풍뎅이 무리

일본 최대의 딱정벌레.

▲풍이는 수액을 먹습니다.

오키나와앞장다리장수풍뎅이
멸종 위기종
가시나무류의 빈 공간에 살고 있습니다. 일본에서 지정한 천연기념물입니다.
- 풍뎅잇과
- 42~63mm
- 8~10월
- 일본

풍이
수액이나 익은 나무 열매에 모여듭니다.
- 풍뎅잇과
- 23~31.5mm
- 6~9월
- 한국, 일본, 중국

청풍이
수액에 모여듭니다.
- 풍뎅잇과
- 26~29.8mm
- 6~9월
- 한국, 일본

검정풍이
수액에 모여듭니다.
- 풍뎅잇과
- 25.6~32.6mm
- 7~9월
- 한국, 일본

오리나무풍뎅이
포도나 콩류의 잎을 먹습니다. 녹색, 청색, 갈색 등 몸 색은 다양합니다.
- 풍뎅잇과
- 12~17.5mm
- 6~9월
- 한국, 일본

검정풍뎅이(일본명)
빛에 다가옵니다.
- 풍뎅잇과
- 17~22mm
- 5~7월
- 일본

풍뎅이
장미나 호장근 등의 잎을 먹습니다.
- 풍뎅잇과
- 17~24mm
- 5~8월
- 한국, 일본, 중국

▲풍뎅이는 큰턱으로 잎을 잘라 먹습니다.

미국에서는 '재패니스 비틀'이라고도 부르는 해충.

왜콩풍뎅이
콩풍뎅이속의 해충입니다.
- 풍뎅잇과
- 9~13.7mm
- 6~9월
- 한국, 일본

일본풍뎅이
해안부터 산에서 볼 수 있습니다. 빛에 모여듭니다.
- 풍뎅잇과
- 25~32mm
- 6~8월
- 한국, 일본, 중국

별줄풍뎅이
침엽수 잎을 먹습니다. 몸 색은 다양합니다.
- 풍뎅잇과
- 14.6~20mm
- 6~9월
- 한국, 일본, 중국

금줄풍뎅이
산에서 살며, 침엽수의 잎을 먹습니다.
- 풍뎅잇과
- 16~22.2mm
- 7~9월
- 일본, 중국, 몽골

긴다색풍뎅이
활엽수의 잎을 먹습니다.
- 풍뎅잇과
- 10~15mm
- 5~8월
- 한국, 일본, 중국

청동풍뎅이
수국 등 다양한 식물의 잎을 먹습니다.
- 풍뎅잇과
- 17.5~25mm
- 6~9월
- 한국, 일본

구리풍뎅이
포도 등 다양한 식물의 잎을 먹습니다.
- 풍뎅잇과
- 17~25mm
- 6~9월
- 한국, 일본

※ ⊢는 실물 크기를 나타냅니다.
※크기 표식이 없는 것은 실물의 약 150% 크기입니다.

흰줄풍뎅이(일본명)
모래가 있는 해안 등지에서 서식합니다. 빛에 모여듭니다.
- 풍뎅잇과
- 24.3~32mm
- 7~8월
- 일본

수염풍뎅이
모래가 있는 강가 등지에서 서식합니다. 빛에 모여듭니다.
- 풍뎅잇과
- 31~39mm
- 7~8월
- 한국, 일본, 중국

꽃무지
평지에 많으며 다양한 꽃에 모여듭니다.
- 풍뎅잇과
- 16~19.2mm
- 4~7월
- 한국, 일본, 중국

검정꽃무지
나무수국 등의 꽃에 모여듭니다.
- 풍뎅잇과
- 12.7~15.2mm
- 5~8월
- 한국, 일본, 대만

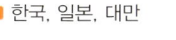
색이 다양하다.

긴다리호랑꽃무지
- 풍뎅잇과
- 17.6~22.1mm
- 6~8월
- 한국, 일본, 중국

오오토라후꽃무지(일본명)
나무수국 등의 꽃에 모여듭니다. 색이 다양합니다.
- 풍뎅잇과
- 14.1~17.2mm
- 6~8월
- 일본

알락풍뎅이
수액으로 찾아듭니다.
- 풍뎅잇과
- 15~21.6mm
- 4~10월
- 한국, 일본, 중국

새 둥지 안에서 유충을 발견할 때가 있다.

히게부토꽃무지(일본명)
- 풍뎅잇과
- 7~10mm
- 5~7월
- 일본

점박이꽃무지
수액이나 익은 과일에 모여듭니다. 꽃에 올 때도 있습니다.
- 풍뎅잇과
- 18.4~26.8mm
- 4~12월
- 한국, 일본, 중국

▲풀색꽃무지 등은 꽃 속에 숨어 꽃가루를 먹습니다.

풀색꽃무지
장미나 밤꽃 등 다양한 꽃에 모여듭니다.
- 풍뎅잇과
- 12.6~15.2mm
- 4~10월
- 한국, 일본, 중국

흰점박이꽃무지
수액이나 익은 나무 열매 등에 모입니다.
- 풍뎅잇과
- 20.1~25.6mm
- 4~11월
- 한국, 일본, 러시아

달콤한 향이 난다.

큰자색호랑꽃무지 [희귀종]
큰 나무 안, 빈 곳에서 삽니다.
- 풍뎅잇과
- 22~32mm
- 7~9월
- 한국, 일본

오오히게부토꽃무지(일본명) [희귀종]
키가 큰 나무의 꽃에 모여듭니다. 몸 색이 매우 다양합니다.
- 풍뎅잇과
- 13~17mm
- 3~4월
- 일본

토막상식 풍이와 꽃무지는 사슴벌레나 다른 풍뎅잇과에 속한 곤충과는 달리, 앞날개를 접은 채 뒷날개를 펼쳐서 날아다닙니다.

세계의 풍뎅이들

색이 매우 아름다운 종, 몸에 털이나 뿔이 난 종 등 세계에는 다양한 모습의 풍뎅이가 있습니다. 전 세계에 약 2만 5,000종이 있습니다.

※ ├───┤ 는 실물 크기를 나타냅니다.
※ 크기 표식이 없는 것은 거의 실물 크기입니다.

세계 최대의 꽃무지 중 하나.

골리앗왕꽃무지
아프리카 열대 우림에서 사는 세계 최대의 꽃무지 중 하나입니다. 수컷의 몸길이는 55~110mm이며, 나이지리아에서 케냐에 걸친 지역에 서식합니다.

왕소똥구리
똥을 뒷다리로 굴리며 경단 모양으로 만드는 '소똥구리'로 알려져 있습니다. 파브르가 연구한 벌레로도 유명합니다. 몸길이는 26~40mm이며, 유럽부터 동아시아에 걸쳐 넓게 분포합니다.

형광맵시꽃무지
마다가스카르에서 삽니다. 몸길이는 25~32mm입니다.

옵티마보석풍뎅이
은색으로 빛나는 풍뎅이입니다. 코스타리카 등지에서 서식합니다. 몸길이는 28mm 정도입니다.

금색크리스마스풍뎅이
(영어명)
금색으로 빛나는 풍뎅이입니다. 빛에 모여듭니다. 호주 북동부 등지에 서식하며 몸길이는 15mm 정도입니다.

오베르투에리
앞날개의 잔물결 문양이 없는 것도 있습니다. 수컷의 몸길이는 47~74mm로, 아프리카 탄자니아, 케냐, 우간다 등지에 서식합니다.

잔소니앞장다리풍뎅이
야행성으로 거목 안에 있는 구멍에서 생활합니다. 미얀마부터 베트남에 걸친 지역과 중국 남부에서 서식하며, 수컷의 몸길이는 47~75mm입니다.

사자풍뎅이(일본명)
머리와 가슴 부위에 갈기처럼 생긴 털이 나 있습니다. 빛에 모여듭니다. 아프리카 남부 나미비아 등지에서 서식하며, 몸길이는 27mm 정도입니다.

노랑털다리사슴꽃무지
수컷 앞다리에는 솔 같은 털이 있지만, 암컷은 없습니다. 수컷의 몸길이는 24~34mm, 아프리카 동부부터 남부에 걸쳐 서식합니다.

보르네오투구뿔꽃무지
수컷에게는 머리와 가슴에서 길게 뻗은 뿔이 있습니다. 수컷의 몸길이는 35~38.5mm이며, 보르네오섬 남부에 서식합니다.

길앞잡이·딱정벌레 등의 무리

길앞잡이의 생활

길앞잡이는 긴 다리를 능숙하게 움직여 매우 빠르게 달릴 수 있습니다. 유충은 땅에 판 구멍 안에서 자라며, 그곳에서 번데기가 되었다가 우화한 뒤 지상으로 나와 걸어 다닙니다.

보석 같이 생겼지만 난폭한 녀석

길앞잡이는 성충, 유충 모두 육식입니다. 땅 위를 매우 빠르게 돌아다니며 거대한 턱으로 파리와 개미, 지렁이 등을 잡아먹습니다.

▲벌레를 잡은 길앞잡이 성충.

▼개미를 잡은 길앞잡이 유충.

유충은 잠복한다

유충은 둥지인 구멍 속에 몸을 숨긴 채 사냥감이 지나가기를 가만히 기다립니다. 사냥감이 가까이 다가오면 구멍에서 기세 좋게 뛰쳐나와 사냥감을 구멍 안으로 끌고 들어가 먹습니다.

▲둥지인 구멍 안에 몸을 숨긴 길앞잡이 유충.

딱정벌레, 먼지벌레의 생활

딱정벌레와 먼지벌레에 속하는 곤충 대부분은 뒷날개가 퇴화해 날 수 없습니다. 유충과 성충 모두 육식성이며 살아 있는 벌레 외에 사체도 먹습니다.

◀달팽이의 껍질에 머리를 집어넣고 있는 곤봉딱정벌레의 성충.

유충도 성충도 달팽이를 먹는다

곤봉딱정벌레의 먹이는 주로 달팽이입니다. 달팽이 껍질 안에 좁고 긴 머리를 집어넣어 부드러운 고기만을 먹습니다. 유충도 몸 전체를 껍질 안에 집어넣고 능숙하게 달팽이를 먹습니다.

▲달팽이를 먹는 곤봉딱정벌레의 유충.

고온 가스를 분사해서 몸을 지킨다

별명으로 '방귀벌레'라고도 불리는 폭탄먼지벌레는 위험을 감지하면 풋 하는 소리와 함께 엉덩이에서 100도 이상의 가스를 분사합니다. 몸속에 쌓여 있던 두 종류의 물질이 순간적으로 섞여 화학 반응을 일으킨 것으로, 폭탄먼지벌레는 이 가스로 화상을 입진 않습니다.

▶가스를 분사하는 폭탄먼지벌레.

사람 손가락

※위험하므로 따라 하지 마세요.

길앞잡이·딱정벌레 등의 무리

길앞잡잇과는 긴 다리와 발달한 큰턱을 지녔으며 몸 색깔이 다양합니다.
딱정벌레와 먼지벌레는 거무스름한 몸을 한 종류가 많지만 개중에는 금속 같은 광택이 나는 것도 있습니다.

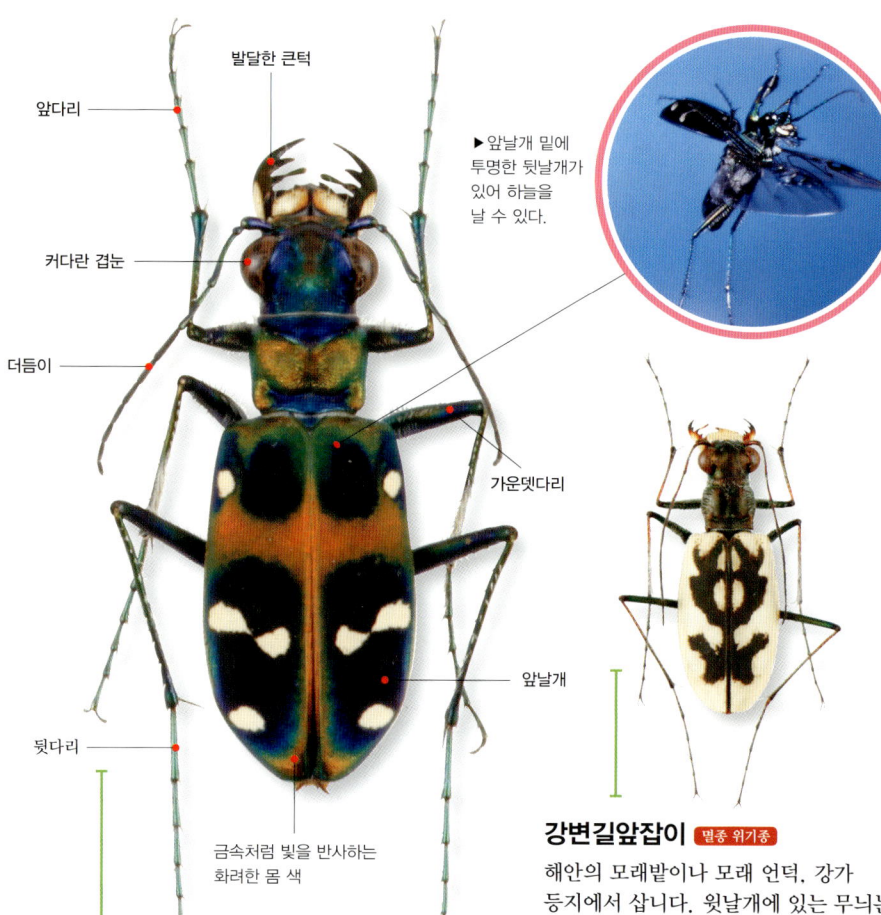

▶ 앞날개 밑에 투명한 뒷날개가 있어 하늘을 날 수 있다.

발달한 큰턱
앞다리
커다란 겹눈
더듬이
가운뎃다리
앞날개
뒷다리
금속처럼 빛을 반사하는 화려한 몸 색

길앞잡이
산길 등지에서 사람이 걸어가면 앞서 나는 습성이 있어서 '길앞잡이'라는 이름이 붙었습니다.
- 길앞잡잇과
- 18~20mm
- 한국, 일본, 중국

강변길앞잡이 (멸종 위기종)
해안의 모래밭이나 모래 언덕, 강가 등지에서 삽니다. 윗날개에 있는 무늬는 다양합니다.
- 길앞잡잇과
- 14~17mm
- 한국, 일본, 중국

※ ├───┤는 실물 크기를 나타냅니다.
※ 크기 표시가 없는 것은 거의 실물 크기입니다.

강변먼지벌레
강가 모래밭이나 강변 모래사장 등지에 서식하며 빛에 모여듭니다.
- 강변먼지벌렛과
- 5.5~6.5mm
- 한국, 일본, 중국

곰보벌레
같은 종이 2억 년 전에 나타났던 가장 원시적인 딱정벌레입니다.
- 곰보벌렛과
- 9~17mm
- 한국, 일본, 러시아

가는등줄벌레 (일본명)
너도밤나무 등의 나무껍질 밑이나 썩은 나무 안에서 생활합니다.
- 등줄벌렛과
- 5.4~6.1mm
- 일본

구로오비히게부토딱정벌레 (일본명) 희귀종
썩은 나무에 있는 개미집에서 기생합니다.
- 히게부토딱정벌렛과
- 4.7mm
- 일본

큰무늬길앞잡이 (멸종 위기종)
하구의 모래 지대에서 살고 있습니다.
- 길앞잡잇과
- 15~18mm
- 한국, 일본, 중국

좀길앞잡이
녹색부터 은색, 검은색까지 다채로운 색을 지녔습니다. 땅 위를 걸어 다닙니다.
- 길앞잡잇과
- 15~19mm
- 한국, 일본

세로줄길앞잡이 (일본명)
밭이나 해변에서 볼 수 있으며 빛에도 모여듭니다.
- 길앞잡잇과
- 11~13mm
- 일본

도쿄히메길앞잡이 (일본명)
일본 간토 지방 주위에서는 시가지에서도 쉽게 볼 수 있습니다.
- 길앞잡잇과
- 9~10mm
- 일본

야에야마쿠비나가길앞잡이 (일본명)
숲속 등지에서 잡초 잎에 머물러 있습니다.
- 길앞잡잇과
- 10~13mm
- 일본

오가사와라길앞잡이 (일본명) 멸종 위기종
현재, 전 세계에서 일본의 오가사와라 제도에서만 볼 수 있으며 보호 활동을 진행하고 있습니다.
- 길앞잡잇과
- 10~13mm
- 일본

■ 과   ■ 몸길이   ■ 성충을 볼 수 있는 주요 시기   ■ 분포

큰턱

긴 목을 달팽이 껍질 안으로 집어넣는다.

두 장의 앞날개가 딱 달라붙어 있어 펼 수는 없다.

(나가사키현 후쿠에섬산) (아종 히메곤봉딱정벌레)
(도치기현산)

(아오모리현산) (아종 북방곤봉딱정벌레)

누비딱정벌레 [멸종 위기종]
밭이나 습지대에 서식하며 조개나 지렁이 등을 먹습니다. ■ 딱정벌렛과
■ 25~32mm ■ 초여름에서 가을까지 활동 ■ 한국, 일본, 중국

검정명주딱정벌레
모기 유충을 즐겨 먹으며 뒷날개가 있어서 날 수 있습니다. 흙 속에서 겨울을 납니다. ■ 딱정벌렛과
■ 22~31mm ■ 초여름에서 가을까지 활동 ■ 한국, 일본, 중국

곤봉딱정벌레
달팽이를 덮쳐 먹으며, 성충인 상태에서 겨울을 납니다. 지역에 따라 7~8종의 아종으로 나눌 수 있습니다. ■ 딱정벌렛과
■ 32~69.5mm ■ 초여름에서 가을까지 활동 ■ 일본

큰명주딱정벌레
다른 곤충의 유충 등을 먹습니다. 뒷날개가 있어 날 수 있습니다.
■ 딱정벌렛과
■ 23~31mm ■ 봄에서 가을까지 활동 ■ 한국, 일본, 중국

검정긴딱정벌레(일본명)
숲속 땅 위를 걸어 다니며 사냥감을 찾습니다. 썩은 나무나 흙 속에서 겨울을 납니다. ■ 딱정벌렛과
■ 25~34mm ■ 여름에서 가을까지 활동 ■ 일본

쓰시마멋쟁이딱정벌레 (일본명)
달팽이나 지렁이를 덮쳐서 먹습니다. 성충으로 겨울을 납니다.
■ 딱정벌렛과 ■ 29~45mm
■ 초여름에서 가을까지 활동
■ 일본

(아종 이부시킨딱정벌레) (아종 데시오킨딱정벌레)

오오루리딱정벌레(일본명)
숲속을 걸어 다니며 달팽이 등을 먹습니다. 지역에 따라 앞날개의 울퉁불퉁함이나 몸 색이 크게 다릅니다.
■ 딱정벌렛과 ■ 23~35mm
■ 봄부터 가을까지 활동
■ 일본

아이누킨딱정벌레(일본명) [희귀종]
숲속에서 달팽이 등을 덮쳐서 먹습니다. 지역에 따라 앞날개의 울퉁불퉁함이나 몸 색이 크게 다릅니다. ■ 딱정벌렛과
■ 19~29mm ■ 여름에서 가을까지 활동 ■ 일본

꼭지딱정벌레
숲속의 돌이나 쓰러진 나무 밑에서 작은 달팽이를 먹습니다.
■ 딱정벌렛과 ■ 11~17mm
■ 초여름에서 가을까지 활동
■ 한국, 일본

큰딱정벌레(일본명)
지렁이 등을 먹습니다. 성충으로 겨울을 납니다.
■ 딱정벌렛과
■ 23~38mm
■ 초여름에서 가을까지 활동
■ 일본

뒷날개가 퇴화해서 없어져 버려서 날지 못한다.

푸른딱정벌레(일본명)
평지부터 산에서 발견할 수 있습니다. 성충으로 겨울을 납니다. ■ 딱정벌렛과
■ 22~32mm ■ 봄에서 가을까지 활동 ■ 일본

알브레크티우리딱정벌레
지렁이 등을 먹습니다. 성충으로 겨울을 납니다.
■ 딱정벌렛과 ■ 17~26mm
■ 봄에서 가을까지 활동 ■ 일본

야콘딱정벌레(일본명)
땅 위를 걸어 다니며 지렁이 등을 먹습니다.
■ 딱정벌렛과 ■ 24~33mm
■ 일본

Q&A Q : '길앞잡이'라는 이름은 어떻게 유래됐나요?   A : 사람이 좁은 시골길을 지나가면 날아올라서 수 미터 앞에 가서 앉았다가, 다시 사람이 가까이 가면 앞으로 날아가기를 반복해 마치 길을 안내하는 것 같다고 해서 붙인 이름입니다.

길앞잡이 · 딱정벌레 등의 무리

큰조롱박먼지벌레
해안이나 강가에 있는 모래 지대에 구멍을 깊이 파고 삽니다. ■ 딱정벌렛과
■ 30~43mm ■ 한국, 일본, 중국

한라십자무늬먼지벌레
풀 위나 단풍나무 꽃 등에 모여듭니다. ■ 딱정벌렛과
■ 5.5~6.5mm ■ 한국, 일본

딱정벌레붙이
해안이나 강가에 있는 모래 지대에 서식합니다.
■ 딱정벌렛과
■ 20~24mm
■ 한국, 일본, 중국

한국길쭉먼지벌레
산지의 숲에 있습니다.
■ 딱정벌렛과
■ 18.5~20.5mm
■ 한국, 일본

풀색먼지벌레
물가에 많으며, 때로는 썩은 나무 안에서 집단으로 겨울을 납니다.
■ 딱정벌렛과 ■ 13.5~14.5mm
■ 한국, 일본, 중국

멋쟁이밑빠진먼지벌레
쓰러진 나무에서 자란 버섯이나 수액에 모여듭니다. ■ 딱정벌렛과
■ 13~15mm ■ 한국, 일본

머리먼지벌레
들판이나 물가 등지에서 서식합니다.
■ 딱정벌렛과
■ 17~24mm
■ 한국, 일본, 중국

큰털보먼지벌레
갈대가 무성한 습지 등지에서 서식하며 돌 밑 등에서 겨울을 납니다.
■ 딱정벌렛과 ■ 17~19mm
■ 한국, 일본, 중국

허벅호리병먼지벌레
연못 주변이나 습지에 있으며 물가 흙 속에서 겨울을 납니다.
■ 딱정벌렛과
■ 12~13.2mm ■ 일본

팔점박이먼지벌레
나무 위에 있습니다.
■ 딱정벌렛과
■ 10~12.5mm
■ 한국, 일본

줄먼지벌레
숲속이나 강가 등지에서 살며 흙에서 겨울을 납니다.
■ 딱정벌렛과 ■ 22~23mm
■ 한국, 일본, 중국

큰노랑테먼지벌레
물가 돌 밑 등지에서 볼 수 있습니다. 유충은 개구리를 즐겨 먹습니다. ■ 딱정벌렛과
■ 19.5~22mm ■ 한국, 일본, 중국

천적에게 위협을 당하면 고온의 가스를 분사한다.

폭탄먼지벌레
■ 폭탄먼지벌렛과
■ 11~18mm
■ 한국, 일본, 중국

■ 과 ■ 몸길이 ■ 성충을 볼 수 있는 주요 시기 ■ 분포

세계의 길앞잡이 · 딱정벌레들

길앞잡이는 전 세계에 약 2,500종, 딱정벌레, 먼지벌레는 약 4만 종이 있다고 알려져 있습니다. 모두 육식이며 주로 땅 위를 걸어 다니며 활동합니다.

중국멋쟁이딱정벌레
앞날개에 혹 같은 돌기가 나란히 나 있습니다. 중국 남부 지역에서 서식하며, 몸길이는 32~48mm입니다.

바이올린딱정벌레
바이올린처럼 생긴 먼지벌레의 일종입니다. 몸이 매우 얇으며, 딱딱한 버섯 뒤에서 삽니다. 말레이시아와 인도네시아 열대 우림에서 서식하며, 몸길이는 60~80mm입니다.

유럽꼬마딱정벌레
유럽 중부, 프랑스와 독일의 산에서 서식합니다. 몸길이는 17~34mm입니다.

칠레딱정벌레
남미 칠레에 있는 산에서 살며 지역에 따라 색이 다양합니다. 몸길이는 25mm 전후입니다.

라티페니스 대왕길앞잡이
날지는 못해서 땅 위를 돌아다니며 사냥을 합니다. 매우 난폭한 성격으로 쥐를 덮칠 때도 있습니다. 몸길이는 60mm나 되며, 아프리카 동부부터 남부에 걸쳐 서식합니다.

송장벌레·반날개 등의 무리

송장벌레는 유충이나 성충 모두 동물이나 벌레 등의 사체나 썩은 버섯 등을 먹고 삽니다. 일부 종류는 성충이 유충에게 입에 든 것을 꺼내서 다시 먹여 줍니다. 반날개는 앞날개가 짧고, 접힌 뒷날개가 앞날개 밑에 들어가 있어서 날개를 숨긴 것처럼 보입니다.

※크기 표시가 없는 것은 실물의 약 200% 크기입니다.

▲사체에 모이는 검정송장벌레

검정송장벌레
동물 사체에 모여듭니다.
- 🟩 송장벌렛과 🟥 25~45mm
- 🟦 봄~가을 🟧 한국, 일본, 중국

네눈박이송장벌레
나무 위에 살며, 모기 유충 등을 사냥해 먹습니다.
- 🟥 10~15mm 🟦 6~8월
- 🟧 한국, 일본

큰넓적송장벌레
동물이나 지렁이의 사체, 쓰레기에 모여듭니다.
- 🟩 송장벌렛과 🟥 18~23mm
- 🟦 봄~가을 🟧 한국, 일본, 중국

넉점박이송장벌레
동물 사체에 모여듭니다.
- 🟩 송장벌렛과 🟥 13~21mm
- 🟦 봄~가을
- 🟧 한국, 일본, 중국

대모송장벌레
동물 사체에 모여듭니다.
- 🟩 송장벌렛과 🟥 17~22mm
- 🟦 봄~가을 🟧 한국, 일본

꼬마검정송장벌레
동물 사체에 모여듭니다.
- 🟩 송장벌렛과
- 🟥 8~15mm
- 🟦 봄~가을
- 🟧 한국, 일본

큰수중다리송장벌레
동물 사체에 모입니다. 빛에도 달려듭니다.
- 🟩 송장벌렛과 🟥 15~28mm
- 🟦 봄~가을 🟧 한국, 일본, 러시아

아무르납작풍뎅이붙이
쓰러진 나무껍질 밑에 숨어 삽니다.
- 🟩 풍뎅이붙잇과
- 🟥 8~11.3mm 🟦 봄~가을
- 🟧 한국, 일본

유리둥근풍뎅이붙이
사체나 똥에 모여들며, 파리 유충도 먹습니다.
- 🟩 풍뎅이붙잇과
- 🟥 5.2~7.7mm 🟦 봄~가을
- 🟧 한국, 일본

엔마무시모도키 (일본명)
마른 나무에 살며 다른 곤충을 먹습니다.
- 🟩 엔마무시모도키과
- 🟥 12~15mm 🟧 일본

체액에 독이 있어 피부에 닿으면 붓는다.

시라오비시데무시모도키 (일본명)
층층나무 등에 나는 부드러운 버섯에 모여듭니다.
- 🟩 반날갯과
- 🟥 9.5~10mm
- 🟦 봄~가을 🟧 일본

구로쓰야반날개 (일본명)
썩은 나무 안에서 볼 수 있습니다.
- 🟩 반날갯과
- 🟥 10.5~13.5mm
- 🟧 일본

개미반날개
산에 있는 숲속 풀잎에 있습니다.
- 🟩 반날갯과
- 🟥 10~12mm
- 🟦 봄~가을
- 🟧 한국, 일본

청딱지개미반날개
돌 밑 등지에서 볼 수 있습니다.
- 🟩 반날갯과
- 🟥 6.5~7mm
- 🟦 1년 내내
- 🟧 한국, 일본

홍딱지반날개
동물 사체나 똥에 모여듭니다.
- 🟩 반날갯과
- 🟥 15~19mm 🟦 4~10월
- 🟧 한국, 일본

입치레반날개
버섯에 모여듭니다.
- 🟩 반날갯과
- 🟥 9.4~12mm
- 🟦 봄~가을 🟧 한국, 일본

긴다리개미사돈 (일본명)
낙엽 밑에서 볼 수 있습니다.
- 🟩 반날갯과
- 🟥 3.5~3.7mm 🟧 일본

에구리데오버섯벌레 (일본명)
썩은 나무에 난 버섯에 모여듭니다.
- 🟩 반날갯과
- 🟥 6.5~7mm
- 🟦 봄~가을 🟧 일본

뿔사슴벌레붙이 (일본명)
너도밤나무 등의 썩은 나무 안에서 살고 있습니다.
- 🟩 사슴벌레붙잇과
- 🟥 14~20mm
- 🟦 1년 내내 🟧 일본

토막상식 송장벌레는 육아를 합니다. 동물 사체 등을 둥글게 빚어 만든 고기 경단을 유충의 입에 넣어 줍니다.

물방개·물땡땡이·물맴이 등의 무리

물방개, 물땡땡이, 물맴이의 생활

물방개나 물땡땡이, 물맴이는 물가에 서식하는 딱정벌레 무리입니다. 물방개나 물땡땡이는 유충과 성충이 모두 물속에 살며 그 몸은 헤엄치기 적합한 형태로 이루어져 있습니다. 물맴이 성충은 배를 물에 대고 수면 위를 미끄러지듯이 이동합니다. 유충은 아가미라는 기관을 지녀 물속에서 숨을 쉴 수 있습니다.

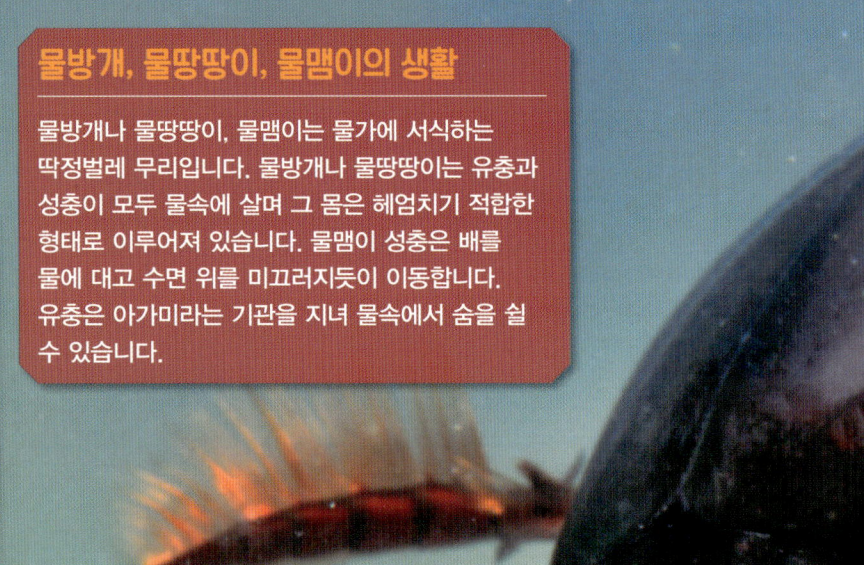

▼물고기를 공격하는 물방개.

각각의 먹이

물방개는 유충과 성충 모두 육식을 해서 물속에 사는 물고기나 벌레 등을 잡아먹습니다. 물땡땡이의 경우, 유충은 작은 벌레 등을 먹지만 성충은 주로 수초 같은 식물이나 죽은 벌레 등을 먹습니다. 물맴이는 유충과 성충 모두 살아 있는 벌레를 먹습니다.

▲수초를 먹는 물땡땡이.

▲물 위에 떨어진 메뚜기 유충을 잡은 왕물맴이.

산소통으로 물속 호흡

물방개나 물땡땡이는 물속에서 숨을 쉴 수 없습니다. 그래서 때때로 수면 위로 나와 공기를 들이마셔야 합니다. 물땡땡이는 머리, 물방개는 배 끝부분을 물 밖으로 내밀어 공기를 들이마시고 날개 밑에 공기를 모아 놓아서 장시간 물속에서 활동할 수 있습니다.

△물 밖으로 머리를 내밀어서 숨을 쉬는 물땡땡이.

▲배 끝부분으로 공기를 들이마시는 물방개.

유충은 '논의 지네', 땅속에서 번데기가 된다

물방개 유충은 '논의 지네' 등으로 불리는데, 길쭉하게 생겼으며 매우 사납습니다. 큰턱으로 먹잇감을 물고 턱에서 독을 내보내 먹잇감을 마비시킵니다. 사람을 물기도 해서 위험하므로 주의해야 합니다. 성장한 유충은 육지로 올라와 땅속에서 번데기가 된 후 허물을 벗고 성충이 됩니다.

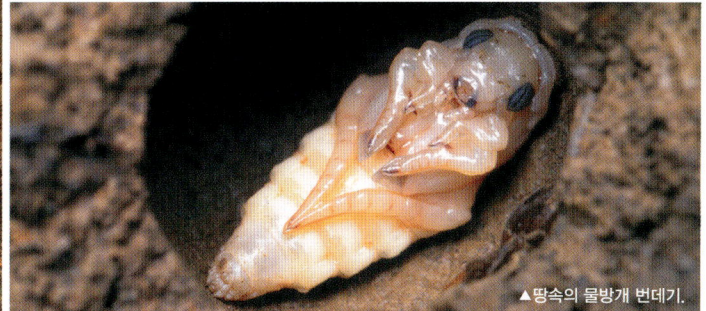

▲물 밑을 걷는 물방개 유충.

▲올챙이를 잡은 물방개 유충.

▲땅속의 물방개 번데기.

▲갓 허물을 벗은 물방개 성충.

물방개·물땅땡이·물맴이 등의 무리

물방개 무리는 촘촘한 털이 난 뒷다리를 동시에 움직여서 재빨리 헤엄칠 수 있습니다. 물땅땡이는 뒷다리와 가운뎃다리를 번갈아 움직여서 헤엄치는데 그다지 빨리 헤엄칠 수 없습니다. 물맴이는 배로 수면 위에 떠서 납작한 뒷다리와 가운뎃다리를 회전시켜 고속으로 이동합니다.

※ ├──┤ 는 실물 크기를 나타냅니다.
※ 크기 표식이 없는 것은 거의 실물 크기입니다.

▶ 수컷의 앞다리는 교미할 때 암컷을 붙잡을 수 있게 빨판 모양으로 되어 있다.

샤프물방개붙이(일본명) [멸종 위기종]
한정된 지역에만 서식하는 보기 드문 종류입니다.
- 물방갯과
- 30~33mm
- 일본

물방개
물속에서 생활하며 죽은 물고기나 개구리 등을 먹습니다.
- 물방갯과
- 36~39mm
- 한국, 일본, 중국

줄무늬물방개
연못이나 논에서 볼 수 있으며 불빛에 모여듭니다.
- 물방갯과
- 13~14mm
- 한국, 일본, 중국

잿빛물방개
연못이나 물웅덩이에서 볼 수 있으며 불빛에 모여듭니다.
- 물방갯과
- 12~14mm
- 한국, 일본, 중국

물땅땡이
식물이 많은 연못에 서식하며 불빛에 모여듭니다.
- 물땅땡잇과
- 33~40mm
- 한국, 일본, 티베트

메스스지물방개(일본명) [희귀종]
암컷의 윗날개에는 홈 네 줄이 있지만 수컷에는 없습니다. 고산 지대의 연못에 서식합니다.
- 물방갯과
- 15~17mm
- 일본

애물땅땡이
연못이나 늪에 살며 불빛에 모여듭니다.
- 물땅땡잇과
- 9~11mm
- 한국, 일본, 대만

남방물땅땡이
연못이나 늪이 살며 불빛에 모여듭니다.
- 물땅땡잇과
- 23~28mm
- 한국, 일본, 중국

▲ 뒷다리의 촘촘한 털이 물을 헤쳐서 매우 빨리 헤엄칠 수 있다.

▲ 물맴이에는 공중과 물속을 보는 용도로 좌우 두 개씩 총 네 개의 눈이 있다.

물맴이
늪이나 흐름이 완만한 강에 서식합니다. 수면에 떨어진 곤충 등을 먹습니다.
- 물맴잇과
- 6~7.5mm
- 한국, 일본, 중국

왕물맴이
흐름이 없는 수면에서 볼 수 있습니다.
- 물맴잇과
- 7~12mm
- 한국, 일본, 중국

물진드기
수생 식물이 많은 연못이나 늪에 서식하며 불빛에도 모여듭니다.
- 물진드깃과
- 3.1~3.6mm
- 한국, 일본

■ 과 ■ 몸길이 ■ 분포

물에 서식하는 곤충들

딱정벌레 무리인 물방개와 물땅땅이, 노린재 무리인 소금쟁이나 물장군 등 곤충 중에는 물 위나 물속에 서식하는 종류가 있습니다. 또한 잠자리와 반딧불이 일부, 하루살이 무리와 같이 유충 때만 물속에 사는 종류도 있습니다. 이런 곤충들은 물 위나 물속에서 생활하기에 적합한 생김새를 갖추고 있습니다.

반딧불이의 생활

대부분의 반딧불이 무리는 배에 발광기가 있어서 빛을 냅니다. 성충은 빛을 내는 종류와 빛을 내지 않는 종류가 있지만 유충은 모두 빛을 냅니다. 일본에는 46종 정도가 알려져 있습니다(한국은 9종). 겐지반딧불이나 애반딧불이의 유충은 물속에서 사는데, 대부분의 종류는 유충 때 육지에서 생활합니다.

반딧불이 무리

▲ 배에 있는 발광기로 빛을 내는 반딧불이 성충.

▼ 배 끝부분에 발광기 한 쌍을 지닌 반딧불이 유충.

▲ 모여서 빛을 내는 반딧불이 성충.

▲ 땅속에서 빛을 내는 번데기.

유충과 번데기도 빛을 낸다

겐지반딧불이와 애반딧불이는 알, 유충, 번데기, 성충이 다 빛을 냅니다.

반짝반짝 빛을 내서 구애한다

성충의 발광은 수컷과 암컷이 만나기 위한 신호로 쓰입니다. 어두운 밤에 수컷과 암컷이 빛을 의지하여 서로를 찾아서 교미합니다. 빛의 세기나 발광 간격은 종류마다 정해져 있어서 저마다 목표로 하는 상대를 찾을 수 있습니다.

▲ 빛을 내며 어지러이 나는 반딧불이 성충.

▼몸에서 독을 내뿜어서 몸을 보호하는 반딧불이 유충.

▲다슬기를 잡아먹는 반딧불이 유충.

유충은 조개 등을 공격하는 사냥꾼
겐지반딧불이 유충은 물속에 살며 다슬기 등의 고둥을 잡아먹습니다.

반딧불이 무리

반딧불이 무리는 딱정벌레 중에서 몸이 가장 유연합니다. 유충 때는 육식을 해서 다슬기나 달팽이 등의 소라 종류와 노래기, 지렁이 등을 잡아먹지만, 성충이 되면 대부분의 종류가 물만 마시고 아무것도 먹지 않습니다.

- 🟥 몸길이 🟦 성충을 볼 수 있는 주요 시기 🟧 분포

※ ├───┤ 는 실물 크기를 나타냅니다.
※ 크기 표시가 없는 것은 실물의 약 200% 크기입니다.
※ 여기에서 소개하는 반딧불이는 모두 반딧불잇과입니다.

겐지반딧불이(일본명)
유충은 흐르는 깨끗한 물속에 살며 다슬기 종류를 먹습니다. 알부터 성충까지 빛을 냅니다.
🟥 10~16mm 🟦 5~7월 🟧 일본

큰늦반딧불이(일본명) 〔희귀종〕
산지에서 볼 수 있습니다. 암컷은 날개가 없습니다.
🟥 9~12mm 🟦 6~8월 🟧 일본

꽃반딧불이
풀 위에서 볼 수 있습니다.
🟥 7~12mm 🟦 4~8월 🟧 한국, 일본, 러시아

노란줄반딧불이(일본명)
성충은 빛을 내며 숲속을 날아다닙니다.
🟥 5.8~7mm 🟦 4~11월 🟧 일본

애반딧불이
유충은 무논이나 연못 속에 살며 고둥류를 먹습니다. 알부터 성충까지 빛을 냅니다.
🟥 7~10mm 🟦 4~10월 🟧 한국, 일본, 러시아

히메반딧불이(일본명)
유충은 육지에 서식합니다. 유충과 성충 모두 빛을 냅니다. 암컷은 날개가 퇴화되어 날지 못합니다.
🟥 5.5~9.6mm 🟦 6~7월 🟧 일본

칼럼 - 유충처럼 보이는 암컷
반딧불이 무리 중 늦반딧불이 등 몇 종류에서는 수컷과 암컷 성충의 생김새가 크게 다릅니다. 수컷은 이른바 반딧불이다운 모습을 하고 있지만, 암컷은 날개가 완전히 퇴화되어 유충을 그대로 확대한 듯한 모습을 하고 있습니다. 날 수 없는 탓에 수컷이 날아오기를 기다려서 교미합니다.

▲사키시마늦반딧불이(일본명).

Q : 반딧불이에는 독이 있나요?   A : 있습니다. 반딧불이 무리는 대부분이 몸속에 독을 지니고 있어서 새도 잡아먹지 않습니다.

비단벌레·방아벌레·병대벌레 등의 무리

비단벌레 무리는 금속처럼 빛을 반사하는 선명한 색을 지닌 생김새가 특징입니다. 방아벌레 무리는 뒤집으면 머리와 가슴 사이의 관절을 구부려서 그 부분을 지면에 세게 부딪쳐 높이 튀어 올라 원래대로 돌아갑니다. 병대벌레 무리는 몸이 유연합니다.

※ ⊢―⊣ 는 실물 크기를 나타냅니다.
※ 크기 표식이 없는 것은 실물의 약 150% 크기입니다.

비단벌레
팽나무나 느티나무 등에 모여서 알을 낳습니다.
- 🟩 비단벌렛과 🟥 25~40mm
- 🟦 7~8월 🟧 한국, 일본, 중국

고려비단벌레
소나무나 전나무 등의 침엽수에 모여듭니다.
- 🟩 비단벌렛과 🟥 11~22mm
- 🟦 6~9월 🟧 한국, 일본, 중국

(혼슈산) (아마미오섬산)
(아종 푸른소나무비단벌레)

소나무비단벌레
마른 소나무에 모여서 알을 낳습니다.
- 🟩 비단벌렛과 🟥 24~40mm 🟦 5~8월
- 🟧 한국, 일본, 대만

오가사와라비단벌레(일본명)
일본 천연기념물로 지정되어 있습니다.
- 🟩 비단벌렛과 🟥 22~35mm
- 🟦 6~8월 🟧 일본

배나무육점박이비단벌레
다양한 종류의 마른 나무에 모여듭니다.
- 🟩 비단벌렛과
- 🟥 7~12mm
- 🟦 5~8월
- 🟧 한국, 일본

금테비단벌레
느릅나무에 모여듭니다.
- 🟩 비단벌렛과
- 🟥 8~13mm
- 🟦 6~8월
- 🟧 한국, 일본

마스다검은별비단벌레(일본명)
마른 삼나무나 편백나무에 알을 낳습니다.
- 🟩 비단벌렛과 🟥 6~13mm
- 🟧 일본

시로오비나카보소비단벌레(일본명)
나무딸기류의 잎 위에 삽니다.
- 🟩 비단벌렛과
- 🟥 5~9mm 🟦 4~7월
- 🟧 일본

가시나무비단벌레
물참나무나 상수리나무에 붙어 있습니다.
- 🟩 비단벌렛과
- 🟥 11.5~15.5mm 🟦 5~7월
- 🟧 한국, 일본

초록비단벌레 [희귀종]
감탕나무에 알을 낳습니다.
- 🟩 비단벌렛과
- 🟥 16~29mm 🟦 6~7월
- 🟧 한국, 일본

울릉비단벌레
팽나무에 붙어 있습니다.
- 🟩 비단벌렛과
- 🟥 9.5~13.2mm
- 🟦 5~8월
- 🟧 한국, 일본

하이이로히라타치비비단벌레(일본명)
상수리나무나 떡갈나무 잎을 먹습니다.
- 🟩 비단벌렛과
- 🟥 2.3~3mm 🟧 일본

느티나무비단벌레
팽나무나 푸조나무 등의 잎을 먹습니다.
- 🟩 비단벌렛과
- 🟥 3.4~4.1mm
- 🟧 한국, 일본

미도리나카보소비단벌레(일본명)
예덕나무 잎에 앉아 있습니다.
- 🟩 비단벌렛과
- 🟥 8~12mm 🟦 5~8월 🟧 일본

🟩 과 🟥 몸길이 🟦 성충을 볼 수 있는 주요 시기 🟧 분포

맵시방아벌레
마른 소나무에 모여듭니다.
- 방아벌렛과
- 22~30mm
- 한국, 일본

▲ 점프하는 맵시방아벌레의 연속 사진.

알락무늬방아벌레
초봄 단풍나무 꽃 등에 모여듭니다.
- 방아벌렛과
- 9.5~13mm
- 4~6월
- 한국, 일본

시이볼드방아벌레
불빛에 잘 모여듭니다.
- 방아벌렛과
- 23~30mm
- 한국, 일본

루이스방아벌레
수액이나 불빛에도 모여듭니다.
- 방아벌렛과
- 22~35mm
- 한국, 일본, 중국

왕빗살방아벌레
잎 위에 살며 작은 벌레 등을 먹습니다.
- 방아벌렛과
- 21~27mm
- 한국, 일본

노부오오오아오방아벌레(일본명)
낮에 비단벌레처럼 잘 날아다닙니다.
- 방아벌렛과
- 32mm
- 6~8월
- 일본

녹슬은방아벌레
숲이나 그 주변의 나뭇잎 위에서 잘 볼 수 있습니다.
- 방아벌렛과
- 12~16mm
- 4~11월
- 한국, 일본, 유럽

히메아오쓰야하다방아벌레(일본명)
산지의 숲에 살며 나뭇잎 위 등에서 찾아볼 수 있습니다.
- 방아벌렛과
- 9~11mm
- 6~8월
- 일본

청동방아벌레
몸 전체에 회색의 짧은 털이 많이 나 있습니다.
- 방아벌렛과
- 13~16mm
- 한국, 일본

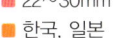

구치키쿠시히게무시(일본명)
나무줄기에 앉아 있는 것을 볼 수 있습니다.
- 쿠시히게무시과
- 10~21mm
- 6~7월
- 일본

홍반디
산지에 많으며 꽃이나 나뭇잎 위에서 볼 수 있습니다. 홍반디 무리의 체액에서는 이상한 냄새가 나는 탓에 새에게 잡아먹히지 않습니다.
- 홍반딧과
- 8.5~14.3mm
- 5~8월
- 한국, 일본, 중국

살짝수염홍반디
산지의 꽃이나 나뭇잎 위에서 볼 수 있습니다.
- 홍반딧과
- 10~16.5mm
- 6~8월
- 한국, 일본, 몽골

병대벌레
나뭇잎 위에 살며 다른 벌레를 잡아먹습니다.
- 병대벌렛과
- 14~18mm
- 한국, 일본

끝노랑보라병대벌레
꽃에 모여들며 다른 벌레를 잡아먹습니다.
- 병대벌렛과
- 20~24mm
- 한국, 일본

푸른병대벌레(일본명)
나뭇잎 위에 살며 다른 벌레를 잡아먹습니다.
- 병대벌렛과
- 14~20mm
- 일본

방아벌레 무리가 튀어 오르는 높이는 몸길이의 10배가 넘는 경우도 있습니다.

※ ┝━━━┥는 실물 크기를 나타냅니다.
※크기 표식이 없는 것은 실물의 약 150% 크기입니다.

비단벌레·방아벌레·병대벌레 등의 무리

▲애알락수시렁이 유충.

애알락수시렁이
실내에서 의류를 먹는 해충입니다. 야외에서는 꽃에도 모여듭니다. 전 세계에 서식합니다. 🟩 수시렁잇과
🟥 2~3.2mm 🟧 전 세계

홍띠수시렁이
모피 등을 먹는 해충입니다.
🟩 수시렁잇과 🟥 6.8~8mm
🟧 한국, 일본, 중국

길쭉표본벌레
곡물을 먹는 해충입니다. 실내에서도 볼 수 있습니다.
🟩 표본벌렛과
🟥 2.7~5mm 🟧 한국, 일본

권연벌레
건조한 식품을 먹는 해충입니다. 종종 많이 발생합니다.
🟩 빗살수염벌렛과
🟥 1.7~3.1mm 🟧 한국, 일본

주홍머리대장
마른 나무껍질 밑에서 생활합니다.
🟩 머리대장과
🟥 10~15mm 🟦 6~8월
🟧 한국, 일본

가슴빨간개미붙이
나한송이나 쓰러진 나무 위에서 볼 수 있습니다. 나무좀 등을 잡아먹습니다.
🟩 개미붙잇과 🟥 7.5~9mm
🟧 한국, 일본

끝검은개미붙이
육식성이라서 다른 벌레를 잡아먹습니다. 🟩 개미붙잇과
🟥 5~8mm 🟧 일본

큰쌀도적
소나무의 나무껍질 밑에 서식하며 나무좀을 먹습니다.
🟩 쌀도적과 🟥 12~19mm
🟧 한국, 일본

네눈박이밑빠진벌레
상수리나무나 졸참나무의 수액에 모여듭니다.
🟩 밑빠진벌렛과 🟥 10~14mm
🟦 5~9월 🟧 한국, 일본

고려나무쑤시기
상수리나무나 졸참나무의 수액에 모여듭니다.
🟩 나무쑤시깃과 🟥 13~13.5mm
🟦 5~9월 🟧 한국, 일본

루리머리대장(일본명)
몸이 납작하며 마른 나무껍질 밑에서 생활합니다.
🟩 머리대장과 🟥 20~27mm
🟦 6~8월 🟧 일본

통나무좀
산지의 마른 활엽수에 모여듭니다.
🟩 통나무좀과
🟥 7~18mm 🟦 6~8월
🟧 한국, 일본, 러시아

▼버섯에 모여드는 가슴각진버섯벌레.

니혼호호비로 방아벌레붙이(일본명)
암컷은 머리의 좌우 모양이 다른 신기한 곤충입니다. 해장죽에 모여듭니다.
🟩 방아벌레붙잇과
🟥 8~23mm 🟦 5~8월
🟧 일본
♀

마름무늬버섯벌레
마른 나무에 자란 버섯에 모여듭니다. 🟩 버섯벌렛과
🟥 5~7.5mm 🟦 5~10월
🟧 한국, 일본

가슴각진버섯벌레
산지에서 너도밤나무 등의 마른 나무에 자란 버섯에 모여듭니다. 🟩 버섯벌렛과 🟥 16~36mm 🟦 6~8월
🟧 한국, 일본

베니몬치비 버섯벌레(일본명)
마른 나무에 자란 버섯에 모여듭니다.
🟩 버섯벌렛과
🟥 3.5~5mm 🟦 5~10월
🟧 일본

별넷버섯벌레(일본명)
너도밤나무 등의 마른 나무에 자란 버섯에 모여듭니다. 🟩 버섯벌렛과
🟥 4.3~8.5mm 🟦 5~10월
🟧 일본

네점무늬 무당벌레붙이
나한송이나 썩은 나무에 살며 균류를 먹습니다.
🟩 무당벌레붙잇과
🟥 10~12mm 🟧 한국, 일본

무당벌레붙이
풀숲의 돌 밑 등에서 볼 수 있으며 균류를 먹습니다. 성충으로 겨울을 납니다.
🟩 무당벌레붙잇과 🟥 4.5~5mm
🟦 1년 내내 🟧 동남아시아 전역

🟩 과 🟥 몸길이 🟦 성충을 볼 수 있는 주요 시기 🟧 분포

세계의 반딧불이, 비단벌레들

반딧불이나 비단벌레 등의 무리는 종류가 많고 전 세계에 서식합니다. 매우 화려한 자태의 비단벌레나 나무 한 그루에 모여서 일제히 빛을 내는 반딧불이 등 그 특징도 각양각색입니다.

※이 페이지의 표본은 거의 실물 크기입니다.

무지개보석 비단벌레
말레이반도의 열대 우림에 서식하는 아름다운 비단벌레입니다. 몸길이는 27~45mm입니다.

보석큰비단벌레
75mm나 되는 세계에서 가장 큰 비단벌레입니다. 네팔에서부터 순다랜드, 필리핀의 열대 우림 등에 서식합니다.

왕눈이큰비단벌레
중앙아메리카나 남아프리카에 서식하는 대형 비단벌레로, 몸길이가 46~67mm입니다.

칼로데마 플레베이아 (Calodema plebeia)
호주 퀸즐랜드주 북부에 서식하며, 몸길이는 35mm 정도입니다.

발광방아벌레
중앙아메리카와 남아메리카에 서식합니다. 가슴에 발광기가 있어서 밝게 빛을 냅니다. 유충이 흰개미의 흙무덤에 구멍을 뚫고 안에 숨어서 빛으로 벌레를 유혹하여 먹잇감을 큰턱으로 잡아먹는 종류가 있습니다.

반딧불이 나무
동남아시아의 열대 우림 등에서 수많은 반딧불이가 나무 한 그루에 모여 앉아 타이밍을 맞춰서 일제히 반짝이는 모습을 볼 수 있습니다. 사진은 몸길이 7mm 정도의 무나키키베리반딧불이(일본명)의 집단 발광 장면입니다.

▲무나키키베리반딧불이의 집단 발광.

▲무나키키베리반딧불이.

무당벌레 무리

무당벌레의 생활

무당벌레 무리는 종류에 따라 먹이가 정해져 있는데, 주로 진딧물이나 깍지벌레 등을 먹는 육식성 무당벌레와 식물의 잎을 먹는 초식성 무당벌레가 있습니다. 천적이 공격하면 다리 관절에서 강력한 냄새와 쓴맛이 나는 액체를 내뿜거나 죽은 척해서 몸을 보호합니다.

먹이는 진딧물

칠성무당벌레나 무당벌레는 진딧물을 먹습니다. 진딧물은 농작물에 피해를 주는 해충이기도 해서 진딧물을 먹는 무당벌레 종류는 익충(도움이 되는 곤충)이라고 합니다.

▶ 진딧물을 잡아먹는 칠성무당벌레 성충.

▼ 집단으로 겨울을 나는 무당벌레 성충.

집단으로 겨울나기

대부분의 무당벌레는 성충 상태로 겨울을 납니다. 돌이나 쓰러진 나무, 가옥의 툇마루 밑 등에 모여 집단으로 겨울의 추위를 견딥니다.

▲알을 낳는 칠성무당벌레 암컷.

▼일제히 부화하는 칠성무당벌레 유충.

유충의 먹이도 진딧물

교미를 끝낸 무당벌레 암컷은 나뭇잎 뒷면 등에 수십 개의 알을 낳으며, 시기가 되면 알은 일제히 부화합니다. 무당벌레 유충은 온몸에 가시가 나 있으며 성충의 모습과 전혀 다릅니다. 칠성무당벌레 유충은 부화하자마자 진딧물을 먹기 시작합니다.

▲진딧물을 공격하는 칠성무당벌레 유충.

번데기에서 성충으로

무당벌레는 식물의 잎사귀 위 등에서 번데기가 됩니다. 허물을 벗고 막 성충이 된 칠성무당벌레는 몸이 선명한 노란색이지만 곧 특징적인 무늬가 드러납니다.

▼칠성무당벌레가 허물을 벗고 성충이 되는 모습.

57

무당벌레 무리

무당벌레 무리는 몸이 동그스름하며 다리와 더듬이는 짧은 편입니다. 빨갛거나 노란 몸에 여러 가지 무늬가 있어서 생김새가 두드러집니다. 대부분의 종류가 진딧물이나 깍지벌레를 먹지만 잎을 먹는 종류도 있습니다.

※ ┠━━━┨는 실물 크기를 나타냅니다.
※ 크기 표시가 없는 것은 실물의 약 200% 크기입니다.

윗날개 무늬에 다양한 변이가 있다.

칠성무당벌레
진딧물을 잡아먹습니다.
- 무당벌렛과
- 5~8.6mm
- 4월~
- 유라시아에서 아프리카 북부 지방까지

무당벌레
진딧물을 잡아먹습니다.
- 무당벌렛과
- 4.7~8.2mm
- 4월~
- 한국, 일본, 중국

노랑무당벌레
식물에 생긴 곰팡이를 먹습니다. 흔히 볼 수 있습니다.
- 무당벌렛과
- 3.5~5.1mm
- 4월~
- 한국, 일본, 중국

남생이무당벌레
호두나무잎벌레 유충을 먹습니다.
- 무당벌렛과
- 8~11.7mm
- 4월~
- 한국, 일본

달무리무당벌레
산지에서 볼 수 있습니다.
- 무당벌렛과
- 6.7~8.5mm
- 4월~
- 한국, 일본, 러시아

열석점긴다리무당벌레
하천 부지나 습지의 초원에서 볼 수 있습니다. 진딧물을 먹습니다.
- 무당벌렛과
- 8mm
- 4~10월
- 한국, 일본, 중국

큰이십팔점박이무당벌레
감자 잎을 먹는 해충입니다.
- 무당벌렛과
- 6.6~8.2mm
- 4~10월
- 한국, 일본, 중국

네점가슴무당벌레
느티나무 등에 붙어 있는 진딧물을 먹습니다.
- 무당벌렛과
- 4.4~6mm
- 4월~
- 한국, 일본

거저리, 꽃벼룩, 가뢰 등의 무리

거저리 무리는 생김새가 다양하며 만지면 불쾌한 냄새가 납니다. 꽃벼룩 무리는 배 끝부분이 길게 튀어나오거나 바늘처럼 뾰족합니다. 가뢰 무리는 배가 유연하며 위험을 느끼면 다리 관절에서 독이 있는 액체를 내뿜습니다.

애거저리
모래땅의 돌 밑 등에서 생활합니다.
- 거저릿과
- 11~12mm
- 한국, 일본

도깨비거저리
말굽버섯 등 딱딱한 버섯에 모여듭니다.
- 거저릿과
- 7~9mm
- 한국, 일본

대왕거저리
야행성이라서 낮에는 썩은 나무껍질 밑에 숨어 있습니다.
- 거저릿과
- 24~26mm
- 한국, 일본

맴돌이거저리
오래된 나한송이나 마른 나무에서 생활하며 불빛에도 모여듭니다. 가장 흔히 볼 수 있습니다.
- 거저릿과
- 16~20mm
- 한국, 일본

무지개거저리 (일본명)
오래된 나한송이나 마른 나무에서 볼 수 있습니다.
- 거저릿과
- 5~6.5mm
- 일본

아오하거저리 (일본명)
산지에서 꽃에 많이 모여듭니다. 지역에 따라 변이가 있습니다.
- 거저릿과
- 8.2~12.5mm
- 일본

썩덩벌레
썩은 나무에서 볼 수 있습니다. 성충으로 겨울을 납니다.
- 썩덩벌렛과
- 14~16mm
- 한국, 일본

■ 과 ■ 몸길이 ■ 성충을 볼 수 있는 주요 시기 ■ 분포

※크기 표식이 없는 것은 실물의 약 200% 크기입니다.

루이스길쭉벌레 (일본명)
마른 나무에 모여듭니다.
- 흑거저릿과
- 7~11mm
- 일본

흑거저리
너도밤나무 숲 등에 있는 썩은 나무에 생긴 말굽버섯에서 볼 수 있습니다.
- 흑거저릿과
- 14~21mm
- 한국, 일본

목대장
산지에서 꽃에 많이 모여듭니다.
- 목대장과
- 7.5~14mm
- 한국, 일본

작은붉은날개벌레
썩은 나무에 모여듭니다. 천천히 날아서 눈에 띕니다.
- 홍날갯과
- 12~17mm
- 일본

미스지긴썩덩벌레 (일본명) 희귀종
산지의 말라 죽은 나무에 모여듭니다.
- 긴썩덩벌렛과
- 9~11mm
- 일본

알긴썩덩벌레
쓰러진 나무에서 볼 수 있습니다.
- 긴썩덩벌렛과
- 8.5~13.5mm
- 일본

푸른잎긴썩덩벌레 (일본명)
말라 죽거나 쓰러진 나무에서 생활합니다.
- 긴썩덩벌렛과
- 6~15mm
- 일본

등빨간긴썩덩벌레 (일본명)
말라 죽거나 쓰러진 나무에서 생활합니다.
- 긴썩덩벌렛과
- 7~13.5mm
- 일본

흰별꽃벼룩(일본명)
산지의 꽃에 모여듭니다. 마른 나무에 알을 낳습니다.
- 꽃벼룩과
- 6.5~9.5mm
- 일본

큰별꽃벼룩(일본명)
나무수국 등의 꽃이나 마른 나무에 모여듭니다.
- 7~11.5mm
- 일본

하리오오비꽃벼룩 (일본명)
숲속에서 풀고사리 잎 등에 앉아 있습니다.
- 꽃벼룩과
- 8~10.8mm
- 일본

청색하늘소붙이
꽃에 모여들며 불빛에도 잘 모입니다. 액체가 피부에 닿으면 염증을 일으킵니다.
- 하늘소붙잇과
- 11~15mm
- 한국, 일본

산하늘소붙이
분비나무 등의 마른 침엽수에 알을 낳습니다.
- 하늘소붙잇과
- 15~20mm
- 한국, 일본

큰갈색얼룩꽃벼룩
쓰러진 너도밤나무 등에서 생활합니다.
- 꽃벼룩과
- 10.7~16.5mm
- 한국, 일본

큰노랑하늘소붙이
낮에는 꽃에 모여들고 밤에는 불빛에 날아듭니다.
- 하늘소붙잇과
- 12~16mm
- 한국, 일본

시베르스하늘소붙이
봄에 민들레 등에 모여듭니다.
- 하늘소붙잇과
- 5.5~8mm
- 한국, 일본

히라즈가뢰(일본명)
유충은 어리호박벌집에 기생합니다.
- 가룃과
- 18~30mm
- 일본

황가뢰
여름에 나타나며 꽃과 불빛에도 모여듭니다. 유충은 꿀벌류의 집에 기생합니다.
- 가룃과
- 9~22mm
- 한국, 일본, 대만

줄먹가뢰
여름에 나타나며 다양한 풀잎을 먹습니다. 유충은 메뚜기류의 알에 기생합니다.
- 가룃과
- 12~18mm
- 한국, 일본

메노코가뢰 (일본명)
가을에 나타나며 땅 위를 걸어 다닙니다. 유충은 꿀벌류의 집에 기생합니다.
- 가룃과
- 8~21mm
- 일본

Q : 왜 '무당벌레'라는 이름이 붙었나요?   A : '무당벌레'라는 이름은 무당이 입는 옷처럼 색이 화려한 이유에서 유래되었습니다.

하늘소의 생활

하늘소는 종류가 매우 많아서 한국에는 305종, 전 세계에는 약 3만 종이 서식하며 그 생김새와 성질이 다양합니다. 유충은 주로 살아 있는 나무나 마른 나무 속에 살며 성충은 딱딱한 윗날개와 발달한 턱을 지니고 있습니다. 살아 있는 나무를 먹는 하늘소 중에는 나무를 말라 죽게 하는 탓에 해충으로 간주되는 종류도 있습니다.

▲나무껍질을 갉아먹는 참나무하늘소.

날카로운 큰턱으로 나무껍질 등을 갉아먹는다

하늘소는 여러 가지 식물을 먹습니다. 잎이나 꽃가루를 먹는 종류 외에도 살아 있는 나무의 껍질을 갉아먹는 종류도 있습니다. 사진의 참나무하늘소는 유충과 성충 모두 살아 있는 나무를 먹습니다. 갉아먹은 부분에서 수액이 배어 나와 장수풍뎅이나 왕오색나비 등 수액을 먹는 곤충들의 먹이 터가 됩니다.

▼우피소 꽃에 모여드는 히메붉은산꽃하늘소(일본명)(왼쪽)와 큰산알락꽃하늘소(오른쪽).

▼다래나무 잎을 갉아먹는 흰점하늘소.

▲상수리나무 줄기에서 교미하는 참나무하늘소.

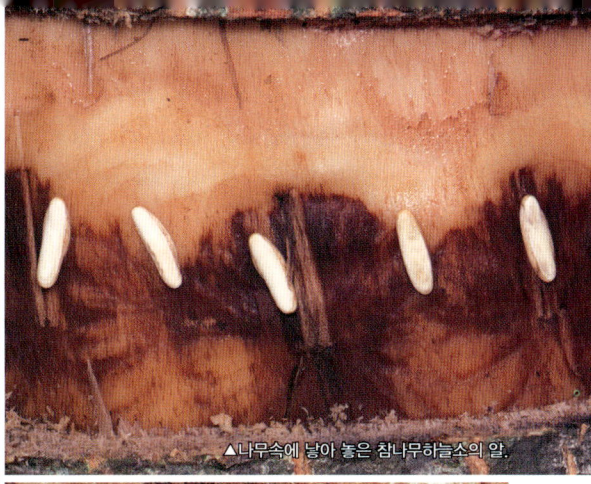
▲나무속에 낳아 놓은 참나무하늘소의 알.

▲주위의 나무를 먹는 참나무하늘소 유충.

▼참나무하늘소 번데기.

성충이 될 때까지 나무속에서 생활한다

대부분의 하늘소는 나무줄기나 마른 나무, 목재 속에 알을 낳습니다. 부화한 유충은 나무속에서 주위의 나무를 파먹으며 성장하고 그 속에서 번데기가 됩니다. 허물을 벗은 성충은 나무에 구멍을 뚫고 밖으로 나갑니다.

▼허물을 벗고 밖으로 나오는 참나무하늘소 성충.

61

청동하늘소
윗날개 색이 적동색, 청자색 등 변화가 다양합니다. 나무수국이나 단풍나무 등 여러 종류의 꽃에 모여듭니다.
- 8~15mm 5~8월
- 한국, 일본

오오히메하나하늘소 (일본명)
저지대에서 산지까지 멧두릅이나 나무수국 등 여러 종류의 꽃에 모여듭니다.
- 9~14.5mm 6~8월
- 일본

큰산알락꽃하늘소
멧두릅이나 나무수국 등의 꽃에 모여듭니다. 유충은 주로 마른 소나무 등의 침엽수를 먹습니다.
- 10~17mm 6~8월
- 한국, 일본, 러시아

붉은산꽃하늘소
나무수국 등의 꽃이나 마른 나무에도 모여듭니다.
- 12~22mm 6~8월
- 한국, 일본, 중국

닌후호소하나하늘소 (일본명)
나무수국이나 국수나무 등 여러 종류의 꽃에 모여듭니다.
- 9~13mm 5~8월
- 일본

넉줄꽃하늘소
매화오리나무 등의 꽃에 모여듭니다. 장소에 따라 무늬와 형태에 변이가 있습니다.
- 12~20mm
- 4~8월 한국, 일본

금빛얼룩하늘소
모밀잣밤나무와 상수리나무 등의 수액이나 불빛에도 모여듭니다.
- 22~35mm 5~8월
- 한국, 일본, 중국

오니호소반날개하늘소(일본명) 희귀종
윗날개가 퇴화했고 벌로 의태합니다. 오래된 뽕나무 등에서 볼 수 있습니다.
- 16.5~34mm
- 7~8월 일본

청줄하늘소
쇠약해진 자귀나무에 모여들며 불빛에도 날아듭니다.
- 15~35mm
- 6~8월 한국, 일본, 중국

반디하늘소
마른 자귀나무 가지나 여러 종류의 꽃에 모여듭니다.
- 7~10mm 5~9월
- 한국, 일본, 중국

스네케부카히로반날개하늘소(일본명)
매화오리나무나 머귀나무 꽃에 모여듭니다. 유충은 자귀나무를 먹습니다.
- 10~14mm 7~8월 일본

참풀색하늘소
야행성이며 상수리나무 수액에 모여듭니다.
- 25~30mm 7~8월
- 한국, 일본

페리에베니보시하늘소 (일본명) 희귀종
원시림의 말라 죽은 떡갈나무류나 소귀나무 등에 모여듭니다.
- 19~29mm 6~7월 일본

미야마하늘소(일본명)
밤에 살아 있는 밤나무나 졸참나무, 모밀잣밤나무 등에 알을 낳으며 불빛에도 모여듭니다.
- 32~54mm 5~8월
- 일본

깔따구풀색하늘소
나무수국 등의 꽃에 모여듭니다. 상수리나무 등에서도 볼 수 있습니다.
- 12~19.5mm
- 5~8월 한국, 일본, 중국

루리하늘소
벌채한 활엽수에 모여듭니다. 유충은 너도밤나무나 단풍나무류를 먹습니다.
- 18~29mm 6~9월 한국, 일본, 중국

Q: '하늘소'라는 이름의 유래는 무엇인가요? **A**: 정확한 유래는 알 수 없지만, 조선 후기 중국에서 사용한 '천우(天牛)'라는 단어를 하늘소로 번역해 놓은 이후 현재 표준어가 되었습니다. 해외에서 하늘소를 지칭하는 명칭 중에 소와 관련된 이름이 많습니다.

※ ┣━━┫는 실물 크기를 나타냅니다.
※ 크기 표식이 없는 것은 실물의 약 130% 크기입니다.
※ 여기에서 소개하는 하늘소는 모두 하늘솟과입니다.

하늘소 무리

호랑하늘소
살아 있는 뽕나무에 모여들어 나뭇잎 위에서 생활합니다. 말벌로 의태합니다.
■ 17~26mm ■ 7~9월
■ 한국, 일본, 중국

말벌로 의태.

큰호랑하늘소(일본명) 희귀종
한여름의 땡볕 아래에서 살아 있는 전나무에 알을 낳습니다.
■ 21~27mm ■ 7~9월 ■ 일본

감나무통호랑하늘소
벌채한 활엽수나 꽃에 모여듭니다.
■ 10.5~18mm
■ 5~8월
■ 한국, 일본, 중국

가시범하늘소
벌채한 활엽수나 꽃에 모여듭니다.
■ 9~13.5mm ■ 5~8월
■ 한국, 일본

노랑범하늘소
벌채한 느티나무에 모여들며 매화오리나무 등의 꽃에도 옵니다.
■ 13~19mm ■ 5~8월
■ 일본, 중국, 대만

주홍하늘소
단풍나무나 밤나무 등의 꽃에 모여듭니다. 유충은 마른 대나무를 먹습니다.
■ 12.5~17mm
■ 4~7월 ■ 한국, 일본, 중국

세로줄무늬하늘소(일본명)
황칠나무나 엄나무 등의 가지에 달라붙어 성충으로 겨울을 납니다.
■ 17~24mm
■ 1년 내내 ■ 일본

대범하늘소
유충은 대나무를 먹으며 종종 도시에서도 볼 수 있습니다.
■ 10~15mm ■ 5~8월
■ 한국, 일본, 중국

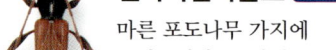

붉은줄무늬호랑하늘소(일본명)
커다란 느티나무에 서식하며 저녁 무렵 마른 가지에 알을 낳습니다. 땅두릅꽃 등에도 모여듭니다. ■ 12.5~17mm
■ 8~9월 ■ 일본

긴촉각범하늘소 희귀종
마른 포도나무 가지에 모여듭니다. 수컷의 더듬이가 긴 것이 특징입니다.
■ 7~15mm ■ 6~8월
■ 한국, 일본, 중국

모자주홍하늘소
벌채한 상수리나무에 모여듭니다. 서식지는 한정되어 있습니다.
■ 17~23mm ■ 5월
■ 한국, 일본, 중국

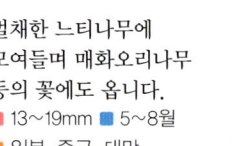

고마후하늘소(일본명)
벌채한 활엽수에서 볼 수 있습니다.
■ 10~15mm ■ 4~10월
■ 일본

삼나무하늘소(일본명)
초봄에 나타나며 밤에 살아 있는 삼나무나 편백나무 등의 줄기 위를 돌아다닙니다.
■ 14~23mm ■ 3~5월
■ 일본

이시가키고마후하늘소(일본명)
벌채한 활엽수에 모여듭니다.
■ 11~18mm ■ 3~10월
■ 일본

애청삼나무하늘소
벌채한 삼나무 등에 모여듭니다. 삼나무나 편백나무의 해충으로 유명합니다.
■ 7~12mm ■ 3~7월
■ 한국, 일본, 대만

흰띠곰보하늘소
마른 나뭇가지에 모여듭니다.
■ 7~11mm ■ 4~8월
■ 한국, 일본

▲엄나무에 달라붙어 겨울을 나는 세로줄무늬하늘소.

알락하늘소
무화과나무나 배나무, 버드나무 등의 살아 있는 나무에 피해를 줍니다. ■ 25~35mm
■ 5~10월 ■ 한국, 일본, 중국

■ 몸길이 ■ 성충을 볼 수 있는 주요 시기 ■ 분포

※크기 표시가 없는 것은 실물의 약 130% 크기입니다.

우

♂

솔수염하늘소
소나무 해충입니다.
쇠약해진 나무에
모여들어 알을 낳습니다.
🟥 14~27mm 🟦 5~10월
🟧 한국, 일본, 중국

**오스미긴수염
하늘소(일본명)** 2001년 신종
불빛에 모여듭니다.
🟥 27~30mm 🟦 7~8월
🟧 일본

**요코야마긴수염
하늘소(일본명)** 희귀종
야행성이며 살아 있는
너도밤나무에 알을
낳습니다. 불빛에도
모여듭니다.
🟥 25~35mm 🟦 7~8월
🟧 일본

일본에서 더듬이가
가장 긴 곤충.

긴수염하늘소(일본명)
야행성이며 쇠약해진
전나무에 모여듭니다.
🟥 26~45mm 🟦 7~8월 🟧 일본

윗날개가 펼쳐지지
않아서 날지 못한다.

고부야하즈하늘소(일본명)
가을에 많이 나타나며
활엽수의 마른 잎을
먹습니다.
🟥 14~23mm 🟦 5~10월
🟧 일본

뽕나무하늘소
살아 있는 뽕나무,
느티나무,
너도밤나무를
먹습니다.
🟥 32~45mm 🟦 6~8월
🟧 한국, 일본, 중국

울도하늘소
살아 있는 뽕나무를
먹습니다. 불빛에도
모여듭니다.
🟥 15~30mm
🟦 5~9월 🟧 한국,
일본, 중국

모시긴하늘소 외래종
모시풀 잎을 먹습니다.
중국에서 들어온 외래종으로
해마다 분포 지역이 확대되고
있습니다. 🟥 10~15mm
🟦 5~7월 🟧 한국, 일본, 대만

흰점하늘소
수국류나 느릅나무
등의 잎을 먹습니다.
🟥 7~13mm 🟦 5~9월
🟧 한국, 일본, 중국

한노아오하늘소(일본명)
난티나무나 참피나무 등의
잎을 먹습니다. 벌채한
나무에도 모여듭니다.
🟥 11~17mm 🟦 5~8월
🟧 일본

알락수염하늘소
말라 죽은
너도밤나무 등에
모여듭니다. 앉아
있으면 나무줄기
무늬와 똑같아
보입니다.
🟥 11~24mm
🟦 5~9월 🟧 한국,
일본, 러시아

**테두리염소
하늘소**
느티나무나
푸조나무 등의 잎을
먹습니다. 밤에
벌채한 느티나무
등에 모여듭니다.
🟥 16~23mm
🟦 7~8월
🟧 한국, 일본, 중국

후박나무하늘소
해안가에 많고
후박나무 등에
모여들며, 성충은
새싹을 먹습니다.
🟥 18~25mm 🟦 5~9월
🟧 한국, 일본

사과하늘소
벚나무 잎을 먹습니다.
일본에서 처음으로 이름이
붙여진 하늘소입니다.
🟥 13~21mm 🟦 5~8월
🟧 한국, 일본, 중국

잇시키키몬하늘소(일본명)
성충은 뽕잎을 먹지만
유충은 마른 옻나무를
먹습니다.
🟥 11~16mm
🟦 7~8월 🟧 일본

Q : 하늘소의 더듬이는 무슨 용도로 쓰이나요?   A : 여러 기능이 있는데, 예를 들면 수컷이 긴 더듬이로 건드려서 교미할 암컷을 인식합니다.

세계의 하늘소들

세계에는 약 2만 종의 하늘소가 알려져 있습니다. 더듬이나 큰턱이 특징인 형태로 발달한 종류도 많아서 크기와 생김새가 다양합니다.

가위톱장수하늘소
매우 발달한 큰턱을 지녔으며 몸길이는 150mm나 됩니다. 남아메리카 아마존에 서식합니다.

세계에서 가장 더듬이가 긴 곤충.

왈리치청동털하늘소
더듬이 마디에 솔 모양의 털이 나 있습니다. 히말라야에서 인도차이나반도, 말레이반도, 중국 남부에 서식합니다. 몸길이는 40mm 정도입니다.

왈라케이참나무하늘소
수컷의 더듬이는 몸길이의 두 배가 넘습니다. 뉴기니와 주변 섬에 서식하며 몸길이는 75mm 정도입니다.

타이탄하늘소
세계에서 가장 큰 하늘소로 몸길이는 약 200mm나 됩니다. 유충은 더욱 거대해서 250mm 정도나 됩니다. 남아메리카 아마존강 유역에 서식합니다.

세계에서 가장 큰 하늘소.

롱기마누스앞장다리하늘소

몸길이는 80mm 정도이며 수컷의 앞다리는 몸길이보다 2배 정도 깁니다. 고무의 원료인 파라고무나무 등을 먹습니다. 중앙아메리카에서 남아메리카에 서식합니다.

히메보석하늘소(일본명)

아프리카 중앙부에서 서부 열대 우림 지역에 서식하는 아름다운 색을 띤 하늘소입니다. 몸길이는 20mm 정도입니다.

▶날아오르기 직전의 히메보석하늘소.

◀나무에서 나무로 날아가는 롱기마누스앞장다리하늘소. 날개 밑에는 앉은뱅이(의갈)가 달라붙어 있다.

칼럼 — 롱기마누스앞장다리하늘소와 앉은뱅이

롱기마누스앞장다리하늘소가 날개를 펼치면 날개 밑에 절지동물의 일종인 앉은뱅이 무리가 숨어 있는 경우가 있습니다. 앉은뱅이의 먹이는 롱기마누스앞장다리하늘소에 기생해서 체액을 빨아 먹는 진드기입니다. 날개 밑에 숨어 있으면 앉은뱅이는 먹이를 쉽게 구할 수 있고 새 등의 천적으로부터 몸을 보호할 수도 있습니다. 한편 롱기마누스앞장다리하늘소는 앉은뱅이가 진드기를 잡아먹어 줘서, 둘 사이에는 공생 관계가 성립한다고 생각할 수 있습니다.

또 앉은뱅이가 더 먼 곳으로 이동하기 위해 롱기마누스앞장다리하늘소를 '비행기'로 이용한다는 설도 있습니다.

◀앉은뱅이는 곤충에 가까운 절지동물.

잎벌레 무리

잎벌레 무리는 몸집이 작고 식물의 잎을 먹습니다. 일본에는 560종이 서식합니다(한국은 372종). 몸 색깔이 보석처럼 아름다운 종류가 많습니다.

※ ┠──┨ 는 실물 크기를 나타냅니다.
※ 크기 표시가 없는 것은 실물의 약 300% 크기입니다.

사과나무잎벌레
사과나무나 밤나무, 호두나무 등의 잎을 먹습니다.
- 잎벌렛과
- 6~7mm
- 5~7월
- 한국, 일본, 중국

넓적뿌리잎벌레
사초꽃에 모여듭니다. 적동색부터 청자색까지 몸 색깔에 변이가 있습니다.
- 잎벌렛과
- 7~11mm
- 5~7월
- 한국, 일본, 러시아

아스파라가스잎벌레
아스파라거스 잎을 먹습니다.
- 잎벌렛과
- 6~7mm
- 6~7월
- 한국, 일본, 중국

아카쿠비나가잎벌레 (일본명)
청미래덩굴 잎을 먹습니다.
- 잎벌렛과
- 7~10mm
- 4~7월
- 일본

벼잎벌레
벼나 오리새 등을 먹습니다.
- 잎벌렛과
- 2~4.5mm
- 4~7월
- 한국, 일본, 중국

▲ 알에 똥을 발라서 천적으로부터 보호하는 팔점박이잎벌레.

팔점박이잎벌레
떡갈나무 잎을 먹습니다.
- 잎벌렛과
- 7~8.2mm
- 6~9월
- 한국, 일본, 중국

넉점박이큰가슴잎벌레
자작나무나 버드나무류 등의 잎을 먹습니다.
- 잎벌렛과
- 8~11mm
- 6~10월
- 한국, 일본, 중국

쑥잎벌레
쑥 등의 잎을 먹습니다.
- 잎벌렛과
- 7~10mm
- 4~11월
- 한국, 일본, 중국

박하잎벌레
박하나 차조기, 광대나물 등의 잎을 먹습니다.
- 잎벌렛과
- 7.5~9mm
- 4~9월
- 한국, 일본, 중국

사시나무잎벌레
버드나무나 사시나무 잎을 먹습니다.
- 잎벌렛과
- 10~12mm
- 5~9월
- 한국, 일본, 인도

청줄보라잎벌레
대형 잎벌레로, 습지에 있는 쉽싸리 등의 잎을 먹습니다.
- 잎벌렛과
- 9~14mm
- 6~9월
- 한국, 일본, 중국

남색잎벌레
오리나무나 서어나무 잎을 먹습니다.
- 잎벌렛과
- 6.8~8.2mm
- 6~9월
- 한국, 일본, 러시아

버들잎벌레
버드나무류의 잎을 먹습니다.
- 잎벌렛과
- 6.8~8.5mm
- 4~7월
- 한국, 일본, 유럽

호두나무잎벌레
호두나무, 굴피나무 잎을 먹습니다.
- 잎벌렛과
- 6.8~8.2mm
- 5~8월
- 한국, 일본

주홍꼽추잎벌레
머루 등의 잎을 먹습니다.
- 잎벌렛과
- 5.5~7.5mm
- 6~8월
- 한국, 일본, 중국

■ 과   ■ 몸길이   ■ 성충을 볼 수 있는 주요 시기   ■ 분포

오이잎벌레
오이류의 해충입니다.
- 잎벌렛과
- 5.6~7.3mm 4~11월
- 한국, 일본, 중국

검정오이잎벌레
오이류의 해충입니다.
- 잎벌렛과 5.8~6.3mm
- 4~10월 한국, 일본, 중국

세점박이잎벌레
돌외 등의 잎을 먹습니다.
- 잎벌렛과
- 4.5~5.5mm
- 5~8월 한국, 일본, 중국

검정가시잎벌레
참억새 잎을 먹습니다.
- 잎벌렛과
- 4.2~4.5mm 6~9월
- 한국, 일본, 중국

큰남생이잎벌레
작살나무 등의 잎을 먹습니다.
- 잎벌렛과 8~9mm
- 4~10월 한국, 일본, 중국

쓰시마헤리비로가시잎벌레(일본명) [희귀종]
여름부터 가을에 나타나며 헛개를 먹습니다.
- 잎벌렛과 6.5mm 8~10월 일본

상아잎벌레
호장근 등의 잎을 먹습니다. 성충으로 겨울을 납니다.
- 잎벌렛과 7~10mm
- 4~10월 한국, 일본, 중국

노랑가슴녹색잎벌레
다래나무 등의 잎을 먹습니다.
- 잎벌렛과
- 5.8~7.8mm 6~9월
- 한국, 일본, 중국

진가사잎벌레(일본명)
메꽃 등의 잎을 먹습니다.
- 잎벌렛과 7.2~8.2mm 4~9월 일본

페모라타오오모모부토잎벌레(일본명) [외래종]
동남아시아가 원산지인 외래종이며, 2009년에 일본에서 정착한 것을 확인했습니다. 칡 잎을 먹습니다.
- 수중다리잎벌렛과 15~20mm
- 6~8월 일본

📙 칼럼 외국에서 들어온 잎벌레

대만잎벌레(일본명)는 대만이 원산지인 잎벌레인데 2010년 3월 일본 오키나와섬 북부 산지 숲에서 처음 발견되었습니다. 숲에 자라는 오리나무 잎을 먹으며 눈 깜짝할 사이에 오키나와섬

전체에 퍼져서 대량으로 발생했습니다. 이런 외래종은 원래의 생태계를 바꿔 버릴 가능성이 있어서 우려스럽습니다.

▲ 일본 오키나와섬에서 대량으로 발생한 대만잎벌레.

토막상식 가시잎벌레 무리는 일본에서 '삐쭉삐쭉'이라는 이름으로 불리기도 합니다. 그중에는 '가시가 없는 삐쭉삐쭉'이라는 재미있는 이름으로 불리는 그룹도 있습니다.

바구미·거위벌레 무리

바구미의 생활

대부분의 바구미 무리는 기다란 주둥이를 지니고 있는데 이 주둥이의 모양이 코끼리의 코처럼 보여서 일본과 북한에서는 '코끼리벌레'라는 이름으로 불립니다. 길게 뻗은 주둥이 끝에는 큰턱이 있어서 잎을 갉아 먹거나 딱딱한 열매에 구멍을 뚫을 수 있습니다.

길쭉한 주둥이로 열매 등에 구멍을 내고 그 안에 알을 낳는다

바구미의 주둥이가 길쭉한 이유는 알을 낳는 방법이 특이하기 때문입니다. 길게 뻗은 주둥이를 사용해서 나무 열매 등에 구멍을 뚫은 바구미는 그 구멍 속에 알을 낳습니다. 알은 나무 열매 속에서 부화하며 유충은 주위의 열매를 먹으며 성장합니다. 나무 열매는 유충에게 몸을 보호하는 둥지이자 먹이 역할을 합니다.

◀나무 열매에 구멍을 뚫는 도토리밤바구미.

▲나무 열매에서 부화한 도토리밤바구미 유충.

주둥이거위벌레 무리는 나뭇가지를 자른다

덜 익은 열매 속에 알을 낳는 주둥이거위벌레 무리는 알을 다 낳으면 그 열매가 달린 가지를 잘라 버립니다. 그렇게 하면 열매가 단단해지지 않아서 유충의 먹이로 적당해집니다.

▼나뭇가지를 절단하는 도토리거위벌레.

거위벌레의 생활

거위벌레 무리는 유충과 성충 모두 식물을 먹습니다. 머리가 길쭉해서 능숙하게 움직일 수 있습니다. 또한 날카로운 큰턱을 지니고 있어서 가위처럼 잎을 깔끔하게 자를 수 있습니다.

▲잎을 둥글게 마는 거위벌레.

▲잎을 잘라 내는 거위벌레.

잎을 둥글게 말아서 '요람'을 만든다

거위벌레 무리 중 일부는 잎을 말아서 '요람'을 만듭니다. 큰턱으로 잎을 잘라 내고 잘 움직이는 머리와 다리를 사용해서 잎을 둘둘 맙니다. 완성된 요람 속에 알을 낳습니다. 요람 속에서 부화한 유충은 주위의 잎을 먹으며 성장하고 그 안에서 번데기 과정을 거쳐 성충이 되면 요람 밖으로 나옵니다.

▲알을 낳아 놓은 요람의 단면도.

▲요람 속에서 생활하는 거위벌레 유충.

▲요람 속의 번데기.

▼허물을 벗고 요람 밖으로 나온 성충.

바구미·거위벌레 무리

대부분의 바구미 무리는 주둥이가 길게 뻗어 있으며 끝에 달린 큰턱을 사용해서 나무 열매나 나무줄기 등에 구멍을 뚫습니다. 바구미 무리는 머리가 잘 움직입니다. 유충과 성충 모두 식물을 먹습니다. 일본에는 1,000종 이상, 한국에는 402종이 서식한다고 알려져 있습니다.

※ ├───┤는 실물 크기를 나타냅니다.
※크기 표식이 없는 것은 실물의 약 200% 크기입니다.

앞가슴 / 윗날개 / 겹눈 / 주둥이 / 더듬이 / 머리 / 큰턱 / 뒷다리 / 가운뎃다리 / 앞다리

상수리밤바구미
도토리에 구멍을 내서 알을 낳습니다.
- 바구밋과 6~10mm
- 8~10월 한국, 일본

밤바구미
밤에 알을 낳습니다. 불빛에도 모여듭니다.
- 바구밋과 6~10mm
- 7~10월 한국, 일본

동백밤바구미
동백 열매에 알을 낳습니다. 암컷의 주둥이는 몸길이보다 깁니다.
- 바구밋과 6~9mm
- 5~10월 한국, 일본

능금녹색가루바구미
여러 종류의 활엽수나 호장근 등의 잎을 먹습니다.
- 바구밋과 6.2~9mm
- 5~7월 한국, 일본

땅딸보가시털바구미
레드커런트나 귤 등을 먹습니다. 암컷만 있어도 번식하며 흔히 볼 수 있습니다.
- 바구밋과 5~6mm
- 5~9월 한국, 일본, 중국

혹바구미
싸리나무나 등나무 등 콩과 식물에 모여듭니다.
- 바구밋과 13~15mm
- 6~8월 한국, 일본, 중국

쌍무늬바구미
칡이나 싸리 잎을 먹습니다.
- 바구밋과 3.6~7.5mm
- 6~8월 한국, 일본

구로카타바구미(일본명)
여우주머닛과 식물에 모여듭니다. 윗날개가 달라붙어 있어서 날지 못합니다.
- 바구밋과 11~15mm 5~9월
- 일본

애둥근혹바구미
땅두릅이나 두릅나무 등에 모여듭니다.
- 바구밋과 12~14mm
- 4~7월 한국, 일본, 중국

황초록바구미
호두나무나 버드나무 등의 잎을 먹습니다.
- 바구밋과 12~15mm 6~8월
- 한국, 일본, 러시아

■ 과   ■ 몸길이   ■ 성충을 볼 수 있는 주요 시기   ■ 분포

흰띠길쭉바구미
쑥을 먹습니다.
- 바구밋과　9~14mm
- 5~8월　한국, 일본

배자바구미
칡을 먹습니다. 새똥처럼 보입니다.
- 바구밋과　9~10mm
- 4~8월　한국, 일본, 중국

다카하시토게바구미(일본명)
벚꽃이나 자두를 먹습니다.
- 바구밋과　4~5mm
- 5~8월　일본

노랑쌍무늬바구미
강가의 버드나무에서 볼 수 있습니다.
- 바구밋과　8~10.5mm
- 6~8월　한국, 일본, 중국

아카코부코부바구미 (일본명)
모밀잣밤나무 열매에 알을 낳습니다. 불빛에 모여들며, 나뭇가지에 달라붙어 성충으로 겨울을 납니다.
- 바구밋과　7.2~8.5mm
- 일본

옻나무바구미
떡갈나무류나 옻나무에 삽니다. 불빛에도 모여듭니다.
- 바구밋과　14~18mm
- 5~8월　한국, 일본

흑점박이왕바구미
닭의장풀에 붙어 있습니다.
- 왕바구밋과　5.8~7.9mm
- 5~10월　한국, 일본, 중국

나가아나아키바구미 (일본명)
산지에서 마른 침엽수에 모여듭니다.
- 바구밋과
- 10.5~14.6mm
- 6~10월　일본

시로아나아키바구미 (일본명)
몸이 하얀 비늘로 덮여 있습니다. 쐐기풀과 식물이나 벚꽃을 먹습니다.
- 바구밋과　7~8mm
- 일본

여섯무늬침봉바구미
수컷과 암컷의 주둥이 모양이 다릅니다. 마른 활엽수에 모여듭니다.
- 침봉바구밋과　10.6~23.5mm
- 한국, 일본, 대만

우　송

일본에서 가장 큰 바구미.

왕바구미
벌채한 나무 수액에서 볼 수 있습니다.
- 왕바구밋과　12~29mm
- 6~10월　한국, 일본, 중국

어리쌀바구미
쌀을 먹는 해충입니다.
- 왕바구밋과　2.9~3.5mm
- 한국, 일본, 중국

▲쌀을 먹는 어리쌀바구미.

고구마바구미
갯메꽃 등을 먹지만 고구마 해충이기도 합니다. 열대 지방에 널리 분포합니다.
- 침봉바구밋과　6~7mm
- 동남아시아 원산

무늬오동나무바구미
부들레아과 식물이나 오동나무를 먹습니다.
- 바구밋과
- 3.7~4.9mm　5~8월
- 한국, 일본

허연가슴바구미
마른 팽나무 등에 모여듭니다.
- 바구밋과　5.9~8.5mm
- 6~8월　한국, 일본

토막상식　거위벌레는 배 부분이 짧고 주둥이가 길게 튀어나와 있는 모습이 마치 거위를 닮았다고 해서 '거위벌레'라는 이름이 붙었습니다.

※ ┣━━┫ 는 실물 크기를 나타냅니다.
※크기 표식이 없는 것은 실물의 약 250% 크기입니다.

바구미·거위벌레 무리

소바구미
때죽나무 열매에 알을 낳습니다.
🟩 소바구밋과 🟥 3.5~5.5mm 🟦 6~8월
🟧 한국, 일본, 중국

나가후토히게나가바구미 (일본명) [희귀종]
산지의 마른 나무에 모여듭니다.
🟩 소바구밋과 🟥 15mm
🟦 6~8월 🟧 일본

버섯소바구미
썩은 나무에 자라는 주걱간버섯 등의 딱딱한 버섯에 모여듭니다. 거무스름한 색을 띤 종류도 있습니다. 🟩 소바구밋과
🟥 5~8mm 🟦 6~8월 🟧 한국, 일본

시리지로히게나가바구미 (일본명)
마른 활엽수에 모여듭니다.
🟩 소바구밋과 🟥 6.3~8.5mm
🟦 6~8월 🟧 일본

시로몬오오히게나가바구미 (일본명) [희귀종]
쓰러진 나무나 불빛에 모여듭니다. 수컷의 더듬이는 매우 길고 암컷의 더듬이는 짧습니다.
🟩 소바구밋과 🟥 11~19mm 🟧 일본

구로후히게나가바구미 (일본명)
마른 활엽수에 모여듭니다.
🟩 소바구밋과
🟥 4.5~7.1mm 🟦 4~7월
🟧 일본

도토리거위벌레
졸참나무 열매에 알을 낳습니다.
🟩 거위벌렛과
🟥 7~9.1mm
🟦 7~9월
🟧 한국, 일본

뿔거위벌레
호장근, 사시나무, 단풍나무 등의 잎을 말아서 알을 낳습니다. 🟩 거위벌렛과
🟥 5.4~7mm 🟦 5~7월
🟧 한국, 일본, 중국

황갈색거위벌레
밤나무 등의 잎을 먹습니다.
🟩 거위벌렛과 🟥 5.5~7.1mm
🟦 6~8월 🟧 한국, 일본, 러시아

단풍뿔거위벌레
단풍나무류의 잎을 말아서 그 속에 알을 낳습니다.
🟩 거위벌렛과 🟥 5.5~8.5mm
🟦 5~7월 🟧 한국, 일본

복숭아거위벌레
복숭아나 배에 알을 낳습니다.
🟩 거위벌렛과 🟥 7~10.5mm
🟦 6~8월 🟧 한국, 일본, 러시아

베니호시하마키거위벌레 (일본명)
단풍나무류의 잎을 말아서 그 속에 알을 낳습니다.
🟩 거위벌렛과 🟥 4.9~6mm
🟦 4~7월 🟧 한국, 일본, 중국

때죽나무배거위벌레
때죽나무, 에우프텔레아과 식물의 잎을 말아서 알을 낳습니다. 수컷은 머리가 깁니다. 🟩 거위벌렛과
🟥 6~9.5mm 🟦 5~9월 🟧 일본

붉은날개장다리거위벌레
졸참나무나 떡갈나무류의 잎을 말아서 알을 낳습니다.
🟩 거위벌렛과 🟥 6.5~8mm
🟦 5~7월 🟧 한국, 일본, 러시아

고마다라거위벌레 (일본명)
상수리나무나 밤나무 등의 잎을 말아서 알을 낳습니다.
🟩 거위벌렛과
🟥 7~8.2mm 🟦 5~8월
🟧 일본

왕소나무좀
유충과 성충 모두 낙엽송을 먹습니다. 나무껍질 안쪽으로 들어가서 구멍을 뚫습니다.
🟩 나무좀과 🟥 5mm 전후
🟦 7~10월 🟧 한국, 일본, 대만

갈색무늬거위벌레
통조화나 병꽃나무 잎을 말아서 알을 낳습니다.
🟩 거위벌렛과 🟥 6~7mm
🟦 5~9월 🟧 한국, 일본

거위벌레
오리나무나 졸참나무류 등의 잎을 말아서 알을 낳습니다.
🟩 거위벌렛과 🟥 8~9.5mm
🟦 5~8월 🟧 한국, 일본

🟩 과 🟥 몸길이 🟦 성충을 볼 수 있는 주요 시기 🟧 분포

세계의 바구미들

바구미는 생물 중에서 가장 종류가 많은 그룹으로 추정됩니다. 전 세계에서 약 6만 종이 알려져 있는데 아직 발견되지 않은 종류도 수두룩합니다. 보석처럼 아름다운 색을 띠는 종류나 긴 털이 난 종류, 갑옷처럼 단단한 몸을 지닌 종류 등 생김새가 다양합니다.

※ ┣━━━┫는 실물 크기를 나타냅니다.

브라운보석바구미
(일본명)

베넷보석바구미

스코엔헤루보석바구미
(일본명)

로리아보석바구미
(일본명)

보석바구미 무리
보석바구미는 뉴기니섬과 그 주변에 있는 섬에 서식하며, 40여 종이 알려져 있습니다. 각각 생김새는 비슷하지만 색깔과 무늬의 변화가 다양해서 마치 보석처럼 보입니다.

프라이토르대왕바구미
말레이시아 등의 정글에 서식하는, 세계에서 가장 큰 바구미입니다. 몸길이는 80mm 정도나 되며 힘센 앞다리를 지니고 있습니다.

메코푸스 아우디네티이(Mecopus audinetii)
인도네시아 수마트라섬에 서식합니다. 긴 다리로 거미처럼 움직입니다. 몸길이는 8mm 정도입니다.

자케부카바구미(일본명)
온몸이 긴 털로 뒤덮여 있습니다. 마다가스카르섬에 서식하며 몸길이는 20mm 정도입니다.

캄프메이네르티앞장다리바구미
몸길이는 75mm, 앞다리 길이는 130mm 가까이 됩니다. 말레이반도에 서식하며 야자류에 모여듭니다.

나비 무리

나비 무리는 다양한 색과 무늬를 지닌 날개가 있습니다. 일본에는 240종, 한국에는 약 250종이 서식합니다. 큰턱이 퇴화했기에 대다수의 나비의 입은 긴 관처럼 생겼습니다. 번데기를 거쳐 성충이 되는 완전 변태를 합니다.

네 장의 커다란 날개
나비 무리는 네 장의 날개가 있습니다. 앞뒤 날개를 펄럭여 몸을 위아래로 움직여서 납니다.

나비의 삶
나비 무리는 낮에 활동하며 꽃의 꿀 등의 먹이를 찾아 날아다닙니다. 수컷 나비는 시각을 이용해 암컷을 찾습니다. 교미가 끝나면 암컷은 식물 잎 등에 알을 낳습니다.

▼물을 튕겨 내는 산호랑나비의 날개.

◀꽃의 꿀을 빨러 온 산호랑나비.

나비의 몸을 뒤덮은 인분

나비의 날개는 '인분'이라는 작은 비늘처럼 생긴 것으로 뒤덮여 있습니다. 인분에는 물을 튕겨 내는 성분이 있어서, 비 같은 수분으로부터 날개를 보호합니다.

▼화려한 날개를 지닌 공작나비.

▲날개를 접으면 나뭇잎과 똑같아 보이는 가랑잎나비.

날개의 문양

대다수 나비의 날개 문양은 인분 하나하나에 착색된 색이 다량으로 연결되어 만들어졌습니다. 눈에 띄는 날개로 교미 상대를 유혹하거나 식물의 색이나 문양과 비슷한 날개로 천적으로부터 몸을 숨기기도 합니다. 또한, 같은 종류라도 태어난 계절에 따라 색과 문양이 다르기도 합니다.

77

나비 무리

다양한 나비의 먹이
나비 무리가 꽃의 꿀만 먹는 것은 아닙니다. 수액이나 나무 열매 외에도 동물의 사체나 똥에서 즙을 빨기도 합니다.

▲산초나무 꽃의 꿀을 빨러 모인 청띠제비나비.

▲입을 빨대처럼 뻗어서 꽃의 꿀을 빨아들이는 배추흰나비.

▲물을 빨아 먹는 거꾸로여덟팔나비. 지면의 물을 빨아 미네랄을 보충하는 것으로 추측된다.

▲수액을 빨러 온 왕오색나비.

▲도마뱀의 사체에서 체액을 빠는 뿔나비.

번데기에서 성충으로

알에서 부화한 유충은 나뭇잎 등을 먹으며 성장하면서 수차례 탈피를 거듭하다가 번데기가 됩니다. 번데기로 지내는 기간은 기온 등에 따라 길어지거나 짧아집니다. 얼마 지나지 않아 날개가 돋은 성충이 번데기에서 모습을 드러냅니다.

▲호랑나비의 유충.

▲번데기에서 막 우화한 호랑나비.

나비와 나방의 차이

나비와 나방을 구별해서 부르지만, 사실 같은 나비목에 속해 있는 무리입니다. 나비와 나방, 각각 찾을 수 있는 특징은 많지만, 확실하게 구별하기는 어렵습니다.

| 나비 | 나방 |

활동 기간

나비는 주행성, 대부분의 나방은 야행성입니다.

▲일본애호랑나비

▲긴꼬리산누에나방

더듬이

나비의 더듬이는 곤봉처럼 끝이 두툼합니다. 나방의 더듬이는 종류에 따라 끝이 가는 것과 빗처럼 펼쳐져 있는 것이 있습니다.

▲산호랑나비

▲운몬스즈메(일본명)

머무는 방법

대부분의 나비는 날개를 접은 상태로 머뭅니다. 대부분의 나방은 날개를 편 상태로 머뭅니다.

▲일본귤빛부전나비

▲불나방

호랑나비 무리

호랑나비 무리의 대부분은 뒷날개에 미상 돌기라는 꼬리처럼 쭉 뻗은 부분이 있습니다. 대형 나비가 많으며, 꽃에 잘 모여듭니다. 또한, 호랑나비 유충은 천적에게 위협을 느끼면 '취각'이라는 고약한 냄새를 뿜는 뿔을 내밉니다.

※[실물 크기] 마크가 없는 것은 실물의 약 70% 크기입니다.
※여기에서 소개하는 나비는 모두 호랑나빗과입니다.

▼꽃꿀을 빠는 산호랑나비.

산호랑나비
도심지에서 고산까지 폭넓게 발견됩니다. 산 정상에 모여 영역을 형성하는 습성이 있습니다. ■ 36~70mm ■ 5~8월
■ 한국, 일본, 중국 ■ 미나리

호랑나비
도심지나 밭 등 사람이 사는 장소에서 쉽게 발견할 수 있습니다. ■ 35~60mm ■ 3~11월
■ 한국, 일본 ■ 산초나무

남방제비나비
도심지부터 산지까지 폭넓게 발견할 수 있습니다. ■ 45~72mm ■ 4~10월
■ 한국, 일본, 중국 ■ 탱자나무

긴꼬리제비나비
주로 산지의 저습지 근처에서 발견할 수 있으며, 땅에서 물을 빨아 먹습니다. ■ 47~70mm ■ 4~9월
■ 한국, 일본, 중국 ■ 상산나무

■ 앞날개 길이　■ 성충을 볼 수 있는 주요 시기　■ 분포　■ 유충의 먹이

나비 무리

※이 페이지의 표본은 실물의 약 70% 크기입니다.
※여기에서 소개하는 나비는 모두 호랑나빗과입니다.

애호랑나비
주로 저산지의 낙엽 활엽수림이나 일본잎갈나무 주위에서 발견됩니다.
- 25~33mm ■ 이른 봄
- 한국, 일본, 중국 ■ 족두리풀

일본애호랑나비 [멸종 위기종]
일본 특산종으로 '봄의 여신'으로 불립니다. 저지의 잡목림 주위부터 산지에 있는 상록 활엽수림 등에서 발견할 수 있습니다.
- 27~36mm ■ 이른 봄 ■ 일본
- 족두리풀

황모시나비 [희귀종]
바위가 많은 장소나 꽃밭에서 서식하는 고산 나비입니다. 일본에서 지정한 천연기념물입니다.
- 24~32mm ■ 6~8월
- 한국, 일본, 중국 ■ 일본망아지풀

사향제비나비
숲 가장자리를 날갯짓을 거의 하지 않고 느릿하니 날아다닙니다.
- 42~60mm ■ 5~8월
- 한국, 일본, 중국 ■ 마두령

모시나비
숲 가장자리 지역을 천천히 날아다닙니다.
- 26~37mm
- 6월 ■ 한국, 일본, 중국
- 왜현호색

얇은흰나비 (일본명)
삼림의 풀밭에서 발견할 수 있습니다. 천천히 미끄러지듯이 날아다닙니다.
- 26~38mm ■ 4~5월 ■ 일본
- 자주괴불주머니

사향제비나비와 베니몬아게하는 몸 안에 독을 가지고 있어 새가 먹지 않는다.

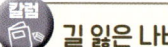
실물 크기

베니몬아게하
유려하게 날갯짓하면서 느긋하게 날아다닙니다. 동남아시아에도 넓게 서식합니다.
- 45~55mm ■ 거의 1년 내내 ■ 일본
- 류큐 마두령

칼럼 - 길 잃은 나비 (미접)

원래 그 장소에 살지 않던 나비가 바람을 타고 날아올 때가 있습니다. 이런 나비를 미접이라고 합니다. 일본에서는 커다란 날개로 느긋하게 날아다니는 왕나비 무리 등이 난세이 제도를 중심으로 매년 다수 기록되고 있습니다. 미접 중에는 가까스로 다다른 일본에 정착한 개체도 있습니다.

▼미접으로 일본에서도 발견할 수 있는 녹색점띠제비나비(호랑나빗과).

■ 앞날개 길이 ■ 성충을 볼 수 있는 주요 시기 ■ 분포 ■ 유충의 먹이

흰나비 무리

※이 페이지의 표본은 실물의 약 70% 크기입니다.

흰나비 무리의 대다수는 흰색과 노란색 날개를 가지고 있습니다. 인간이 사는 장소와 가까운 곳에서 발견할 수 있는 친근한 나비입니다. 양배추 잎 등에 있는 모습을 종종 볼 수 있습니다.

(봄 모습)   (여름 모습)

배추흰나비
배추밭부터 고산까지 밝은 장소에서 볼 수 있습니다.
- 20~30mm 3~11월
- 한국, 일본, 중국 배추

날개의 검은 무늬가 특징.

큰줄흰나비
평지나 낮은 숲가에서 볼 수 있습니다.
- 24~35mm 4~10월
- 한국, 일본, 중국 개갓냉이

야마토큰줄흰나비(일본명)
원래 줄흰나비라고 불렸던 종류가, 최근 연구로 두 종류로 나누어졌는데, 그중 하나입니다.
- 18~32mm 4~10월
- 일본 장대나물

(여름 모습) (가을 모습)

남방노랑나비
유충은 녹색으로, 측면에 흰 세로띠가 있습니다.
- 18~27mm 거의 1년 내내 한국, 일본, 중국
- 자귀나무

(가을 모습) (여름 모습)

극남노랑나비 [멸종 위기종]
바닥이 드러난 강변이나 풀숲에서 볼 수 있습니다.
- 16~23mm 5~11월
- 한국, 일본, 중국 차풀

각시멧노랑나비
산지의 계곡가, 초원 등지에서 볼 수 있습니다.
- 28~40mm 6~7월 한국, 일본, 중국
- 갈매나무

멧노랑나비 [멸종 위기종]
산지의 초원에서 볼 수 있습니다.
- 30~35mm 8월 한국, 일본, 중국
- 참갈매나무

칼럼 - 구혼을 거부하는 흰나비 암컷

두 마리의 배추흰나비. 위에 있는 수컷이 밑의 암컷에게 구애하는 중입니다. 암컷이 날개를 펴고 배 끝을 올리는 것은 교미를 거부하는 자세입니다. 흰나비 무리에서 종종 볼 수 있습니다.

암컷은 날개 색이 흰 개체와 노란 개체가 있다.

노랑나비
도심지부터 산지까지 밝은 장소에서 폭넓게 볼 수 있습니다. 22~33mm 3~11월
- 한국, 일본, 중국 붉은토끼풀

높은산노랑나비 [희귀종]
주로 고산에 있는 꽃밭에서 볼 수 있습니다.
- 22~28mm 6~8월 한국, 일본
- 들쭉나무

토막상식 배추흰나비는 자외선을 통해 볼 수 있습니다. 자외선을 맞으면 수컷과 암컷의 날개 색이 바뀌기에 이것으로 수컷과 암컷을 구분합니다.

나비 무리

 (봄 모습) (여름 모습)

연노랑흰나비
밝은 숲의 가장자리에서 자주 볼 수 있으며, 잽싸게 날아다닙니다.
- 28~40mm ■ 거의 1년 내내 ■ 한국, 일본
- 카시아 피스툴라(Cassia fistula)

연두빛얼룩나비
펼쳐진 밭이나 시가지 등에서 볼 수 있습니다.
- 24~38mm ■ 거의 1년 내내
- 일본 ■ 석결명

기생나비 [멸종 위기종]
초원 등 밝은 환경에서 서식하며, 느긋하게 날아다닙니다.
- 17~28mm ■ 4~10월
- 한국, 일본, 중국 ■ 갈퀴나물

끝분홍나비
숲의 가장자리 중 고지대를 뛰어오르듯이 힘차게 날아다닙니다. 세계 최대급의 흰나비입니다.
- 40~55mm ■ 생물이 분포하는 북쪽 한계에서는 3~11월
- 일본, 중국, 인도 ■ 어목

깃주홍나비 [희귀종]
주로 고산 주위의 저습지나 암석이나 자갈이 많은 곳에서 볼 수 있습니다. 나비길을 직선으로 날아다닙니다.
- 18~23mm ■ 4~7월
- 일본, 유럽 ■ 묏장대

갈구리나비
평지에서 산지까지 폭넓게 볼 수 있습니다. 봄을 대표하는 흰나비입니다.
- 20~30mm ■ 이른 봄
- 한국, 일본, 중국 ■ 털장대

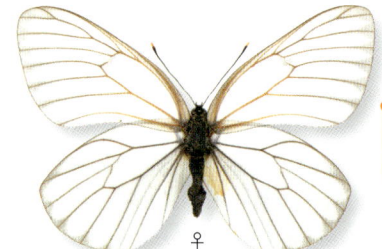

암컷의 인분은 얇으며, 반투명하게 보인다.

상제나비
시가지에서 산지까지 폭넓게 볼 수 있습니다. 유충은 무리를 지어 삽니다.
- 32~45mm ■ 6~8월 ■ 한국, 일본, 중국
- 산벚나무

눈나비 [멸종 위기종]
아고산대의 삼림 근처에서 볼 수 있습니다. 유충은 무리를 지어 생활합니다.
- 30~40mm ■ 6~8월 ■ 한국, 일본, 중국
- 매발톱나무, 일본매자나무

나미에흰나비(일본명)
평지에서 산지까지 폭넓게 발견되고, 재빠르게 날아다닙니다.
- 30~36mm
- 거의 1년 내내 ■ 일본
- 푸트란지바과

대만흰나비 [외래종]
대만 쪽에서 온 미접이 일본에 자리 잡았습니다. 동남아시아에서도 폭넓게 서식 중입니다.
- 28~35mm ■ 거의 1년 내내
- 한국, 일본, 중국 ■ 어목

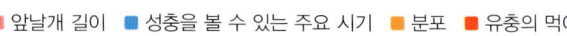
■ 앞날개 길이 ■ 성충을 볼 수 있는 주요 시기 ■ 분포 ■ 유충의 먹이

네발나비 무리

※이 페이지의 표본은 실물의 약 80% 크기입니다.
※여기에서 소개하는 나비는 모두 네발나빗과입니다.

네발나비 무리는 매우 종류가 많으며, 네발나비류, 굴뚝나비류, 왕나비류 등의 그룹으로 나누어집니다. 꽃꿀이나 수액, 과실 외에도 동물의 사체나 똥 등 다양한 곳에서 즙을 빨아 먹습니다.

▲네발나비 무리의 앞다리는 퇴화해, 다리가 네 개밖에 보이지 않는다.

(여름 모습)

네발나비
바닥이 드러난 강변이나 밭 주위, 시가지 등 열린 장소에서 쉽게 발견할 수 있습니다. ■ 22~34mm ■ 5~11월
■ 한국, 일본 ■ 환삼덩굴

산네발나비와 갈구리신선나비는 날개 뒷면에 각각 'C'와 'L' 모양이 있다.

암어리표범나비 [멸종 위기종]
다습한 초원 등지에 서식합니다. 눈에 두드러지게 개체 수가 감소하고 있으며, 분포는 한정적입니다.
■ 22~34mm ■ 6~8월
■ 한국, 일본, 중국 ■ 산비장이

'여덟 팔(八) 자'가 뒤집혀 있는 듯한 문양이 특징이다.

거꾸로여덟팔나비
낮은 산의 숲 가장자리나 늪가에서 종종 볼 수 있습니다.
■ 20~25mm ■ 4~8월
■ 한국, 일본, 러시아 ■ 좀깨잎나무

봄어리표범나비 [멸종 위기종]
산지의 초원 등지에서 볼 수 있습니다. ■ 18~27mm ■ 6~8월
■ 한국, 일본, 중국 ■ 수리나물

(봄 모습)　(봄 모습)(뒷모습)

(여름 모습)　(여름 모습)(뒷모습)

(가을 모습)　(가을 모습)(뒷모습)

산네발나비
주로 산지 시냇가에서 볼 수 있습니다. 종종 지면에서 물을 빨아 먹습니다.
■ 24~30mm ■ 6~9월
■ 한국, 일본, 대만 ■ 느릅나무

갈구리신선나비
주로 높은 산의 나무숲이나 시냇가에 서식합니다.
■ 28~36mm ■ 7~10월 ■ 한국, 일본, 중국 ■ 느릅나무

(뒷모습)

신선나비
주로 높은 산 숲, 시냇가에서 볼 수 있으며, 느릿하니 날아다닙니다. ■ 32~43mm
■ 7~9월 ■ 한국, 일본 ■ 사스래나무

들신선나비
겨울을 넘긴 성충을 봄에 산 정상에서 종종 볼 수 있습니다. ■ 32~42mm
■ 5~8월 ■ 한국, 일본, 대만 ■ 팽나무

청띠신선나비
전국 각지의 다양한 환경에서 볼 수 있습니다. 동남아시아에서도 광범위하게 분포합니다. ■ 25~44mm ■ 4~10월
■ 한국, 일본, 중국 ■ 청미래덩굴

공작나비
산 숲이나 초원에서 볼 수 있습니다.
■ 26~33mm ■ 6~9월
■ 한국, 일본, 유럽
■ 가는잎쐐기풀

토막상식 나비의 천적으로는 사마귀와 거미뿐만 아니라, 알이나 유충에 알을 낳아 숙주의 몸을 먹게 하는, 기생파리나 기생벌 등도 있습니다.

나비 무리

쐐기풀나비
아고산대 숲이나 꽃밭에서 볼 수 있습니다.
- 🟥 21~30mm 🟦 6~8월
- 🟧 한국, 일본, 중국 🟥 가는잎쐐기풀

큰멋쟁이나비
일본 각지의 다양한 환경에서 볼 수 있습니다.
- 🟥 30~35mm 🟦 5~11월
- 🟧 한국, 일본, 중국 🟥 모시풀

작은멋쟁이나비
전 세계적으로 가장 넓은 지역에서 분포하는 나비 중 하나입니다.
- 🟥 25~33mm 🟦 4~11월
- 🟧 전 세계 🟥 쑥

남색남방공작나비
밭 주위나 풀밭 같은 밝은 곳에서 서식합니다. 종종 땅에 날개를 펼친 채 머무릅니다.
- 🟥 28~32mm 🟦 거의 1년 내내
- 🟧 한국, 일본, 중국
- 🟥 쥐꼬리망초

남방공작나비
밭 주위처럼 트인 장소에서 종종 볼 수 있습니다.
- 🟥 25~36mm 🟦 여름
- 🟧 한국, 일본, 대만 🟥 겹물망초

가랑잎나비
뒷모습이 마른 잎 같은 모양입니다. 수액에 모여듭니다. 오키나와현 천연기념물입니다.
- 🟥 40~50mm 🟦 거의 1년 내내 🟧 한국, 일본, 중국
- 🟥 오키나와 나리난초

황오색나비
평지에서 산지의 개천가 등, 버드나무류가 있는 장소에서 서식합니다.
- 🟥 30~42mm 🟦 5~10월
- 🟧 한국, 일본, 중국
- 🟥 가는잎조팝나무

야에야마보라나비 (일본명)
야에야마 열도에서 거의 매년, 봄부터 가을에 볼 수 있지만, 겨울을 나지 못하는 것 같습니다.
- 🟥 35~46mm
- 🟦 7~10월을 중심으로 일시적으로 발생 🟧 일본
- 🟥 검팽나무

홍점알락나비 [희귀종]
계절적 변이가 현저하여 봄형은 크고 황녹색을 띠고, 여름형은 흰색을 띱니다. 🟥 40~53mm
- 🟦 3~10월 🟧 한국, 일본, 중국
- 🟥 팽나무

왕오색나비
일본을 상징하는 나비. 주로 평지에서 저산지에 서식합니다. 나무 주위를 웅대하게 날아다니며, 수액에 모여듭니다.
- 🟥 43~68mm 🟦 6~8월 🟧 한국, 일본, 중국 🟥 팽나무

흑백알락나비
주로 낮은 지대의 잡목림에서 살며, 수액에 모여듭니다. 🟥 35~50mm
- 🟦 5~9월 🟧 한국, 일본, 중국 🟥 팽나무

쌍꼬리나비 [희귀종]
유충은 머리에 4개의 뿔이 있으며, 민달팽이 모양입니다. 🟥 40~54mm 🟦 3~10월
- 🟧 한국, 일본, 중국 🟥 야에야마 까마귀베개

🟥 앞날개 길이　🟦 성충을 볼 수 있는 주요 시기　🟧 분포　🟥 유충의 먹이

표범나비 무리의 날개는 오렌지색으로 표범과 같은 무늬가 있다.

※이 페이지의 표본은 실물의 약 80% 크기입니다.
※여기에서 소개하는 나비는 모두 네발나빗과입니다.

아사히표범나비(일본명) 희귀종
홋카이도 고산에 있는 꽃밭 등지에서 발견할 수 있습니다. 일본 천연기념물입니다.
- 17~23mm
- 6~8월
- 일본
- 노랑만병초

큰표범나비
주로 산지의 초원에서 볼 수 있습니다.
- 21~31mm
- 6~8월
- 한국, 일본
- 오이풀

작은표범나비
주로 산지의 시냇가와 숲 가장자리에서 볼 수 있습니다.
- 23~33mm
- 6~8월
- 한국, 일본
- 큰터리풀

흰줄표범나비
주로 산지의 숲 가장자리나 초원에서 볼 수 있습니다. 최근 들어 개체 수가 감소하고 있습니다.
- 28~37mm
- 5~10월
- 한국, 일본, 중국
- 낚시제비꽃

큰흰줄표범나비
주로 산지의 숲 가장자리나 늪가에서 볼 수 있습니다. 가을에 저지에서 발견되는 경우도 있습니다.
- 30~43mm
- 6~10월
- 한국, 일본, 중국
- 낚시제비꽃

은줄표범나비
주로 산지의 늪가나 숲 가장자리에서 볼 수 있습니다.
- 31~40mm
- 5~10월
- 한국, 일본, 중국
- 낚시제비꽃

암검은표범나비
주로 저산지의 숲 가장자리에서 볼 수 있으며, 큰까치수염 등의 꿀을 빨아 먹습니다.
- 30~40mm
- 6~10월
- 한국, 일본, 중국
- 낚시제비꽃

구름표범나비
다른 대형 표범나비류보다 빨리 발생하며 저산지의 잡목림 등지에서 볼 수 있습니다.
- 33~42mm
- 5~10월
- 한국, 일본, 중국
- 낚시제비꽃

긴은점표범나비
저산지의 초원에서 종종 볼 수 있습니다.
- 27~36mm
- 5~10월
- 한국, 일본, 중국
- 제비꽃

암끝검은표범나비
암컷의 날개 끝부분이 검다고 하여 지금의 이름이 붙여졌습니다.
- 27~40mm
- 2~11월
- 한국, 일본, 중국
- 제비꽃

풀표범나비
산지의 숲 가장자리, 초원, 늪가 등에서 볼 수 있습니다.
- 28~35mm
- 6~9월
- 한국, 일본, 유럽
- 낚시제비꽃

왕은점표범나비 멸종 위기종
일본 전국에서 수가 줄어들고 있으며, 한정된 초원에서만 볼 수 있습니다.
- 30~40mm
- 6~10월
- 한국, 일본, 중국
- 제비꽃

뿔나비
발생 시기에는 숲속 길에서 수많은 성충이 물을 마시고 있을 때가 있습니다.
- 19~29mm
- 3~10월
- 한국, 일본, 중국
- 팽나무

입의 일부분이 앞으로 나와 있다.

토막상식 굴뚝나비와 왕나비 이외의 네발나비 무리는 날갯짓과 활공을 교차로 반복하는 독특한 방식으로 날아다닙니다.

나비 무리

왕줄나비 멸종 위기종
아고산대의 시냇가, 숲 주위에 서식합니다.
■ 34~48mm ■ 6~8월 ■ 한국, 일본, 중국 ■ 황철나무

줄나비
저지부터 산지의 낙엽 활엽수림에서 서식합니다.
■ 24~36mm ■ 5~10월 ■ 한국, 일본, 중국
■ 인동덩굴

아사마줄나비(일본명)
수답 주위나 강가 등지에서 볼 수 있습니다. 혼슈에서만 서식합니다.
■ 25~38mm ■ 5~10월 ■ 일본
■ 인동덩굴

애기세줄나비
주로 평지에서 저산지 숲 가장자리에서 볼 수 있습니다.
■ 20~30mm ■ 4~10월
■ 한국, 일본, 중국 ■ 칡

류큐세줄나비(일본명)
남쪽 섬의 평지부터 산지에 걸쳐 숲 가장자리에서 볼 수 있습니다.
■ 22~34mm ■ 3~12월
■ 일본 ■ 칡

두줄나비
주로 산지의 숲 가장자리 등에서 볼 수 있습니다. 느긋하게 날아다닙니다.
■ 20~28mm ■ 6~8월
■ 한국, 일본, 중국 ■ 꼬리조팝나무

지도처럼 복잡한 모양이 특징이다.

왕세줄나비
저산지의 매실나무 등 먹이인 나무 주위에서 볼 수 있으며, 민가 정원에서도 알을 낳고 부화합니다.
■ 32~38mm ■ 6~8월 ■ 한국, 일본, 중국 ■ 매실

세줄나비
저산지의 낙엽 활엽수림 주위에서 볼 수 있습니다.
■ 30~38mm ■ 5~8월
■ 한국, 일본, 중국 ■ 고로쇠나무

돌담무늬나비
강가의 숲 가장자리 등에서 볼 수 있으며, 놀라면 날개를 펴고 잎 뒤에 머무릅니다. ■ 26~36mm ■ 5~10월
■ 한국, 일본, 인도 ■ 천선과나무

별박이세줄나비
시가지에서 산지까지 먹이가 되는 나무가 있는 곳에서 볼 수 있습니다. ■ 23~34mm ■ 5~10월
■ 한국, 일본, 중국 ■ 일본조팝나무

먹그림나비
숲 주위에 서식하며, 민첩하게 날아다닙니다. 수액에 모여듭니다. ■ 30~45mm ■ 봄~여름
■ 한국, 일본, 중국 ■ 나도밤나무

■ 앞날개 길이 ■ 성충을 볼 수 있는 주요 시기 ■ 분포 ■ 유충의 먹이

※이 페이지의 표본은 실물의 약 80% 크기입니다.
※여기에서 소개하는 나비는 모두 네발나빗과입니다.

굴뚝나비
평지에서 산지의 밝은 초원에서 서식합니다.
- 28~42mm ■ 7~8월 ■ 한국, 일본, 중국 ■ 억새

애물결나비
평지에서 산지의 풀숲과 숲 가장자리, 강가의 모래밭에서 종종 볼 수 있습니다.
- 16~24mm ■ 따뜻한 곳에서는 4~9월
- 한국, 일본, 중국 ■ 억새

석물결나비 [멸종 위기종]
풀숲이나 강가의 모래밭 등에서 볼 수 있으며, 애물결나비보다 한정적인 곳에서 분포합니다. ■ 18~25mm ■ 6~8월
- 한국, 일본, 중국 ■ 억새

일본지옥나비
고산의 꽃밭이나 숲 가장자리 등에서 볼 수 있는 고산 나비입니다.
- 19~27mm ■ 7~9월
- 일본 ■ 실새풀

높은산지옥나비
높은 산 숲 가장자리나 꽃밭 등지에서 볼 수 있는 고산 나비입니다. 일본지옥나비보다 분포지가 좁습니다.
- 22~28mm ■ 7~9월
- 일본 ■ 큰산새풀

다카네그늘나비(일본명) [멸종 위기종]
높은 산, 암석이나 바위가 많은 곳에서 사는 고산 나비입니다.
- 20~30mm ■ 6~8월
- 일본 ■ 언덕사초

다이세쓰타카네그늘나비(일본명) [희귀종]
높은 산, 암석이나 바위가 많은 곳에서 사는 고산 나비입니다. 일본의 천연기념물입니다.
- 23~30mm ■ 6~8월 ■ 일본
- 사초과

뱀눈그늘나비
산지의 강가 모래밭이나 암석이 많은 곳 등에서 볼 수 있습니다.
- 24~32mm ■ 5~9월
- 한국, 일본, 중국 ■ 실새풀

눈많은그늘나비
산지의 숲 주위에 서식합니다.
- 22~30mm ■ 6~8월
- 한국, 일본, 중국
- 그늘사초

봄처녀나비 [멸종 위기종]
습기 많은 풀숲이나 초원에서 서식합니다. 분포는 한정적입니다. ■ 16~23mm
- 6~8월 ■ 한국, 일본, 중국 ■ 그늘사초

도시처녀나비
수풀 등지에서 볼 수 있습니다. ■ 17~21mm
- 6~7월 ■ 한국, 일본, 중국 ■ 그늘사초

흰띠그늘나비(일본명)
따뜻한 지역에 사는 굴뚝나비 무리 중 하나로, 동남아시아에서도 폭넓게 서식합니다. 주로 대나무숲에서 볼 수 있습니다.
- 32~38mm ■ 거의 1년 내내 ■ 일본 ■ 류큐 대나무

왕그늘나비
주로 산지의 습지나 밝은 숲에서 볼 수 있습니다. ■ 35~46mm ■ 6~8월
- 한국, 일본, 중국 ■ 삿갓사초

다카네그늘나비 등 높은 산에 사는 나비는 유충이 자랄 수 있는 따뜻한 계절이 짧기에 성충이 되기까지 2년 이상이 걸립니다.

나비 무리

황알락그늘나비 [희귀종]
평지부터 산지의 숲 가장자리에서 볼 수 있습니다. 분포지는 한정되어 있습니다.
■ 26~36mm ■ 6~8월 ■ 한국, 일본, 중국 ■ 억새

그늘나비
잡목림이나 산속 숲에서 볼 수 있습니다. 일본에만 있는 나비입니다.
■ 25~34mm ■ 5~9월
■ 일본 ■ 해장죽

먹그늘나비
낮은 지대부터 산지 숲 근처에서 종종 볼 수 있습니다. ■ 23~33mm ■ 따뜻한 곳에서는 5~9월 ■ 한국, 일본, 중국 ■ 조릿대

먹그늘나비붙이 [멸종 위기종]
잡목림에서 자생하며 저녁에 활발히 움직입니다. 분포지가 한정되어 있으며 개체 수도 적습니다.
■ 29~36mm ■ 6~9월 ■ 한국, 일본, 중국
■ 나도바랭이새

히메키마다라그늘나비(일본명)
조릿대가 있는 산 숲에서 종종 볼 수 있습니다. ■ 23~34mm ■ 5~9월
■ 일본 ■ 사사조릿대

사토키마다라그늘나비(일본명)
잡목림 등에서 볼 수 있습니다. 예전에는 산그늘나비와 헷갈리기도 했습니다.
■ 26~39mm ■ 5~8월 ■ 일본 ■ 해장죽

산그늘나비
산 숲에서 서식하며, 수액이나 짐승의 똥에 모여듭니다.
■ 27~38mm ■ 5~9월 ■ 일본, 러시아 ■ 조릿대속

부처나비
논밭 주위 등에서 볼 수 있습니다.
■ 18~31mm ■ 5~10월
■ 한국, 일본, 중국 ■ 억새

부처사촌나비
잡목림 등에서 볼 수 있습니다. 부처나비보다 어두운 곳을 선호합니다.
■ 20~30mm ■ 5~8월
■ 한국, 일본, 대만 ■ 나도바랭이새

큰먹나비
숲 주위에서 서식합니다. 최근에 분포지가 일본 북쪽으로 넓어지고 있습니다. ■ 32~45mm ■ 6~10월
■ 한국, 일본 ■ 염주

■ 앞날개 길이 ■ 성충을 볼 수 있는 주요 시기 ■ 분포 ■ 유충의 먹이

※이 페이지의 표본은 실물의 약 80% 크기입니다.
※여기에서 소개하는 나비는 모두 네발나빗과입니다.

끝검은왕나비
밭이나 민가 주위 등 밝은 장소에서 서식합니다.
- 🟥 30~40mm
- 🟦 거의 1년 내내
- 🟧 한국, 일본
- 🟥 금관화, 큰풍선초

별선두리왕나비
낮은 지대의 숲 가장자리부터 산지까지 다양한 장소에서 볼 수 있습니다.
- 🟥 35~45mm 🟦 거의 1년 내내
- 🟧 일본, 중국, 필리핀 🟥 류큐떡갈나무

파란줄얼룩나비
일본 남쪽 섬의 낮은 지대에 있는 숲 가장자리에서 종종 볼 수 있습니다. 🟥 40~50mm
- 🟦 거의 1년 내내
- 🟧 일본, 중국, 필리핀
- 🟥 말리화

▶ 집단으로 겨울을 나는 파란줄얼룩나비.

물키베르점박이왕나비
대체로 검은색, 어두운 갈색 바탕에 흰 점 무늬를 가지고 있어 영미권에서는 '까마귀나비'라는 이름으로 불립니다. 🟥 42~50mm
- 🟦 거의 1년 내내
- 🟧 일본, 중국, 필리핀
- 🟥 대만고무나무

왕얼룩나비
민가 주위나 숲 가장자리에서 사뿐사뿐 춤추듯이 날아다닙니다.
- 🟥 60~75mm 🟦 거의 1년 내내 🟧 일본, 필리핀 🟥 박주가리

왕나비
🟥 43~65mm 🟦 봄~여름 🟧 한국, 일본, 중국 🟥 나도은조롱

칼럼 - 왕나비의 장거리 이동
왕나비의 날개에 표시를 한 뒤 놓아주고 다른 장소에서 다시 잡는 방법으로 조사해 보니, 2,000km 이상 이동했음을 알 수 있었습니다. 가을에 남쪽으로 여행을 떠납니다.

토막상식 왕나비 무리는 몸에 독이 있어 흰나비나 네발나비 등 다수의 다른 나비가 똑같이 모양을 흉내 냅니다.

부전나비 무리

부전나비 무리는 작은 나비만 있습니다. 유충은 보통 식물을 먹지만, 개중에는 진딧물 등을 먹는 육식성 유충도 있습니다. 또한, 몸에서 개미가 좋아하는 달콤한 액체를 내보내, 개미를 가까이 오게 해 천적으로부터 몸을 보호하는 유충도 있습니다.

> 부전나비 무리는 날개 앞뒤의 색이나 모양이 매우 다른 경우가 많다.

뾰족부전나비
은빛 뒷날개를 반짝반짝 빛내면서 힘차게 날아다닙니다.
■ 19~27mm ■ 한국, 일본, 중국 ■ 칡

남방남색꼬리부전나비
최근 일본에서 분포지가 넓어지고 있습니다. ■ 20~25mm ■ 한국, 일본 ■ 돌참나무

바둑돌부전나비
조릿대가 있는 숲 등에서 볼 수 있습니다. 유충은 육식성입니다.
■ 10~17mm ■ 한국, 일본, 중국 ■ 진딧물

남색부전나비
조엽수림에서 자주 볼 수 있습니다.
■ 14~22mm ■ 한국, 일본, 대만 ■ 종가시나무

루미스부전나비(일본명) [멸종 위기종]
분포지는 한정적이며, 조엽수림의 늪 가에서 볼 수 있습니다.
■ 13~17mm ■ 일본 ■ 개가시나무

선녀부전나비
늪가나 숲 가장자리 등에서 볼 수 있습니다.
■ 17~25mm ■ 한국, 일본, 중국 ■ 쥐똥나무

민무늬귤빛부전나비 [희귀종]
잡목림에서 서식합니다. 유충 주위에 자주 개미가 있습니다.
■ 17~23mm ■ 한국, 일본, 중국 ■ 졸참나무 같은 식물과 진딧물 등을 먹는다

일본귤빛부전나비
낮은 산지부터 높은 산지까지 볼 수 있으며 저녁부터 활발히 움직입니다. 일본에만 있습니다. ■ 14~22mm ■ 일본 ■ 물푸레나무의 일종

참나무부전나비
낮은 산에서 살며, 주로 저녁에 활동합니다.
■ 14~21mm ■ 한국, 일본, 중국 ■ 졸참나무

은회색부전나비
주로 산에서 볼 수 있으며, 저녁에 활발히 움직입니다.
■ 16~19mm ■ 일본, 대만 ■ 풍년화

귤빛부전나비
주로 평지에서 낮은 산의 낙엽 활엽수림에서 서식합니다. 매우 닮은 별종이 있음이 밝혀졌습니다.
■ 16~22mm ■ 한국, 일본, 대만 ■ 졸참나무

물빛긴꼬리부전나비
낙엽 활엽수림에서 볼 수 있으며, 아침과 저녁에 자주 활동합니다.
■ 11~19mm ■ 한국, 일본, 중국 ■ 졸참나무

담색긴꼬리부전나비
산지에서 볼 수 있습니다.
■ 12~18mm ■ 한국, 일본 ■ 물참나무

긴꼬리부전나비
주로 낮은 산의 쪽가래나무 주위에서 볼 수 있습니다. 저녁에 주로 활동합니다. ■ 13~19mm ■ 한국, 일본, 중국 ■ 쪽가래나무

시가도귤빛부전나비
주로 평지에서 낮은 산지의 낙엽 활엽수림에 서식하며, 저녁에 활동합니다.
■ 16~23mm ■ 한국, 일본, 중국 ■ 상수리나무

작은녹색부전나비
습지나 늪 근처 등에서 볼 수 있습니다. 암컷의 얼룩무늬는 네 종류가 있습니다.
■ 16~23mm ■ 한국, 일본, 중국 ■ 오리나무

■ 앞날개 길이   ■ 분포   ■ 유충의 먹이

※이 페이지의 표본은 거의 실물 크기입니다.
※여기에서 소개하는 나비는 모두 부전나빗과입니다.

암붉은점녹색부전나비
주로 산에서 볼 수 있습니다. 정오 이후부터 저녁에 주로 활동합니다. ■ 18~24mm
■ 한국, 일본, 중국 ■ 벚나무의 일종

북방녹색부전나비
산의 낙엽 활엽수림에서 볼 수 있습니다. 아침에 활동합니다.
■ 15~23mm ■ 한국, 일본, 중국 ■ 물참나무

남방녹색부전나비
주로 서일본에 있는 상록 활엽수림에서 볼 수 있습니다. 뒷면 문양에 특징이 있습니다.
■ 18~24mm ■ 한국, 일본 ■ 붉가시나무

은날개녹색부전나비
떡갈나무와 갈참나무가 있는 숲에서 볼 수 있습니다. 주로 저녁에 활동합니다.
■ 14~20mm ■ 한국, 일본, 중국 ■ 떡갈나무

검정녹색부전나비 [희귀종]
상수리나무와 굴참나무가 있는 잡목림에서 서식합니다. 새벽과 저녁에 활동합니다.
■ 19~22mm ■ 한국, 일본 ■ 상수리나무

큰녹색부전나비
평지에서 산까지 낙엽 활엽수림에서 폭넓게 볼 수 있습니다. 주로 오전 중에 활동합니다.
■ 17~23mm ■ 한국, 일본, 중국 ■ 졸참나무

산녹색부전나비
주로 산에 있는 낙엽 활엽수림에 서식하며, 새벽부터 오전 중에 활동합니다.
■ 14~22mm ■ 한국, 일본, 중국 ■ 물참나무

넓은띠녹색부전나비
주로 산에 있는 낙엽 활엽수림에 서식하며, 오후에 활동합니다.
■ 15~22mm ■ 한국, 일본 ■ 물참나무

후지녹색부전나비(일본명)
너도밤나무나 일본너도밤나무 숲에 서식합니다. ■ 14~19mm
■ 일본 ■ 너도밤나무

쇳빛부전나비
이른 봄, 낮은 지대부터 산의 숲 가장자리 등에서 볼 수 있으며 민첩하게 날아다닙니다.
■ 11~16mm ■ 한국, 일본
■ 마취목

까마귀부전나비
낮은 산지부터 산지의 숲 가장자리 등에서 볼 수 있습니다.
■ 15~19mm ■ 한국, 일본 ■ 느릅나무

미야마까마귀부전나비(일본명)
주로 산속 인가가 뜸한 숲에 서식합니다.
■ 14~21mm ■ 일본
■ 갈매나무

유충은 마쓰무라꼬리치레개미에게 입에서 입으로 동물질 먹이를 받아먹는다.

쌍꼬리부전나비 [희귀종]
마쓰무라꼬리치레개미가 있는 참오동나무, 뽕나무, 벚나무 등 고목이 있는 장소에서 볼 수 있습니다.
■ 12~18mm ■ 한국, 일본, 중국

뒷면에 있는 호랑이 무늬가 특징이다.

울릉범부전나비
낮은 지대부터 산지 숲 가장자리 등에서 볼 수 있습니다. ■ 15~21mm ■ 한국, 일본 ■ 빈도리

작은주홍부전나비
논밭 주위, 하천 부지 등 밝은 장소에서 볼 수 있습니다. ■ 13~19mm ■ 한국, 일본, 중국 ■ 수영

토막상식 작은녹색부전나비 무리는 종류에 따라 활동 시간대가 다르며, 같은 공간에서도 시간을 잘 나누어 사용합니다.

※이 페이지의 표본은 거의 실물 크기입니다.
※여기에서 소개하는 나비는 모두 부전나빗과입니다.

유충은 처음에 진딧물의 분비물을 핥아 먹다가, 성장하면서 일본왕개미에게 입으로 먹이를 받아먹는다.

물결부전나비
밭 주위나 공원 등 개방된 장소에서 볼 수 있습니다. 🟥 13~19mm 🟧 한국, 일본, 유럽 🟥 편두

남방부전나비
시가지에 많으며 길가나 논밭 주위 등 밝은 장소에서 볼 수 있습니다. 🟥 9~16mm 🟧 한국, 일본, 중국 🟥 괭이밥

담흑부전나비 [멸종 위기종]
유충은 일본왕개미집 안에서 자랍니다.
🟥 17~23mm 🟧 한국, 일본, 중국

푸른부전나비
시가지나 산지의 풀숲부터 숲 가장자리까지 다양한 장소에서 볼 수 있습니다.
🟥 12~19mm 🟧 한국, 일본, 중국 🟥 등나무

산푸른부전나비
봄에 산지의 늪가 등에서 볼 수 있습니다.
🟥 11~17mm 🟧 한국, 일본, 중국 🟥 칠엽수

암먹부전나비
시가지의 풀숲이나 하천 부지 등 밝은 장소에서 볼 수 있습니다.
🟥 9~19mm 🟧 한국, 일본, 중국 🟥 낭아초

산부전나비 [멸종 위기종]
낮은 산지부터 높은 산 초원에서 볼 수 있습니다. 분포지는 한정적입니다.
🟥 14~20mm
🟧 한국, 일본, 중국 🟥 나비나물

오가사와라부전나비(일본명) [멸종 위기종]
일본 오가사와라 제도에서만 사는 천연기념물입니다. 최근에는 외래종인 도마뱀, 녹색아놀도마뱀에 의해 수가 줄어들고 있습니다. 🟥 13~18mm 🟧 일본
🟥 작살나무의 일종

유충은 처음에는 오리방풀 등을 먹고, 이후에 코토쿠뿔개미의 유충을 먹는다.

큰점박이푸른부전나비 [희귀종]
주로 깊은 산에 있는 늪가에서 볼 수 있습니다. 분포지는 한정적입니다.
🟥 17~25mm 🟧 한국, 일본, 중국

산꼬마부전나비
습지나 초원에서 서식합니다. 한 번에 수많은 개체를 발견할 때가 있습니다.
🟥 11~17mm 🟧 한국, 일본, 중국 🟥 쑥

▲미야마부전나비의 유충은 개미가 좋아하는 꿀을 꺼내, 개미를 보디가드로 이용한다.

미야마부전나비(일본명) [멸종 위기종]
산의 초원이나 하천 부지 등에서 볼 수 있습니다. 최근 개체 수가 줄어드는 경향이 있습니다. 🟥 12~17mm 🟧 일본 🟥 낭아초

고운점박이푸른부전나비 [멸종 위기종]
화산 근처에 있는 초원이나 논밭 주위 등 먹이가 되는 풀이 있는 장소에서 볼 수 있습니다.
🟥 14~28mm 🟧 한국, 일본, 중국

유충은 처음엔 오이풀 등을 먹다가, 성장하면서 고토쿠뿔개미집 안으로 들어가, 개미 유충을 먹는다.

🟥 앞날개 길이 🟧 분포 🟥 유충의 먹이

팔랑나비 무리

팔랑나비 무리는 소형으로 날개 크기에 비해 몸이 두껍지만, 매우 민첩하게 날아다닙니다. 유충 때는 잎을 말아 지은 집 안에 숨어 사는 종류가 많습니다.

※이 페이지의 표본은 거의 실물 크기입니다.
※여기에서 소개하는 나비는 모두 팔랑나빗과입니다.

> 팔랑나빗과는 황토색과 갈색 등 눈에 잘 보이지 않는 색이 많다.

독수리팔랑나비
계곡 근처의 산간 도로 등에서 볼 수 있습니다. 수컷은 땅에서 물을 빨아 먹거나 짐승의 똥에 모여 있습니다. ■ 20~26mm
■ 한국, 일본 ■ 음나무

> 팔랑나비 중에서 가장 큰 대형에 해당된다.

왕자팔랑나비
시가지 가까운 숲 가장자리에서 볼 수 있으며 날개를 펴고 머뭅니다.
■ 15~21mm ■ 한국, 일본, 중국 ■ 참마

멋팔랑나비
이른 봄에 발생하며 잡목림에서 볼 수 있습니다. 날개를 펴고 지면에 머무릅니다.
■ 14~22mm ■ 한국, 일본, 중국 ■ 졸참나무, 상수리나무

멸종 위기종

흰점팔랑나비
개방된 초원 등에 서식하며 지표 가까이를 잽싸게 날아다닙니다.
■ 11~16mm
■ 한국, 일본, 중국 ■ 양지꽃

푸른큰수리팔랑나비
숲 주위에 서식하며 아침과 저녁에 잽싸게 날아다닙니다.
■ 23~31mm
■ 한국, 일본, 중국
■ 나도밤나무

은줄팔랑나비
강가 모래밭이나 초원에 서식하며, 느긋하게 날아다닙니다. ■ 13~21mm
■ 한국, 일본, 중국 ■ 억새

검정팔랑나비(일본명)
낮은 지대의 숲 등에서 볼 수 있습니다. 매우 긴 입을 지녔으며, 잽싸게 날아다닙니다.
■ 17~24mm ■ 일본 ■ 양하

지리산팔랑나비
숲 가장자리 등에서 볼 수 있으며, 느긋하게 날아다닙니다.
■ 16~21mm ■ 한국, 일본, 중국
■ 억새

고차바네팔랑나비(일본명)
산지의 조릿대가 많은 숲 가장자리 등에서 볼 수 있으며, 짐승의 똥에도 모여듭니다.
■ 13~19mm ■ 일본 ■ 조릿대

줄꼬마팔랑나비
산지의 초원 등에서 볼 수 있습니다. ■ 14~18mm
■ 한국, 일본, 중국 ■ 개밀

수풀꼬마팔랑나비
산지의 밝은 초원 등에서 볼 수 있습니다. ■ 11~17mm
■ 한국, 일본, 중국 ■ 실새풀

수풀떠들썩팔랑나비
산지의 초원이나 다습한 초원 등에서 볼 수 있습니다.
■ 15~20mm
■ 한국, 일본, 러시아 ■ 억새

열대붉은팔랑나비(일본명)
숲 가장자리에서 흰도깨비바늘의 꿀을 빨아 먹는 모습을 자주 볼 수 있습니다.
■ 15~19mm ■ 일본 ■ 억새

황알락팔랑나비
초원이나 숲 가장자리 외에 시가지에서도 볼 수 있습니다.
■ 12~17mm
■ 한국, 일본, 중국
■ 억새

직작줄점팔랑나비
산지의 숲 가장자리를 중심으로 볼 수 있습니다. ■ 16~22mm
■ 일본, 러시아 ■ 좀해장죽

제주꼬마팔랑나비
강가의 모래밭이나 논밭 등의 개방된 장소에서 서식합니다. ■ 13~21mm
■ 한국, 일본 ■ 띠

산줄점팔랑나비
강가의 모래밭이나 초원에서 볼 수 있습니다.
■ 16~22mm ■ 한국, 일본, 중국 ■ 억새

줄점팔랑나비
벼 해충입니다. 집단으로 이동하는 것으로 알려졌습니다.
■ 15~21mm ■ 한국, 일본, 중국 ■ 벼

 **Q**: 나비 중에서 가장 빨리 나는 나비는 무엇인가요?   **A**: 팔랑나빗과입니다.

나방 무리

나방은 나비목에 포함되어 있습니다. 그러나 종류는 나비보다 훨씬 많으며, 나비목의 90%가 나방류입니다. 일본에는 6,000종, 한국에는 1,500여 종이 기록되어 있습니다. 수많은 나방이 야행성이며, 시각은 그다지 발달하지 않았습니다. 또한, 빛을 향해 날아가는 습성이 있으므로, 전등 등에 모여 있는 모습을 종종 볼 수 있습니다.

나방은 아름답다

나방의 날개는 눈에 띄지 않는다고 생각하기 쉽지만, 주행성인 나방 중에는 화려한 날개를 지닌 개체도 있습니다. 또한, 야행성 나방 중에도 종류에 따라 눈에 띄는 색이나 무늬를 지닌 개체가 있습니다. 눈에 띄는 날개는 천적을 놀라게 하거나, 독이 있음을 알리는 데 도움을 줍니다.

▼수액을 빠는 암청색줄무늬밤나방.

▼공중에서 정지한 상태로 꽃꿀을 빠는 꼬리박각시.

나방도 꽃꿀을 빤다

나방도 나비 같이 빨대처럼 생긴 입으로 꽃꿀이나 수액 등을 빨아 먹습니다. 유충은 종류에 따라 식물 잎이나 줄기, 열매 외에 목재, 마른 잎, 다른 곤충 등 다양한 것을 먹으며 성장합니다. 또한, 성충이 되면 입이 퇴화해 아무것도 먹지 못 하는 나방도 있습니다.

어디에 있을까?
종류에 따라 나무나 마른 잎 등, 식물로 의태하는 개체도 있습니다. 유충일 때도 자나방 유충처럼 나뭇가지와 똑같이 의태하는 개체도 있습니다.

▲ 나무에 나는 지의류로 의태한 높은산저녁나방.

▲ 날개가 없는 참나무겨울가지나방의 암컷.

이것도 나방이다
나방은 종류가 매우 많으며, 독특한 외모나 성질을 지닌 개체도 매우 많습니다. 날개가 없어서 날지 못하는 겨울자나방 암컷과 나는 방식까지 벌과 똑같은 유리나방과 등, 얼핏 봐서는 나방으로 보이지 않는 종류도 있습니다.

▶ 암컷은 엉덩이 끝에서 수컷을 끌어당기는 페로몬을 뿜는다.

냄새로 암컷을 찾는다
나방 수컷은 암컷을 냄새로 찾습니다. 암컷이 내뿜는 페로몬 냄새를 더듬이로 파악하여 암컷이 있는 방향으로 날아가 교미합니다.

▲ 화려한 날개를 지닌 아틀라스대왕산누에나방은 앞날개 길이가 14cm 정도입니다. 세계 최대 나방.

▲ 참나무산누에나방의 교미.

산누에나방 무리

산누에나방 무리는 대형이며, 폭이 넓은 날개를 지녔습니다. 야행성으로 빛이 있는 곳에 자주 모여 있습니다. 입이 퇴화했기에 성충이 되면 아무것도 먹지 않습니다.

※이 페이지의 표본은 실물의 약 80% 크기입니다.
※여기에서 소개하는 나방은 모두 산누에나방과입니다.

▲참나무산누에나방 수컷의 커다란 더듬이.

참나무산누에나방
밤에 볼 수 있는 나방으로, 크기가 매우 큰 대형종입니다. ■ 75~90mm ■ 7~9월
■ 한국, 일본 ■ 상수리나무, 가시나무류

▲눈동자 같은 모양으로 천적을 놀라게 해 몸을 지킨다.

가중나무고치나방
■ 65~85mm ■ 5~9월
■ 한국, 일본 ■ 가죽나무, 황벽나무

밤나무산누에나방
'어스렝이나방'이라고도 합니다. ■ 60~80mm ■ 9~10월
■ 한국, 일본, 중국 ■ 밤나무, 벚나무

에조요쓰메(일본명)
봄에만 나타납니다. 북쪽 지방에서는 낮에도 활동합니다.
■ 35~55mm ■ 4~5월 ■ 일본
■ 너도밤나무, 오리나무

■ 앞날개 길이 ■ 성충을 볼 수 있는 주요 시기 ■ 분포 ■ 유충의 먹이

유리산누에나방
연두색 명주실을 뽑아 독특한 모양의 고치를 짓는 습성이 있습니다.
- 45~60mm ■ 10~11월 ■ 한국, 일본
- 상수리나무, 홍단풍

긴꼬리산누에나방
모습이 매우 흡사한 옥색긴꼬리산누에나방과 구분하려면 주의가 필요합니다. ■ 50~80mm
■ 4~8월 ■ 한국, 일본, 중국 ■ 졸참나무, 벚나무

톱니바퀴산누에나방(일본명) [희귀종]
성충이 많은 시기는 5월과 9월. 암컷은 거의 볼 수 없습니다.
- 40~50mm ■ 3~10월 ■ 일본
- 섬다래

작은산누에나방
- 40~60mm ■ 10~11월
- 한국, 일본 ■ 벚나무, 가막살나무

칼럼 — 나방에서 뽑는 실

나비목의 중요한 특징 중 하나가 유충이 실을 만든다는 사실입니다. 입으로 실을 토해 내 고치나 번데기를 고정하거나 집을 짓고 몸을 매다는 밧줄을 만드는 등 다양한 용도로 사용합니다. 이 실은 가벼우면서도 튼튼하기에 옛날부터 인간이 이용했습니다. 누에나방 고치에서 뽑은 견사가 가장 유명하지만, 산누에나방이나 요나누에나비 고치에서도 실을 뽑을 수 있습니다.

▲ 참나무산누에나방의 고치.

▲ 누에나방의 고치.

▲ 실을 뽑는 참나무산누에나방의 유충.

Q : 세계에서 가장 큰 나방은 무엇인가요?   A : 필리핀에 사는 아틀라스대왕산누에나방이 세계 최대의 날개 길이와 면적을 지닌 것으로 알려져 있어요.

박각시 무리

박각시 무리는 가슴 부분과 배 부분이 두껍고 탄탄합니다. 꽃꿀을 빠는 종류 중에는 주둥이가 매우 긴 것도 있습니다. 재빨리 날아다닐 뿐 아니라, 하늘에서 정지한 채로 꿀을 빨 수도 있습니다.

※이 페이지의 표본은 실물의 약 80% 크기입니다.
※여기에서 소개하는 나방은 모두 박각싯과입니다.

▼박각싯과의 길게 뻗은 주둥이

박각시
빨대처럼 생긴 입은 매우 깁니다.
- 38~48mm 5~11월
- 한국, 일본, 대만 고구마

구로멘카타박각시(일본명)
일본 각지에서 분포지를 넓히고 있으며, 다양한 장소에서 유충과 성충을 볼 수 있습니다.
- 45~58mm 7~11월 일본
- 가지, 토마토

협죽도호크나방
'아이언맨'을 닮은 애벌레로도 유명합니다.
- 40~47mm 5~12월 아프리카, 아시아 남부
- 협죽도, 일일초

대왕박각시
- 55~70mm 3~4월
- 한국, 일본, 중국 벚꽃, 매실나무

벌꼬리박각시
벌처럼 공중에 정지한 상태로 꽃의 꿀을 빨아 먹습니다.
- 23~28mm
- 7~11월 한국, 일본, 중국
- 토란, 개머루

주홍박각시
성충은 상수리나무 등에도 접근해, 공중에서 정지한 채로 수액을 빨아 먹기도 합니다.
- 22~32mm 4~9월
- 한국, 일본, 중국 봉선화

세줄박각시
유충에게는 검은 바탕에 노란색 줄무늬와 눈동자 비슷한 무늬가 있습니다. 성충은 저녁에 꽃의 꿀을 흡입합니다.
- 26~36mm
- 6~10월 한국, 일본, 중국
- 토란, 개머루

줄녹색박각시
인분이 없는 투명한 날개가 특징입니다.

우화 직후에는 날개가 크림색이지만, 날개가 굳으면 인분이 떨어지면서 투명해집니다.
- 23~30mm 6~9월 한국, 일본, 중국
- 치자나무

앞날개 길이 성충을 볼 수 있는 주요 시기 분포 유충의 먹이

밤나방 무리

※이 페이지의 표본은 실물의 약 60% 크기입니다.
※여기에서 소개하는 나방은 모두 밤나방과입니다.

밤나방 무리는 종류가 매우 다양해 일본에는 1,200종, 한국에는 480종 정도가 서식하고 있습니다. 크기나 날개 모양, 무늬도 각양각색입니다. 야행성이 많지만, 개중에는 주행성도 있습니다.

까마귀밤나방
한여름에는 나무껍질 밑 등에 모여서 휴식을 취합니다.
- 19~22mm 7~12월
- 한국, 일본, 중국 민들레

가중나무껍질밤나방
도심에 심은 나무에 대량으로 발생할 때가 있습니다.
- 35~44mm 7~11월
- 한국, 일본, 중국 가죽나무

검거세미밤나방
밭 농작물 해충으로 알려져 있습니다.
- 20~25mm 6~10월
- 한국, 일본 양배추

검은줄얼룩무늬밤나방 희귀종
산지에 서식하며 초봄의 짧은 시기에만 볼 수 있습니다.
- 19~20mm 3~5월 일본
- 호몰레피스전나무(야외에서는 유충이 보이지 않는다)

노랑뒷날개나방
잡목림 등에 살며, 수액에도 모여듭니다.
- 26~36mm 7~8월
- 한국, 일본 졸참나무, 등나무

꽃무늬밤나방
유충은 집단으로 나무껍질 밑에 집을 짓고 겨울을 납니다.
- 15~21mm 6~7월
- 한국, 일본 상수리나무

얼룩나방
낮에 날아다니며 꽃에 모여 꿀을 빨아 먹습니다.
- 30~33mm 4~5월
- 한국, 일본, 중국
- 청미래덩굴, 밀나물

푸른띠뒷날개나방
주로 산지에 서식하며, 밤에 불빛으로 모여듭니다.
- 45~55mm 8~10월
- 한국, 일본, 유럽
- 유럽사시나무

회색붉은뒷날개나방
- 35~42mm 7~9월
- 한국, 일본, 중국 무늬개키버들

베니몬코노하(일본명) 희귀종
- 57~65mm 7~8월
- 일본

흰뒷날개나방
- 43~50mm
- 7~10월
- 한국, 일본
- 벚나무의 일종

으름밤나방
복숭아 등 익은 과일에 주둥이를 꽂아 즙을 빨아 먹습니다.
- 48~55mm 5~10월
- 한국, 일본 으름덩굴

으름밤나방의 앞날개는 나뭇잎과 똑같다.

왕흰줄태극나방
주로 과수원 주변에서 과즙을 즐겨 흡입하는 습성이 있습니다.
- 50~56mm
- 4~9월
- 한국, 일본, 중국
- 청미래덩굴

토막상식 밤에 나방이 등불에 모여드는 현상은 온도나 습도 등이 일정한 조건에 이르면 빛에 반응하여 날아드는 것으로, 달밤에는 등불에 잘 모이지 않습니다.

자나방 등의 무리

자나방 무리는 몸이 가늘고 날개폭이 넓은 것이 특징입니다. 자주 머무는 나무나 잎과 비슷한 무늬의 날개를 가진 종류가 많습니다.

※이 페이지의 표본은 실물의 약 60% 크기입니다.

버드나무얼룩가지나방
거리에서 종종 볼 수 있습니다.
- 자나방과 16~28mm
- 5~10월 한국, 일본 사철나무

노란띠가지나방(일본명)
정원 나무에 대량으로 발생할 때가 있습니다. 자나방과 27~33mm
- 3~11월 일본 나한송

▲자나방의 유충. (잠자리가지나방)

갈고리왕푸른자나방
살아 있을 때는 아름다운 녹색이지만, 죽으면 황색으로 색이 바뀝니다. 자나방과 30~45mm
- 5~10월 한국, 일본, 중국
- 졸참나무, 가시나무류

표범무늬가지나방(일본명)
산지에 서식합니다. 밤에는 빛이 있는 곳에 대량으로 모여 있습니다.
- 자나방과 23~30mm 6~9월
- 일본 마취목

갈색얼룩가지나방(일본명)
- 자나방과 38~45mm 8~10월
- 일본 조장나무

몸큰가지나방
대량으로 발생하여 산속 나뭇잎을 다 먹어 치울 때가 있습니다.
- 자나방과 26~45mm
- 3~4월 한국, 일본
- 상수리나무, 느티나무

큰갈고리나방
앞날개를 밑으로 내리고 머무는 자세를 취할 때는 마른 잎처럼 보입니다. 갈고리나방과
- 20~25mm 5~10월
- 한국, 일본, 중국 굴거리나무

잠자리가지나방
성충은 낮에 날아다닙니다.
- 자나방과 25~30mm 6월
- 한국, 일본 노박덩굴

아미메오오가지나방(일본명)
- 자나방과 35~42mm
- 4~6월 일본

유리창갈고리나방
성충은 앞날개를 밑으로 내리고 뒷날개를 비트는 독특한 자세로 머무릅니다. 갈고리나방과
- 22~32mm 5~8월
- 한국, 일본, 중국
- 종가시나무, 상수리나무

뿔나비나방
날개를 세우고 머물기에 종종 나비라고 착각할 때도 있습니다.
- 뿔나비나방과 16~20mm 4~5월, 7~8월 한국, 일본, 중국 나도히초미

무늬뾰족날개나방
유충은 잎 위에서 'J' 모양으로 머무릅니다. 갈고리나방과
- 17~20mm 5~10월
- 한국, 일본, 중국 거문딸기

우스바겨울자나방 (일본명)
겨울에 나타나는 성충은 주둥이가 퇴화해서 아무것도 먹지 않습니다.
- 자나방과
- 15~19mm(암컷은 날개가 없다) 12월~이듬해 2월
- 일본 졸참나무, 벚나무

겨울자나방 암컷은 날개가 퇴화해서 날 수 없다.

두줄제비나비붙이
사향제비나비와 비슷하게 생겼습니다. 주행성이지만, 저녁부터 밤에도 날아다닙니다.
- 제비나비붙이과 30~37mm
- 6~9월 한국, 일본 층층나무

불나방·독나방 무리

※이 페이지의 표본은 실물의 약 60% 크기입니다.

대다수의 불나방은 화려한 색의 날개를 지녔으며 주행성도 적지 않습니다. 독나방 유충은 독이 있는 털을 지녔으며, 성충의 몸에도 유충의 독 털이 달라붙어 있습니다.

불나방
비교적 큰 나방으로, 성충은 낮에도 잘 날아다닙니다.
- 불나방과 ■ 30~43mm ■ 8~9월
- 한국, 일본, 중국 ■ 쑥, 소리쟁이

줄점불나방
- 불나방과 ■ 20~25mm ■ 4~9월
- 한국, 일본, 중국 ■ 뽕나무, 사철나무

앞붉은흰불나방 (희귀종)
초원에 사는 나방으로 파밭에서 발생할 때도 있습니다.
- 불나방과 ■ 28~34mm ■ 5~8월
- 한국, 일본, 중국 ■ 파

배점무늬불나방
성충은 점무늬나방과 비슷하나, 배가 노란색인 것으로 구분합니다.
- 불나방과 ■ 17~25mm ■ 4~9월
- 한국, 일본 ■ 뽕나무, 벚나무

흰제비불나방
날개는 전체가 순백색이며 무늬가 없습니다.
- 불나방과 ■ 28~37mm
- 8~9월 ■ 한국, 일본 ■ 양배추, 민들레

무늬흰불나방
성충은 낮에 날아다닙니다.
- 불나방과 ■ 24~28mm
- 7~8월 ■ 한국, 일본
- 개망초, 기누라

뒷노랑왕불나방
한국산 불나방류에서는 가장 큰 종으로, 더듬이는 비교적 짧은 편인데 실 모양으로 되어 있습니다.
- 불나방과 ■ 37~43mm ■ 7~8월
- 한국, 일본, 러시아 ■ 버드나무류, 민들레

리시리불나방(일본명) (희귀종)
분포 장소는 한정적입니다. 성충은 낮에 초원을 민첩하게 날아다닙니다.
- 불나방과 ■ 15~20mm ■ 6월
- 일본 ■ 질경이(야외에서는 유충을 찾을 수 없다)

매미나방
수컷과 암컷은 크기와 날개 무늬가 다릅니다.
- 독나방과
- ♂ 25~28mm ♀ 35~47mm
- 7~8월 ■ 한국, 일본, 유럽
- 상수리나무, 벚나무

남방매미나방
수컷과 암컷은 크기와 날개 무늬가 다릅니다.
- 독나방과
- ♂ 25~35mm ♀ 35~42mm
- 5~7월 ■ 일본 ■ 검양옻나무, 담팔수

흰무늬왕불나방
성충은 주로 낮에 돌아다닙니다.
- 불나방과
- 36~45mm ■ 5~9월
- 한국, 일본, 중국
- 매실나무, 호장근

오비나방(일본명)
유충은 긴 털과 짧은 털 다발을 가졌습니다.
- 오비나방과
- 22~32mm
- 6~9월 ■ 일본
- 일본병꽃나무

스키바독나방(일본명)
암컷은 온몸이 크림색이며, 수컷과는 모습이 전혀 다릅니다.
- 독나방과
- ♂ 17~20mm ♀ 24~30mm
- 2~12월 ■ 일본
- 대만고무나무

차독나방
유충뿐만 아니라 암컷 성충도 독이 있는 털이 나 있습니다.
- 독나방과 ■ 10~20mm
- 7~10월 ■ 한국, 일본, 중국
- 동백나무, 차나무

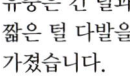

애기나방
낮에 초원을 날아다닙니다.
- 불나방과 ■ 15~18mm
- 6~8월 ■ 한국, 일본
- 민들레

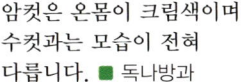

독나방
날개와 몸이 황색인 것은 독을 지니고 있음을 나타냅니다.
- 독나방과 ■ ♂ 15~18mm ♀ 22~25mm
- 6~8월 ■ 한국, 일본 ■ 벚나무, 감나무

칼럼 독을 가진 독나방의 유충

독나방과 차독나방은 이름대로 독이 있습니다. 황색과 붉은색 같은 색을 지닌 유충(모충)을 만지면 독 털에 찔려 염증이 생깁니다.

미국과 유럽에서는 자나방의 원(루프)을 그리는 것 같은 움직임에 주목하여, 고리를 만드는 것이라는 뜻의 '루퍼(looper)'라고도 부릅니다.

재주나방·누에나방 등의 무리

재주나방 무리는 성충의 날개 색과 모양이 종류에 따라 다양합니다. 누에나방 무리의 성충은 입이 없어서 아무것도 먹지 않습니다.

※이 페이지의 표본은 실물의 약 70% 크기입니다.

▲'하늘나방'이라고도 불리는 재주나방의 유충.

▲마른 나뭇잎으로 의태한 기생재주나방.

재주나방
유충은 천적이 다가가면 다리를 벌리고 몸을 부들부들 떨면서 위협합니다.
- 재주나방과
- 24~34mm
- 4~9월
- 한국, 일본, 중국
- 느티나무, 졸참나무

기생재주나방
날개를 말아서 머무는 모습은 마치 마른 잎이나 마른 나뭇가지와 닮았습니다.
- 재주나방과
- 28~30mm
- 4~9월
- 한국, 일본
- 쪽가래나무

긴날개재주나방

- 재주나방과
- 26~32mm
- 6~8월
- 일본
- 물참나무

줄재주나방
- 재주나방과
- 23~28mm
- 5~9월
- 한국, 일본, 중국
- 음나무

나무결재주나방

- 재주나방과
- 28~34mm
- 5~7월
- 한국, 일본, 중국
- 버드나무류, 황철나무

좁은날개재주나방

날개를 통처럼 둥글게 말고 머무릅니다.
- 재주나방과
- 27~34mm
- 7~8월
- 한국, 일본
- 푸조나무

왕물결나방

성충은 초봄 아주 짧은 시기에만 나타납니다.
- 왕물결나방과
- 46~50mm
- 3~4월
- 한국, 일본, 중국
- 쥐똥나무

톱날버들나방

수컷과 암컷은 크기와 날개 모양이 다릅니다. 날개를 접고 머문 모습이 마른 나뭇잎과 매우 흡사합니다.
- 솔나방과
- 25~45mm
- 6~9월
- 한국, 일본, 중국
- 벚나무, 매실나무

▼입이 없는 누에나방.

누에나방
고치에서 견사를 뽑으려고, 3천 년 전부터 사람이 사육했습니다. 날개는 퇴화해 거의 날지 못합니다.
- 누에나방과
- 16~23mm
- 5~11월
- 한국, 일본, 중국
- 뽕나무

솔나방

수컷과 암컷은 크기와 날개 모양이 다릅니다. 유충은 몸의 일부분에 독이 있는 털이 있습니다.
- 솔나방과
- 25~45mm
- 6~10월
- 한국, 일본, 중국
- 소나무

멧누에나방

누에나방의 선조(야생종)로 보고 있습니다. 날 수는 있지만, 입이 없어서 아무것도 먹지 못합니다.
- 누에나방과
- 16~23mm
- 6~11월
- 한국, 일본, 중국
- 뽕나무

■ 과 ■ 앞날개 길이 ■ 성충을 볼 수 있는 주요 시기 ■ 분포 ■ 유충의 먹이

※이 페이지의 표본은 실물의 약 110% 크기입니다.

다양한 나방

잎말이나방 무리는 말린 식물 잎 안에서 유충이 삽니다. 쐐기나방 무리의 유충은 독이 있는 털이 있으므로 주의해야 합니다.

굴벌레나방
- 굴벌레나방과 ■ 23~30mm ■ 6~8월
- 한국, 일본, 중국 ■ 사과(줄기), 곤충

박쥐나방
성충은 저녁에 날아다닙니다.
암컷은 날면서 알을 낳아 뿌립니다.
- 박쥐나방과 ■ 22~60mm
- 8~10월 ■ 한국, 일본, 중국 ■ 버드나무류, 예덕나무(가지, 줄기)

센달나무잎말이나방
나무가 우거진 숲에서 볼 수 있고, 낮에 활동합니다.
- 잎말이나방과
- 16~27mm ■ 6~7월, 9~10월
- 일본 ■ 단풍나무, 동백나무

왕원뿔나방
- 원뿔나방과 ■ 14~19mm
- 6~8월 ■ 일본 ■ 사방오리

구로보시시로오오심식나방 (일본명)
- 심식나방과 ■ 10~15mm
- 7~8월 ■ 일본 ■ 사과(열매)

> 긴수염나방과는 자신의 몸보다 훨씬 긴 더듬이를 가지고 있다.

쓰마몬긴수염나방 (일본명)
암컷과 만나려고 수많은 수컷이 같은 장소에서 무리 지어 날아다닙니다.
- 긴수염나방과
- 5~8mm ■ 4~8월
- 일본 ■ 낙엽

참빗깃털나방
- 깃털나방과 ■ 8mm
- 4~10월 ■ 일본

차잎말이나방
수컷과 암컷은 크기와 날개 모양, 무늬가 다릅니다.
- 잎말이나방과 ■ 10~20mm ■ 3~11월
- 한국, 일본, 중국 ■ 차나무, 귤나무류

칠성털날개나방
저녁에 풀숲을 날아다닙니다.
- 털날개나방과 ■ 7~11mm
- 5~9월 ■ 한국, 일본
- 싸리나무

창포그림날개나방
낮에는 먹잇감인 식물 근처에서 활동하지만, 밤에는 빛이 있는 곳으로도 날아듭니다.
- 그림날개나방과 ■ 8~11mm ■ 5~9월
- 한국, 일본 ■ 창포, 석창포(줄기)

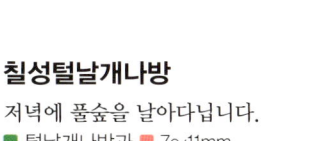

남방차주머니나방
암컷 성충은 날개도 다리도 없기에 주머니에 들어 있는 상태에서 교미하고 알을 낳습니다.
- 주머니나방과 ■ 15~20mm ■ 5~7월
- 한국, 일본 ■ 귤나무류, 밤나무

넉점팔랑나비붙이 (일본명)
- 팔랑나비붙이과 ■ 16mm ■ 4~8월
- 일본

▲주머니나방의 유충.

굴벌레나방 유충이 나무줄기뿐만 아니라, 파인 구멍에서 나오는 수액에 모이는 곤충을 잡아먹는다는 사실을 최근에 알았습니다.

사쓰마니시키 (일본명)
저녁 무렵, 먹잇감인 나무 근처로 날아듭니다. 낮에는 꽃꿀을 빨아 먹는 모습도 종종 볼 수 있습니다. 🟩 알락나방과 🟧 33~40mm
🟦 6~7월, 9~10월 🟧 일본 🟥 담팔수의 일종

> 알락나방과는 화려한 색으로 독이 있음을 알린다.

맵시흑백알락나방
위협을 느끼면, 독성을 포함한 하얀 거품 같은 액체를 내뿜습니다. 🟩 알락나방과 🟧 30~36mm 🟦 8~10월
🟧 일본, 중국, 인도 🟥 사스레피나무

> 온몸이 검으며, 머리만 붉은 점이 반딧불이와 비슷하다.

흰띠알락나방
낮에 먹이인 나무 가까이 날아듭니다. 밤에는 불빛에도 날아옵니다. 🟩 알락나방과 🟧 22~30mm
🟦 6~7월, 8~9월 🟧 한국, 일본, 중국 🟥 사스레피나무

포도유리날개알락나방
낮에 날아다닙니다.
🟩 알락나방과 🟧 10~14mm
🟦 6~7월 🟧 한국, 일본, 중국
🟥 개머루

구로쓰바메(일본명)
낮에 날아다닙니다. 공원에 심은 자바니카비스코피아에서 대량으로 발생할 때가 있습니다. 🟩 알락나방과 🟧 30~40mm 🟦 6~10월
🟧 일본 🟥 자바니카비스코피아

벚나무모시나방
이른 아침부터 오전 중에 활발히 날아다닙니다. 밤에는 빛이 있는 곳으로도 날아옵니다.
🟩 알락나방과
🟧 30~35mm 🟦 9~10월
🟧 한국, 일본, 미얀마
🟥 벚나무

노랑털알락나방
낮에 먹이인 나무 가까이 날아듭니다. 🟩 알락나방과
🟧 15~20mm 🟦 11월
🟧 한국, 일본, 중국 🟥 사철나무

파랑쐐기나방
유충 털에 독이 있어, 건드리면 격한 통증을 느낍니다.
🟩 쐐기나방과 🟧 13~16mm
🟦 6~7월 🟧 한국, 일본, 중국
🟥 버드나무류, 밤나무

외래종

히로헤리아오쐐기나방(일본명)
원래 일본에는 없었던 외래종입니다. 🟩 쐐기나방과
🟧 13~16mm 🟦 4~6월, 8~9월
🟧 일본 🟥 벚나무, 녹나무

📖 매미에 기생하는 매미기생나방

매미기생나방은 매우 독특한 생활을 합니다. 유충은 저녁매미와 민민매미 등의 배 부분에 달라붙어 체액을 빨아 먹으며 성장합니다. 수컷 성충은 거의 볼 수 없으며, 암컷은 교미하지 않고도 알을 낳을 수 있습니다.

▲ 매미기생나방의 성충.　▲ 매미의 배에 달라붙어 있는 매미기생나방의 유충.

🟩 과　🟧 앞날개 길이　🟦 성충을 볼 수 있는 주요 시기　🟧 분포　🟥 유충의 먹이

※이 페이지의 표본은 실물의 약 130% 크기입니다.

유리나방과는 벌을 의태해서 천적으로부터 몸을 지킵니다.

기쿠비유리나방(일본명)
성충은 검은 배벌과 매우 비슷합니다. 꽃꿀을 빨아 먹습니다.
- 유리나방과
- 13~19mm ・ 7~10월 ・ 일본
- 다래(줄기)

▲ 벌과 꼭 닮은 세스지스카시바(일본명)

장수유리나방
성충은 말벌이나 왕소등에 나는 방식이 흡사합니다.
- 유리나방과 ・ 15~24mm
- 6~8월 ・ 일본 ・ 유럽사시나무, 우덴시스버들

큰유리나방
성충은 말벌과 똑같이 생겼습니다.
- 유리나방과 ・ 15~22mm ・ 7월
- 한국, 일본, 중국 ・ 포도(나무껍질)

털보다리유리나방
성충은 꿀벌과 나는 방식이 비슷합니다. 꽃꿀을 빨아 먹습니다.
- 유리나방과
- 12~15mm ・ 6~10월
- 한국, 일본 ・ 쥐참외

큰점노랑들명나방
- 포충나방과 ・ 20~24mm
- 6~11월 ・ 한국, 일본
- 갯버들

큰부채명나방
유충은 모래 속에서 실로 통 모양의 집을 짓고, 이끼를 먹습니다.
- 명나방과 ・ 12~25mm ・ 6~9월
- 한국, 일본, 중국 ・ 이끼류

콩명나방
- 포충나방과 ・ 11~14mm
- 5~10월 ・ 한국, 일본, 중국
- 팥(꽃, 열매)

검은줄포충나방
머무를 때는 긴 통 같은 모습입니다.
- 포충나방과 ・ 8~12mm ・ 7~8월
- 한국, 일본

얼룩포충나방
- 포충나방과 ・ 11~15mm ・ 5월
- 한국, 일본

네점노랑물명나방
유충은 유속이 빠른 강 돌 위에서 입에서 뽑은 실로 이끼 밑에 둥지를 짓습니다.
- 포충나방과 ・ 9~12mm ・ 6~9월
- 한국, 일본, 중국 ・ 이끼류

뽕나무명나방
- 포충나방과 ・ 11~14mm
- 5~9월 ・ 한국, 일본, 중국
- 뽕나무

수수꽃다리명나방
거리에서 자주 볼 수 있습니다.
- 포충나방과 ・ 14~18mm ・ 4~9월
- 한국, 일본, 중국 ・ 광나무

복숭아명나방
앞날개는 투명한 등황색 바탕에 검은 점무늬가 있습니다.
- 포충나방과 ・ 11~14mm
- 5~8월 ・ 한국, 일본 ・ 복숭아, 가지

목화바둑명나방
- 포충나방과 ・ 13~18mm
- 6~10월 ・ 한국, 일본, 중국
- 왕과, 수세미오이

흰띠명나방
낮에도 초원이나 밭 근처를 날아다닙니다. 무리 지어 대이동을 할 때도 있습니다.
- 포충나방과 ・ 11~14mm
- 6~11월 ・ 한국, 일본, 중국
- 시금치, 비름(잎)

Q: 나방은 모두 독이 있나요?   **A**: 성충이 독을 가진 경우는 독나방 일부뿐입니다. 유충이 독을 가진 경우도 극소수입니다.

나비·나방 유충 총집합

나비와 나방 유충 중에는 개성적인 색과 모양을 가진 종류가 매우 많습니다.

● 독특한 얼굴

▲먹그림나비

▶푸른큰수리팔랑나비

▼나무결재주나방

● 자랑스러운 털·가시

▲흑색무늬쐐기나방

▲밤나무산누에나방

▲청띠신선나비

● 기묘한 모양

▲왕나비

▲뒤흰띠알락나방

▲산호랑나비

● 뱀 흉내

▲도손청띠제비나비

▲으름밤나방

▲끝분홍나비

세계의 나비들

1년 동안 따뜻한 열대 지역을 중심으로 수많은 나비가 서식합니다. 뉴기니섬 주위에는 세계 최대급 나비가 모여 있으며, 남미 대륙에는 그 지역의 독특한 나비들이 다수 서식하고 있습니다.

※이 페이지의 표본은 실물의 약 60% 크기입니다.

율리시스제비나비
뉴기니섬과 호주 북동부 등지에 서식하는 대형 제비나비의 일종입니다. 파란 부분이 넓고, 아름다운 날개를 지녔습니다. 앞날개 길이는 60mm 전후입니다.

민도로제비나비(일본명)
1992년에 새로운 종으로 발표한 필리핀 민도로 섬에서만 사는 제비나비의 일종입니다. 앞날개 길이는 55mm 전후입니다.

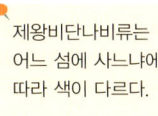
제왕비단나비류는 어느 섬에 사느냐에 따라 색이 다르다.

제왕비단나비
세계를 대표하는 대형 제비나비입니다. 몰루카 제도와 뉴기니섬, 호주 동부 등지에 서식합니다. 유충은 독이 있는 식물류를 먹습니다. 웅대하게 하늘 높이 나는 모습을 보는 것이 곤충 애호가들의 꿈이기도 합니다. 앞날개 길이는 수컷이 60~95mm, 암컷이 65~115mm입니다.

푸른제왕비단나비
제왕비단나비류 중에서 솔로몬 제도 주위에 사는 나비는 파란 날개를 지녔습니다. 앞날개는 수컷이 65~95mm, 암컷이 90~110mm입니다.

▲푸른제왕비단나비의 유충

붉은제왕비단나비
몰루카 제도 북부에 있는 바찬섬과 할마헤라섬에 사는 개체는 붉은 날개를 지녔습니다. 앞날개 길이는 수컷이 85mm 전후, 암컷이 105mm 전후입니다.

비단나비류는 수컷만이 화려한 색의 날개를 지녔으며, 암컷의 날개는 수수하다.

알렉산더비단나비
수컷의 앞날개 길이가 100m, 암컷은 120mm나 되는 세계 최대 나비입니다. 1906년, 최초로 발견했던 사람은 총으로 쏴서 잡았습니다. 뉴기니섬 남쪽, 한정된 지역에서만 서식합니다.

※이 페이지의 표본은 거의 실물 크기입니다.

실꼬리비단나비
뒷날개가 극단적으로 변형된 오르니토프테라속입니다. 뉴기니섬의 극히 한정된 장소에서만 서식하는 진귀한 종류입니다. 몸집이 큰 개체라도 수컷이 60mm, 암컷이 80mm 정도로 비단나비치고는 소형입니다.

붉은목도리비단나비
말레이반도와 보르네오섬 등에 서식합니다. 수컷은 온천이 있는 강가 자갈밭에 다수가 모여 물을 흡입합니다. 앞날개 길이는 80~90mm입니다.

밑보라붉은점모시나비
중국 칭하이성 등의 고산에 사는 아름다운 얇은흰나비(일본명) 일종입니다. 앞날개 길이는 28~39mm입니다.

붉은줄무늬네발나비
매우 빠른 속도로 하늘을 날며, 잘 익은 과일 등에 접근합니다. 앞날개 길이는 30mm 전후입니다. 동남아시아에 분포하지만 일부 지역에서만 발견할 수 있는 매우 희귀한 종류입니다.

렉시아스 알보푼크타타(Lexias albopunctata)
인도차이나반도에 살며, 암컷은 앞날개 길이가 57mm나 되는 대형 네발나비과입니다. 지표 가까이를 미끄러지듯이 날아다닙니다. 지면에 종종 머무르지만, 인기척에 매우 민감합니다.

제왕얼룩나비
주로 북미 대륙에서 남미 대륙 북부에 서식합니다. 겨울이 되면 따뜻한 지방으로 이동해 단체로 겨울을 납니다. 앞날개 길이는 50mm 정도입니다.

111

잘모키스제비나비
아프리카 중부~서부에 서식하는 거대한 제비나비의 일종입니다. 앞날개 길이는 77mm 전후입니다. 암컷은 매우 진귀하여 상세한 생태는 알려지지 않았습니다.

※[실물 크기], [배율] 표시가 없는 것은 실물의 약 60% 크기입니다.

레테노르모르포나비
모르포나비 중에서도 특히 반짝거림이 강한 종류입니다. 앞날개 길이는 68mm 전후입니다.

메넬라우스모르포나비
모르포나비 중에서 중남미를 대표하는 아름다운 대형 나비입니다. 앞날개 길이는 80mm 전후입니다. 특수한 인분을 지녀, 금속처럼 반짝거립니다.

태양모르포나비
금속 같은 반짝거림은 없는 모르포나비입니다. 앞날개 길이는 86mm 전후입니다.

클라우디나아그리아스나비
클라우디나아그리아스나비는 중앙아메리카에서 남아메리카에 분포하며, 세계에서 가장 아름다운 나비로 알려졌습니다. 과실 등에 모여듭니다. 같은 종류라도 개체에 따라 문양이 다릅니다. 앞날개 길이는 40mm 전후입니다.

88무늬나비(영어명)
중남미에 서식하는 작은 네발나비과 중 하나입니다. 뒷날개의 뒷면에 숫자처럼 생긴 문양이 있습니다. 물을 자주 마십니다. 앞날개 길이는 22mm 전후입니다.

세계의 나방들

나비와 나방에 속하는 곤충은 모두 합해 전 세계에 약 15만 종이 있다고 알려져 있습니다. 그중 대부분이 나방으로, 아직 발견되지 않은 나방도, 꽤 많을 것으로 추측합니다.

※이 페이지의 표본은 실물의 약 60% 크기입니다.

마다가스카르비단제비나방
마다가스카르섬에서만 서식합니다. 세계에서 가장 아름다운 나방으로 알려져 있습니다. 몸에 독이 있음을 알리기 위해 화려한 문양을 지닌 것으로 보입니다. 앞날개 길이는 60mm 전후입니다.

헤성꼬리나방
뒷날개의 미상 돌기가 전 세계 나방 중 가장 긴데, 약 150mm나 되는 개체도 있습니다. 아프리카 동쪽에 있는 마다가스카르섬에서만 서식하며 수는 많지 않습니다. 앞날개 길이는 약 100mm 전후입니다.

스페인달나방
유럽 알프스 산맥에서 스페인 피레네 산맥에 걸친 산지에 분포하며, 주로 솔숲에서 서식합니다. 최근에는 수가 줄어든 탓에 보호종이 되었습니다. 앞날개 길이는 45mm 전후입니다.

카스트니아 프시타쿠스(Castnia psittacus)
칠레에 서식하는 나비처럼 생긴 나방입니다. 앞날개 길이는 50mm 전후입니다. 카스트니아과는 대부분 중앙아메리카와 남아메리카에 분포하며 낮에 활동합니다. 높은 곳을 재빨리 날아다니는 종류가 많아, 채집이 어려운 종류입니다.

여왕흰밤나방
앞날개 길이가 170mm에 달하는 개체도 있는, 앞날개가 긴 나방입니다. 중앙아메리카에서 남아메리카의 적도 부근에 분포합니다. 박쥐와 비슷한 방식으로 날며, 빛에도 날아듭니다.

113

벌 무리

벌 무리는 두 쌍 네 장의 얇은 막과 같은 날개를 지니고 있습니다. 또한 암컷에 독침이 있는 종류가 있습니다. 일부 종은 여왕벌, 일벌, 수벌이 한 벌집 안에서 역할을 분담하며 집단생활을 합니다.

▼풍이 종류를 죽여서 고기 경단을 만드는 장수말벌.

사냥하는 벌
벌 무리 중에는 유충의 먹이로 삼으려고 다른 곤충 등을 공격하는 종류도 있습니다. 말벌이나 쌍살벌 무리는 사냥한 먹잇감을 잘게 씹어 고기 경단처럼 만든 후에 유충에게 줍니다.

사나운 말벌
말벌 무리는 고기 경단을 만들 때 먹잇감의 몸을 잘게 씹어야 해서 큰턱이 발달했습니다. 또 암컷은 매우 강한 독을 지녀서 벌집에 다가오는 적을 독침으로 찌르는 경우가 있습니다. 꿀벌과 마찬가지로 집단생활을 하는 것도 특징입니다.

▼적을 위협하는 장수말벌.

▲황말벌의 집.

독침으로 먹잇감을 사냥한다

호리병벌 무리처럼 독침을 사용해서 다른 곤충의 유충 등을 사냥하는 벌도 있습니다. 사냥한 먹잇감을 독으로 마비시킨 뒤, 산 채로 벌집까지 운반합니다. 이렇게 하면 유충이 신선한 먹이를 먹을 수 있기 때문입니다.

▲마비시킨 먹잇감을 집으로 옮기는 황테감탕벌.   ▲벌집 위쪽에 낳아 놓은 알이 있다.   ▲유충은 살아 있는 먹이를 먹으며 성장.

▲곧 번데기가 된다.

기생해서 성장하는 벌

다른 곤충이나 유충 등의 몸속에 직접 알을 낳아 기생해서 성장하는 벌 무리도 있습니다. 유충은 기생한 곤충의 몸을 안에서 파먹으면서 성장하고, 곧 그 몸을 뚫고 밖으로 나옵니다.

▲기생한 곤충의 몸 밖으로 나온 벌 유충이 고치를 만든다.

▲배추흰나비 유충에 알을 낳는 배추나비고치벌.

꽃가루와 꿀을 운반하기 위한 몸

꿀벌의 뒷다리에는 마치 솔처럼 털이 잔뜩 모여 있는 부분이 있습니다. 이 솔에 꽃가루가 묻으면 뒷다리에 꽃가루 경단이 만들어집니다. 또 입은 꿀을 빨기에 적합한 구조로 이루어져 있으며, 꿀은 몸속에 있는 전용 위장에 저장합니다.

▶벚꽃을 찾아온 일본꿀벌.

◀유채꽃 꿀과 꽃가루를 모으는 양봉꿀벌. 뒷다리에 꽃가루 경단이 생겼다.

꽃가루와 꿀을 벌집으로 가지고 돌아온다

모은 꽃가루와 꿀을 집으로 가지고 돌아옵니다. 집에 돌아온 꿀벌은 춤을 추듯이 움직여서 꽃이 있는 장소를 다른 일벌들에게 알려 줍니다. 꽃가루는 육각형의 방이 즐비한 벌집 안에 저장해 놓습니다.

▲엉덩이를 흔들며 원을 그리듯이 춤을 춘다.

▲벌집 안에 저장해 놓은 꽃가루.

여왕벌과 일벌

집단으로 생활하는 벌의 경우 한 집에 여왕벌 한 마리와 일벌 수만 마리가 삽니다. 일벌은 모두 암컷이며 집 안에 수컷은 고작 수백 마리 정도뿐입니다. 일벌은 꽃가루와 꿀을 모으는 것 외에도 유충 돌보기, 벌집 지키기 등 여러 가지 일을 합니다.

▽여왕벌 주위에 모여드는 일벌.

알을 낳는 것은 여왕벌의 일

벌집 안에서 알을 낳을 수 있는 벌은 여왕벌뿐입니다. 수컷과 교미를 끝낸 여왕벌은 방 안에 알을 하나씩 낳습니다. 하루에 낳는 알의 수는 1천 개가 넘습니다.

▲배 끝부분을 방에 밀어 넣어서 알을 낳는다.

▲방에 낳아 놓은 알.

▲갓 태어난 유충은 일벌이 체내에서 만든 로열 젤리라고 하는 물질을 공급받는다. 그 후에는 여왕벌이 되는 유충만 이 로열 젤리를 공급받는다.

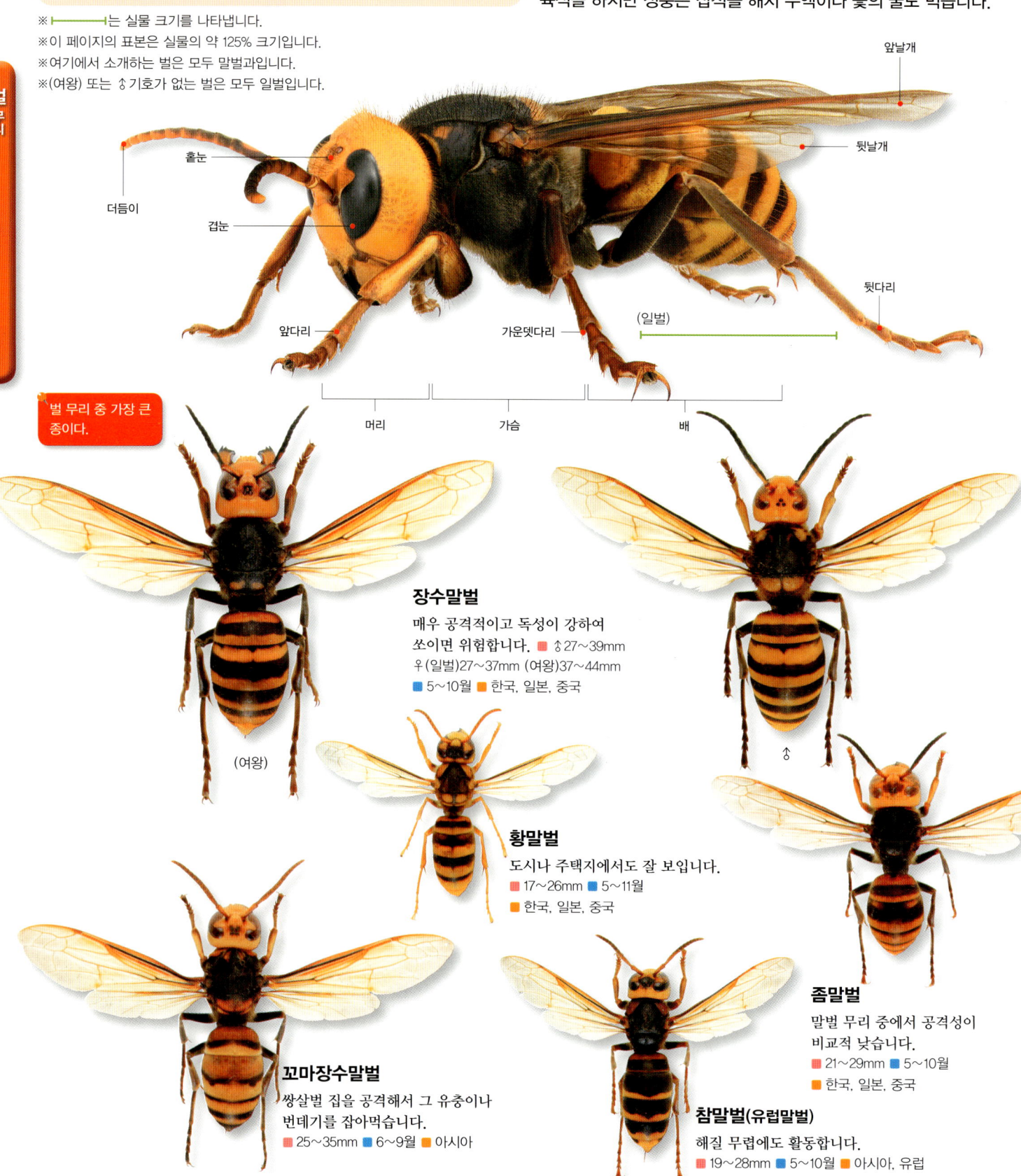

검정말벌
다른 말벌의 집에 침입해서 여왕을 죽이고 집을 빼앗습니다. 🔴 17~29mm
🟦 6~10월 🟧 한국, 일본

쓰마구로말벌(일본명)
지상 근처에 집을 짓는 경우가 많습니다. 🔴 18~28mm
🟦 4~11월 🟧 일본

중땅벌
가옥의 처마 밑에 집을 짓는 경우가 많습니다.
🔴 14~22mm 🟦 5~9월
🟧 아시아, 유럽

땅벌
일본 일부 지역에서는 유충과 번데기를 식용으로 사용하는 풍습이 있습니다. 🔴 10~15mm
🟦 4~11월 🟧 한국, 일본, 중국

큰뱀허물쌍살벌
나뭇잎 뒷면 등에 둥그스름한 직사각형 모양의 집을 짓습니다.
🔴 14~20mm 🟦 4~9월 🟧 한국, 일본

두눈박이쌍살벌
가장 흔히 볼 수 있는 쌍살벌로, 인가의 처마 밑이나 관목 줄기 등에 수평으로 퍼진 집을 짓습니다.
🔴 14~18mm 🟦 4~10월 🟧 한국, 일본

제주왕바다리
쌍살벌 중에서 한층 공격적이며 다양한 장소에 집을 짓습니다.
🔴 18~24mm 🟦 4~11월
🟧 한국, 일본

등검정쌍살벌
시가지에서도 흔히 볼 수 있습니다. 유충의 먹이는 나비나 나방 유충입니다. 🔴 18~26mm
🟦 4~10월 🟧 한국, 일본, 몽골

꼬마별쌍살벌
가옥의 처마 밑, 초목 줄기 등에 집을 짓습니다. 개미가 집에 들어오지 못하도록 벌집 무늬 부분에 개미가 싫어하는 적갈색 물질을 바릅니다.
🔴 15~18mm 🟧 일본

별쌍살벌
산지에 많고 집은 위로 쑥 올라간 모양이 많습니다.
🔴 11~17mm 🟦 4~10월
🟧 한국, 일본

어리별쌍살벌
살아 있는 나무의 잎 뒷면 등에 집을 짓습니다. 고치는 선명한 노란색을 띱니다.
🔴 13~16mm 🟦 5~9월
🟧 한국, 일본, 중국

칼럼 | 쌍살벌은 한지 장인?

쌍살벌 무리는 마른 나무 표면 등에서 섬유를 갉아 내서 벌집 재료로 사용합니다. 이때 섬유를 입안에서 잘 씹어서 타액과 섞으면 흐물흐물해지는데, 이는 말하자면 한지 재료와 같습니다. 쌍살벌의 집은 한지로 만들어져 있는 것과 다름없습니다.

토막상식 벌의 독침은 산란관이라고 하는 알을 낳기 위한 기관이 변화한 것입니다. 그래서 수컷에는 독침이 없고 암컷만 독침을 쏩니다.

대모벌 · 배벌 · 호리병벌 무리

대모벌과 호리병벌 무리는 사냥하는 벌이며, 단독으로 생활합니다. 독침으로 마비시킨 먹잇감을 벌집 안으로 운반해서 유충의 먹이로 씁니다. 배벌 무리는 풍뎅이나 사슴벌레 유충에 알을 낳고 유충은 그것을 바깥쪽부터 먹어 치웁니다.

※이 페이지의 표본은 거의 실물 크기입니다.

대모벌
닷거미 등을 사냥합니다.
- 대모벌과　15~27mm
- 6~8월　한국, 일본, 중국

왕무늬대모벌
대모벌과 마찬가지로 닷거미 등을 사냥합니다.
- 대모벌과　12~25mm
- 6~9월　한국, 일본, 중국

무라사키오오대모벌(일본명)
대모벌 중에서 가장 큰 종입니다.
- 대모벌과
- 14~33mm　6~11월
- 일본

황띠대모벌
무당거미 등을 사냥합니다.
- 대모벌과　♂16~18mm ♀23~28mm
- 6~9월　한국, 일본

허리무늬대모벌
닷거미 등을 사냥합니다.
- 대모벌과　10~17mm　5~10월
- 한국, 일본

황띠배벌
재빠르게 날아다닙니다. 공격성은 없습니다.
- 배벌과　11~25mm
- 6~10월　한국, 일본, 중국

쓰마키배벌(일본명)
풍뎅이 등의 유충에 기생합니다.
- 배벌과　22~30mm
- 5~11월　일본

오오몬배벌(일본명)
유충은 풍뎅이 등의 유충을 먹습니다.
- 배벌과　13~31mm
- 6~9월　일본

줄배벌
오리나무풍뎅이 등의 유충에 기생합니다.
- 배벌과　15~24mm
- 7~9월　일본

시로오비하라나가배벌(일본명)
유충은 풍뎅이 등의 유충을 먹습니다.
- 배벌과　19~33mm
- 4~9월　일본

줄무늬감탕벌
진흙으로 벌집 입구에 굴뚝 모양의 통로를 만듭니다. 잎말이나방 등의 유충을 사냥합니다.
- 호리병벌과
- 18mm 전후　6~9월
- 한국, 일본, 중국

두줄감탕벌
갈대나 대통에 집을 짓고 작은 나방의 유충을 사냥합니다.
- 호리병벌과
- 12~16mm　6~9월
- 일본

미카도호리병벌(일본명)
진흙으로 항아리 모양의 집을 짓습니다. 자나방 등의 유충을 사냥합니다.
- 호리병벌과　10~15mm
- 5~9월　일본

스즈벌
일본에서 가장 큰 호리병벌입니다.
- 호리병벌과
- 20~30mm　7~9월
- 한국, 일본, 중국

하라나가호리병벌(일본명)
자벌레나방이나 밤나방의 유충을 사냥합니다.
- 호리병벌과　20~27mm
- 4~12월　일본

북방띠호리병벌
잎말이나방이나 명나방 등의 유충을 사냥합니다.
- 호리병벌과　15~19mm
- 5~10월　일본

구멍벌·은주둥이벌 무리

구멍벌이나 은주둥이벌 무리는 단독으로 생활하며 곤충을 사냥해서 유충에게 먹이로 줍니다. 대통이나 썩은 나무 등을 집으로 이용하거나 지면에 깊은 구멍을 파서 집을 짓는 종류도 있습니다.

※ ├─┤는 실물 크기를 나타냅니다.
※ 크기 표식이 없는 것은 거의 실물 크기입니다.

노래이벌
집안에 사는 바퀴벌레 등을 사냥합니다.
- 노래이벌과 10~18mm
- 7~8월 한국, 일본, 중국

조롱박벌
땅속에 집을 짓고 실베짱이, 좀매부리 등을 사냥합니다.
- 구멍벌과 23~33mm
- 7~9월 한국, 일본, 중국

긴모우구멍벌(일본명)
땅속에 집을 짓고 실베짱이 등을 사냥합니다.
- 구멍벌과 23~34mm
- 7~9월 일본

홍다리조롱박벌
대통 등에 이끼를 채워서 집을 짓고 쌕쌔기나 철써기 등을 사냥합니다.
- 구멍벌과 17~25mm
- 7~9월 한국, 일본, 중국

일본나나니
땅속에 집을 짓고 나비나 나방의 유충을 사냥합니다.
- 구멍벌과 19~23mm
- 초여름~늦가을
- 한국, 일본

남색나나니
대통 등에 집을 짓고 거미 유체를 사냥합니다.
- 구멍벌과 15~20mm
- 6~8월 일본

이와타은주둥이벌(일본명)
썩은 나무에 집을 짓고 동애등에, 집파리, 꽃등에 등을 사냥합니다.
- 은주둥이벌과 8~11mm
- 5~9월 일본

애황나나니
산왕거미나 꽃게거미 등을 사냥합니다. 기둥이나 벽에 진흙으로 항아리 모양의 집을 짓습니다.
- 구멍벌과 20~28mm
- 5~9월 한국, 일본, 중국

왜코벌 [멸종 위기종]
모래땅에 집을 짓고 등에, 파리 등을 사냥합니다.
- 은주둥이벌과 20~23mm
- 6~9월 한국, 일본

어리나나니붙이
대통 등에 집을 짓고 깡충거미 등을 사냥합니다.
- 은주둥이벌과 12~17mm 전후
- 5~10월 한국, 일본

참구멍벌
땅속에 집을 짓습니다.
- 은주둥이벌과
- 15~26mm 6~8월
- 한국, 일본, 중국

파리잡이벌
쉬파리, 검정파리, 금파리 등을 사냥합니다.
- 은주둥이벌과
- 10~13mm 7~10월
- 한국, 일본

줄나나니
땅속에 집을 짓고 거품벌레 성충을 사냥합니다.
- 은주둥이벌과
- 10~14mm 6~8월
- 한국, 일본

스티주스 풀케리무스
(Stizus pulcherrimus)
땅속에 집을 짓고 메뚜기, 쌕쌔기 등을 사냥합니다.
- 은주둥이벌과
- 17~23mm 전후
- 7~8월 일본

노래기벌
땅속에 집을 짓고 꽃벌 등을 사냥합니다.
- 은주둥이벌과
- 7~15mm 6~8월
- 한국, 일본, 중국

일본노래기벌
땅속에 집을 짓고 애꽃벌이나 꽃벌 등을 사냥합니다.
- 은주둥이벌과
- 8~12mm 7~9월
- 한국, 일본

토막상식 호리병벌은 진흙을 사용해서 짓는 집의 형태가 '호리병' 모양을 닮은 점에서 이 이름이 붙었습니다.

기생벌 등의 무리

기생벌 무리는 다른 곤충의 유충 등에 알을 낳습니다. 또한 청벌과 개미벌은 구멍벌이나 호리병벌의 집에 기생합니다.

※ ┣━━┫는 실물 크기를 나타냅니다.
※ 크기 표식이 없는 것은 거의 실물 크기입니다.

아게하맵시벌(일본명)
호랑나비 등의 유충에 기생합니다.
- 맵시벌과 13~17mm
- 5~9월 일본

거무튀튀긴꼬리맵시벌
왜송곳벌 유충에 기생합니다.
- 맵시벌과
- 15~40mm 5~9월
- 일본

밑드리좀벌
가위벌 등의 유충에 기생합니다.
- 밑들이벌과 9~15mm
- 5~9월 일본

무늬수중다리좀벌
나비나 나방의 번데기에 기생합니다.
- 수중다리좀벌과
- 5~7mm 한국, 일본, 중국

말총벌 〔멸종 위기종〕
암컷은 산란관이 길며, 나무속에 있는 참나무하늘소의 유충에 알을 낳습니다.
- 고치벌과
- 15~24mm
- 5~6월
- 한국, 일본

별개미벌
노래기벌 등의 집에 기생합니다.
- 개미벌과 ♂5~12mm
- ♀4~9mm 한국, 일본

기시모침벌(일본명) 〔2006년 신종〕
날개가 짧고 퇴화했습니다. 지면을 걸어 다닙니다.
- 침벌과 5mm 5~11월
- 일본

쓰마아카청벌(일본명)
긴배털감탕벌의 집에 기생합니다.
- 청벌과
- 6~12mm 5~9월
- 일본

왕청벌
색채, 몸길이에 변이가 있습니다. 호리병벌 등의 집에 기생합니다.
- 청벌과 7~20mm
- 6~10월 한국, 일본, 중국

잎벌·송곳벌 무리

잎벌과 송곳벌 무리는 유충이 식물의 잎과 줄기, 목재 등을 먹습니다. 독침과 배의 잘록한 부분이 없는 것이 특징입니다.

무늬수중다리잎벌
유충은 팽나무 잎을 먹습니다.
- 수중다리잎벌과 16~18mm
- 4~5월 한국, 일본

오오루리수중다리잎벌(일본명)
유충은 병꽃나무 잎을 먹습니다.
- 수중다리잎벌과 17~19mm
- 6~8월 일본

우스몬납작잎벌(일본명)
- 납작잎벌과 12mm 전후
- 4~8월 일본

극동등에잎벌
유충은 진달래꽃을 먹습니다.
- 등에잎벌과 8~10mm
- 4~10월 한국, 일본, 중국

날개무늬잎벌
유충은 미나리나 파드득나물을 먹습니다.
- 잎벌과 15mm
- 4~6월 한국, 일본

왜송곳벌
유충은 삼나무 등의 침엽수 줄기를 먹어서 해충으로 알려져 있습니다.
- 송곳벌과 25~38mm
- 7~10월 한국, 일본

수염송곳벌
유충은 소나무, 가문비나무 등의 줄기를 먹습니다.
- 송곳벌과 20~32mm
- 6~8월 한국, 일본, 러시아

넓적다리송곳벌
유충은 팽나무, 느티나무, 느릅나무 줄기를 먹습니다.
- 송곳벌과 24~31mm
- 9~10월 한국, 일본

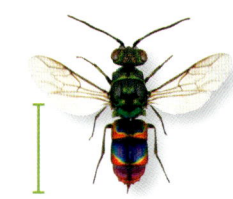

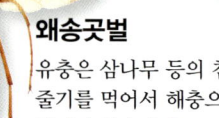

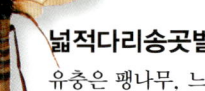

■ 과 ■ 몸길이 ■ 성충을 볼 수 있는 주요 시기 ■ 분포

꿀벌·꽃벌 무리

꿀벌이나 꽃벌 무리는 꽃에 모여들어 꽃가루와 꿀을 모읍니다. 몸에 꽃가루를 묻혀서 꽃에서 꽃으로 이동하므로 식물의 수분에 도움을 줍니다.

※ ┠──┨는 실물 크기를 나타냅니다. ※크기 표식이 없는 것은 실물의 약 120% 크기입니다.
※여기에서 소개하는 벌은 모두 꿀벌과입니다.
※(여왕) 또는 ♂ 기호가 없는 벌은 모두 일벌입니다.

시로야요이히메꽃벌 (일본명)
별꽃이나 유채꽃에 모여듭니다.
🟥 9mm 🟦 4~5월
🟧 일본

왕가위벌
대형의 가위벌로 대통 등에 집을 짓습니다.
🟥 17~25mm 🟦 7~10월
🟧 한국, 일본, 중국

장미가위벌
장미 등의 잎을 둥글게 잘라내서 집의 재료로 씁니다.
🟥 12~14mm 🟦 4~10월
🟧 한국, 일본, 중국

주홍배가위벌
왕가위벌 집에 기생합니다.
🟥 10~17mm 🟦 7~8월
🟧 일본

수컷의 몸이 암컷보다 크다.

열점박이알락가위벌
대통이나 나무 기둥의 구멍 등에 쑥 등의 식물의 솜털을 모아서 집을 짓습니다.
🟥 14~17mm 🟦 7~9월 🟧 일본

일본광채꽃벌
비자나무 줄기 속에 집을 짓습니다. 🟥 9mm 🟦 4~10월
🟧 한국, 일본

왜알락꽃벌
애수염줄벌 등에 기생합니다. 일본에서 수컷은 발견되지 않았습니다.
🟥 ♀13mm 전후 🟦 4~5월
🟧 한국, 일본

일본애수염줄벌
수컷은 더듬이가 깁니다. 연꽃 등에 모여듭니다.
🟥 ♂12mm 전후 ♀14mm 전후
🟦 4~5월 🟧 한국, 일본

루리알락꽃벌
흰줄벌에 기생합니다.
🟥 10~14mm 🟦 8~9월
🟧 한국, 일본, 중국

(여왕)

호박벌
땅속에 집을 짓고 사과나 진달래 등에 모여듭니다.
🟥 ♂20mm 전후 ♀(여왕)19~23mm (일벌)12~19mm
🟦 4~9월 🟧 한국, 일본

(여왕)

좀뒤영벌
주택지 주변에서도 볼 수 있습니다. 벚꽃이나 진달래 등에 모여듭니다. 🟥 ♂16mm 전후 ♀(여왕)15~21mm (일벌)10~16mm 🟦 3~7월 🟧 한국, 일본

어리호박벌
마른 나뭇가지 등에 구멍을 뚫고 집을 짓습니다.
🟥 23mm 전후 🟦 4~10월
🟧 한국, 일본

(일벌)

일본꿀벌
집단생활을 합니다.
🟥 ♂15~16mm ♀(여왕)17~19mm
(일벌)12~13mm 🟦 3~10월 🟧 일본

양봉꿀벌 외래종
집단생활을 합니다. 꿀을 채취하려고 사육합니다.
🟥 13~20mm 🟦 3~10월
🟧 전 세계

꿀벌 VS 말벌

꿀벌의 집을 말벌이 습격하는 경우가 있습니다. 꿀벌은 몸집이 큰 말벌에게 쉽게 질 것이라고 생각할 수 있는데 절대로 그렇지 않습니다. 일본꿀벌은 말벌을 집단으로 에워싸 온도를 올려서 쪄 죽일 수 있습니다. 말벌보다 더 높은 온도에 견딜 수 있기 때문에 생긴 필살기입니다.

토막상식 꿀벌의 독침에는 거꾸로 자란 가시가 있어서 한 번 찔리면 좀처럼 뺄 수 없습니다. 빼려고 하면 침과 함께 살이 찢어집니다.

개미 무리

개미는 벌목으로 꿀벌 등과 똑같이 여왕개미를 중심으로 많은 일개미(암컷), 수개미가 함께 집단생활을 합니다. 일본에는 280종, 한국에는 131종이 서식한다고 알려져 있습니다.

▲여왕개미가 낳은 알이나 번데기를 돌보는 일본왕개미 일개미.

역할이 정해져 있는 개미 사회

개미에게는 각각의 역할이 있습니다. 여왕개미는 알을 낳고 일개미는 먹이를 찾아다니거나 집을 넓히거나 유충을 돌봅니다. 일본왕개미의 먹이는 곤충의 사체나 진딧물, 식물에서 나오는 꿀입니다. 개미집 안은 여왕의 방, 유충·번데기의 방, 먹이방 등으로 나뉘어 있습니다.

▼잠자리 사체를 분해해서 집까지 운반하는 일본왕개미 일개미.

▼여왕개미를 돌보는 일본왕개미 일개미.

결혼 비행을 떠난다
일본왕개미는 5~6월이 되면 날개가 있는 새 여왕개미와 수개미가 교미를 위해 집에서 공중으로 날아올라 결혼 비행을 떠납니다. 공중에서 수개미와 교미한 여왕개미는 지면에 내려오면, 날개를 떨어뜨리고 혼자서 지면에 구멍을 파서 집을 짓기 시작합니다. 작은 방을 만들면 여왕개미는 알을 낳습니다.

▲지면에서 풀에 올라가 공중으로 날아오르려고 하는 일본왕개미 여왕.

일본왕개미의 육아는 여왕개미 한 마리부터
유충이 태어나면 여왕개미는 영양분을 공급하며 돌봅니다. 곧 유충은 번데기가 되어 허물을 벗고 첫 일개미가 탄생하게 됩니다. 일개미 수가 늘어나면 여왕개미는 알과 유충 돌보기를 일개미에게 맡기고 알을 낳는 일에 전념합니다.

▲유충을 돌보는 일본왕개미 여왕.
입으로 유충에게 영양분을 공급한다.

진딧물에게서 꿀을 얻는다

개미는 일반적으로 진딧물과 강력하게 관계를 맺으며 생활합니다. 개미는 진딧물이 내뿜는 달달한 액체(꿀)를 먹이로 얻고, 그 대신에 진딧물에게 다가오는 다른 곤충을 쫓아냅니다. 또한 살갈퀴나 호장근 등의 식물은 새싹 근처에 꿀을 내뿜는데 그곳에 개미가 모여듭니다. 그렇게 해서 식물은 새싹을 먹는 곤충으로부터 몸을 보호합니다.

▲진딧물을 먹으러 온 무당벌레를 쫓아내는 일본왕개미.

▲진딧물의 엉덩이에서 나오는 꿀을 얻는 일본왕개미. 더듬이로 진딧물의 몸을 건드리면 꿀을 내뿜는다.

▼7~8월 무렵 곰개미 집을 습격해서 고치 안에 들어 있는 번데기를 채 가는 사무라이개미. 성충이 된 곰개미는 사무라이개미를 위해서 일하게 된다. 이를 '노예 사냥'이라고 부른다.

개미의 적은 개미

개미는 더듬이를 맞닿아서 서로가 동료인지 확인합니다. 몸의 표면에 있는 화학 물질로 분별한다고 추측됩니다. 그러나 같은 종류라도 집이 다르면 적으로 판단해서 싸우기도 합니다. 또 종류에 따라서 다른 종류를 습격하는 개미도 있습니다.

▲큰턱으로 물거나 엉덩이 끝에서 개미산이라고 하는 액체를 내뿜어서 싸우는 일본왕개미.

세계의 개미들

세계에는 이름이 있는 개미만 해도 약 1만 1천 5백 종이 있습니다. 특히 열대 지역에는 종류도 많고 특이한 생태를 지닌 개미가 있습니다.

세계에서 가장 큰 개미

기가스왕개미

세계에서 가장 큰 개미로 몸길이는 30mm 전후이며 동남아시아에 서식합니다.

실물 크기

가위개미

잘라낸 잎을 집으로 운반하고 그 잎을 이용해서 버섯을 재배하여 먹이로 사용합니다. 중앙아메리카와 남아메리카를 중심으로 서식합니다.

푸른베짜기개미

유충이 토해 내는 실로 여러 장의 잎을 이어 붙여 나무 위에 집을 짓습니다. 동남아시아, 호주 북동부에 서식합니다.

꿀단지개미

일개미가 모은 많은 꿀을 배에 저장해 놓고 '살아 있는 저장고'로 집 천장에 매달려 있습니다. 멕시코 북부, 호주 등의 건조 지대에 서식합니다.

군대개미

중앙아메리카에서 남아메리카 열대 우림에 이르기까지 정해진 집이 없이 거대한 집단을 만들어 이동 생활을 합니다. 수백만 마리가 넘는 개미가 군대처럼 질서 잡힌 행동을 합니다.

흰개미는 개미가 아니다!

흰개미는 흰색 개미처럼 보이지만 사실은 바퀴벌레에 가까운 무리입니다. 여왕, 왕, 일개미, 병정개미 등의 역할로 나뉘어 집단으로 사회생활을 합니다. 세계에서 약 2천 2백 종이 알려져 있는데 목조 가옥을 먹어 치우는 해충은 일부이며, 대부분이 나무가 많은 숲이나 초원에서 생활하고 썩은 나무 등을 분해하는 중요한 역할을 합니다.

● 흰개미의 먹이

자연계에서의 먹이는 마른 나무나 풀, 유기물이 풍부한 흙, 초식 동물의 똥 등입니다. 특이한 곳에서는 버섯을 키워서 먹거나 이끼나 지의류를 먹는 종류 등이 있습니다.

▲지의류를 운반하는 고우군흰개미(일본명). 일개미는 지의류를 경단 모양으로 만들어서, 길게 늘어서서 운반합니다. 동남아시아에 살고 있습니다.

● 흰개미의 집

집의 형태와 크기는 종류에 따라 다양하며, 외국에는 사람의 키를 넘는 거대한 흙무덤을 만드는 흰개미도 있습니다. 일본 야에야마 열도의 숲에 서식하는 다카사고흰개미는 나무 위에 공 모양의 집을 짓고 그곳에서 먹이터로 나갑니다.

▶다카사고흰개미의 집.

● 흰개미의 계급(일본흰개미)

여왕
일개미의 보살핌을 받으며 알을 계속 낳습니다.

날개미
4~5월 무렵, 무더운 날 오전 중에 일제히 날아오릅니다. 그 후 곧 날개를 떨어뜨리고 짝을 지은 새 여왕과 새 왕은 새로운 집을 짓기 시작합니다.

일개미와 병정개미
일개미는 먹이를 입으로 옮겨서 여왕이나 병정개미, 유충에게 줍니다. 병정개미는 머리와 큰턱이 크고, 집을 적으로부터 보호합니다.

― 병정개미
― 유충
― 일개미

● 다양한 병정개미

병정개미는 집을 적으로부터 보호하기 위해서 다양한 머리 형태와 방어법을 지니고 있습니다.

다카사고흰개미(일본명)
(분사형)
뾰족한 머리 끝부분에서 점액을 분사합니다.

집흰개미
(물고 늘어지는 형)
머리에서 흰 점액을 내뿜고 큰턱으로 물고 늘어집니다.

니토베흰개미(일본명)
(힘껏 튕겨 내는 형)
크게 비틀어진 큰턱으로 적을 힘껏 튕겨 냅니다.

파리·등에·모기 무리

파리 무리(파리목)에는 파리, 등에, 모기, 각다귀, 파리매 등이 포함됩니다. 뒷날개가 퇴화해서 날개는 두 장뿐입니다. 유충은 육지에 서식하는 종류와 물속에 서식하는 종류가 있으며 완전 변태합니다.

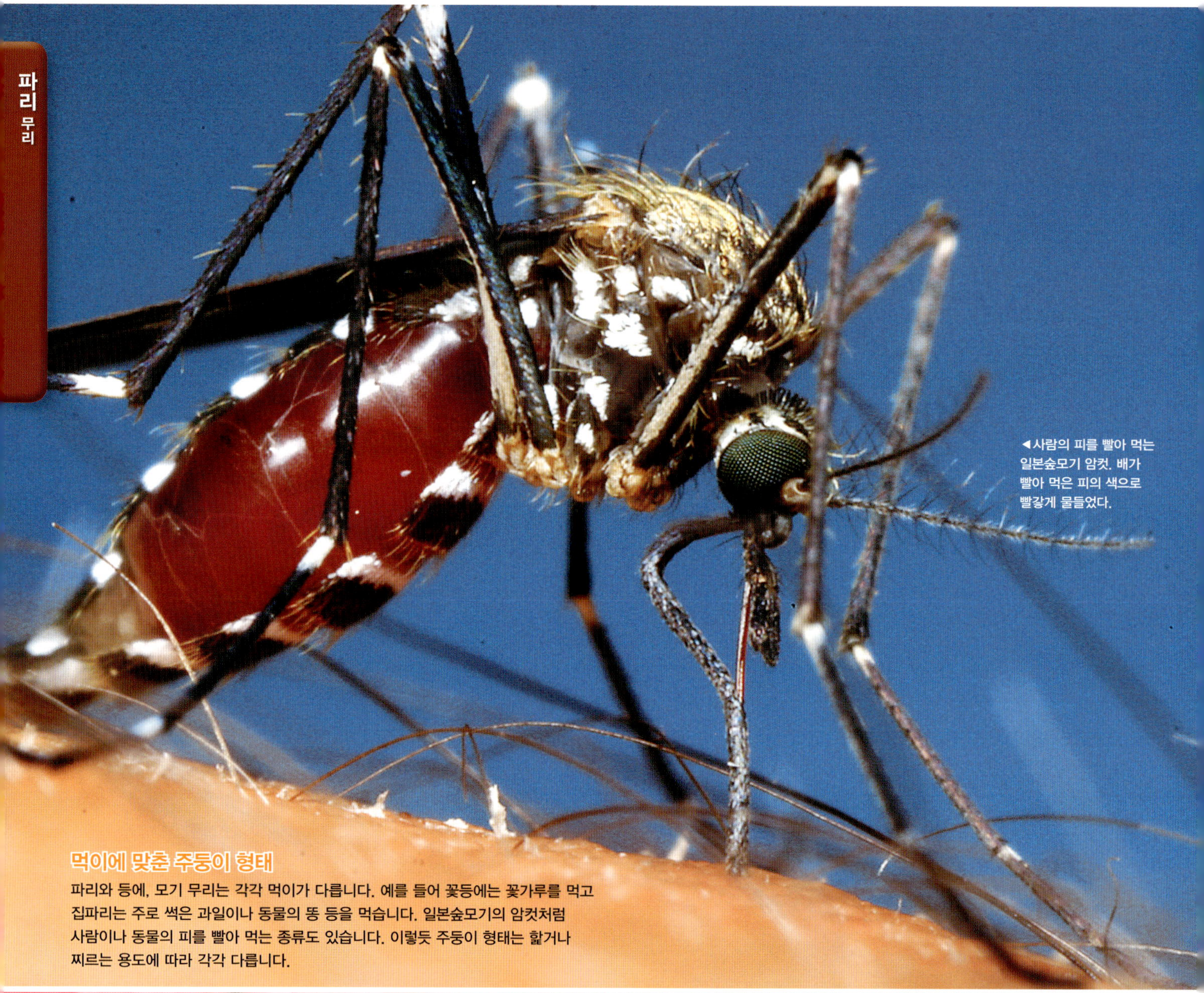

파리 무리

◀사람의 피를 빨아 먹는 일본숲모기 암컷. 배가 빨아 먹은 피의 색으로 빨갛게 물들었다.

먹이에 맞춘 주둥이 형태

파리와 등에, 모기 무리는 각각 먹이가 다릅니다. 예를 들어 꽃등에는 꽃가루를 먹고 집파리는 주로 썩은 과일이나 동물의 똥 등을 먹습니다. 일본숲모기의 암컷처럼 사람이나 동물의 피를 빨아 먹는 종류도 있습니다. 이렇듯 주둥이 형태는 핥거나 찌르는 용도에 따라 각각 다릅니다.

▼꽃가루를 핥아 먹는 꽃등에.

▼과일에 날아온 집파리.

▲일본숲모기 유충.

모기 유충 '장구벌레'는 물속에서 성장한다

모기 무리의 유충은 '장구벌레'라고 불리며 물웅덩이 등에서 성장합니다. 배 끝부분에 있는 호흡관을 수면 밖으로 빼서 숨을 쉬며 물속의 미생물 등을 먹습니다. 번데기는 물속에서 헤엄칠 수 있습니다.

▲일본숲모기 번데기.

눈을 향해 날아오는 기분 나쁜 '초파리'

사람이나 동물의 눈으로 날아오는 소형 파리를 '초파리'라고 부릅니다. 눈물에 함유된 수분을 섭취하려고 눈을 향해 날아온다고도 하지만 확실한 것은 알 수 없습니다.

▲사람 눈에 앉은 초파리 일종.

파리·등에·모기 등의 무리

파리와 등에 무리는 겹눈이 크고 더듬이가 짧습니다. 앞날개가 크게 발달하고, 뒷날개가 퇴화해서 '평균곤'이라고 불리는 균형을 잡기 위한 기관이 되었습니다. 모기와 각다귀 무리는 길쭉한 몸이 특징이며 역시 뒷날개가 퇴화했습니다.

※ ⊢――⊣는 실물 크기를 나타냅니다.
※ 크기 표식이 없는 것은 거의 실물 크기입니다.

등황등에
암컷은 사람이나 가축의 피를 빨아 먹지만 잡목림의 수액에 모여들기도 합니다. 유충은 숲의 습기가 적은 부엽토 속에 서식합니다.
■ 등엣과 ■ 20mm 전후 ■ 7~9월 ■ 한국, 일본

동애등에
얼굴이 크고 몸은 검은색을 띱니다. 유충은 연못이나 늪, 호수에 서식합니다.
■ 동애등엣과 ■ 14~16mm ■ 6~10월
■ 한국, 일본, 중국

검은노랑등에(일본명)
평지에서는 초봄에 나무줄기 등에 앉아 있는 것을 볼 수 있습니다. ■ 노랑등엣과
■ 8~11mm ■ 4~7월 ■ 일본

왕소등에
산지에서 볼 수 있고 암컷은 사슴이나 가축, 사람 등의 피를 빨아 먹습니다. ■ 등엣과 ■ 25~33mm
■ 6~9월 ■ 한국, 일본, 중국

꽃등에
성충은 꽃에 모여듭니다. 유충은 하수 등에 살며 꼬리처럼 생긴 긴 호흡관이 있어서 '꼬리구더기'라고 불립니다.
■ 꽃등엣과 ■ 14~16mm
■ 3~12월 ■ 전 세계

수중다리꽃등에
성충은 꽃에 모여듭니다.
■ 꽃등엣과 ■ 12~14mm
■ 3~11월 ■ 한국, 일본, 중국

왕파리매
평지의 양지바른 곳에서 볼 수 있습니다. 작은 곤충을 잡아먹습니다.
■ 파리맷과
■ 20~29mm ■ 6~9월
■ 한국, 일본, 중국

긴다리파리매(일본명)
평지나 낮은 산지의 숲에서 볼 수 있으며, 성충과 유충 모두 작은 곤충을 먹습니다.
■ 파리맷과
■ 21~27mm ■ 5~8월
■ 일본

빌로오드재니등에
주둥이가 길어 날면서 꽃의 꿀을 빨아 먹습니다. 유충은 애꽃벌류에 기생합니다.
■ 재니등엣과 ■ 8~12mm
■ 3~6월 ■ 한국, 일본, 북아메리카

중국별뚱보기생파리
여러 종류의 꽃에 모여듭니다. 스코트노린재 등에 기생합니다.
■ 기생파릿과 ■ 8~12mm
■ 7~10월 ■ 한국, 일본

똥파리
성충은 작은 곤충을 잡아먹습니다. 유충은 퇴비 등에서 성장합니다.
■ 똥파릿과 ■ 10mm 전후
■ 3~12월 ■ 한국, 일본

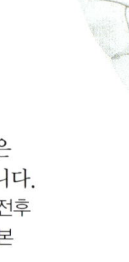

큰검정파리
겨울에는 양지에서 흔히 볼 수 있습니다. 유충은 동물의 사체나 똥 등에서 성장합니다. ■ 검정파릿과
■ 10~12mm ■ 거의 1년 내내
■ 한국, 일본, 중국

연두금파리
유충은 동물의 사체나 똥, 쓰레기통 등에서 성장합니다. ■ 검정파릿과
■ 6~10mm ■ 5~10월 ■ 한국, 일본, 중국

일본노린내등에
■ 노린내등엣과
■ 14mm 전후 ■ 여름 ■ 한국, 일본

집파리
인가나 가축 사육장 등에서 볼 수 있습니다. 유충은 쓰레기통이나 가축의 똥 등에서 성장합니다.
- 집파릿과 6~8mm
- 1년 내내 한국, 일본, 중국

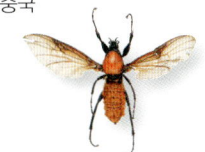

붉은배털파리
수컷은 무리 지어 날아다닙니다. 유충은 낙엽을 먹습니다.
- 털파릿과 10~11mm
- 3~6월 한국, 일본, 중국

노랑초파리
성충은 썩은 과일이나 채소에 모여들며 유충도 그곳에서 성장합니다.
- 초파릿과 2mm 전후
- 1년 내내 한국, 일본, 중국

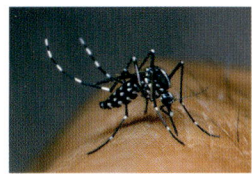

흰줄숲모기
암컷은 낮에 활발하게 피를 빨아 먹습니다. 유충은 작은 물웅덩이에서도 자랍니다.
- 모깃과
- 5mm 전후 5~11월 한국, 일본

떠돌이쉬파리
암컷은 알이 아니라 직접 유충을 낳습니다. 유충은 동물의 사체나 똥, 쓰레기통 등에서 성장합니다.
- 쉬파릿과 9~11mm
- 5~9월 한국, 일본

등줄기생파리
유충은 나비나 나방 등의 유충에 기생합니다.
- 기생파릿과
- 12~16mm 4~10월
- 한국, 일본

남방사마귀물가파리
논이나 시내 등의 물가에서 볼 수 있습니다. 사마귀 같은 앞다리로 작은 곤충을 잡아먹습니다.
- 물가파릿과 3~4mm
- 일본

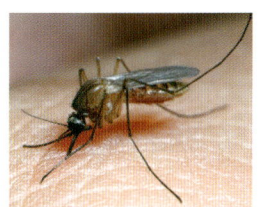

빨간집모기
인가에서 흔히 볼 수 있으며 암컷은 새나 사람의 피를 빨아 먹습니다.
- 모깃과 5mm 전후
- 3~11월 한국, 일본, 중국

히메대눈파리(일본명)
눈알이 튀어나온 기묘한 형태의 파리입니다.
- 대눈파릿과 5mm 전후
- 4~7월 일본

큰나방파리(일본명)
욕실이나 화장실에서 볼 수 있으며, 욕조 밑에 고인 오수 등에서 자랍니다.
- 나방파릿과 4mm 전후
- 일본

세아카검정날개버섯파리(일본명)
- 검정날개버섯파릿과
- 6mm 전후 5월 무렵
- 일본

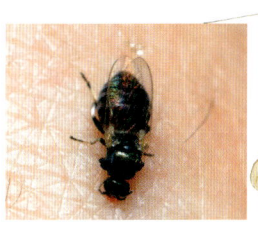

줄무늬먹파리
암컷은 사람이나 가축의 피를 빨아 먹고 유충은 산지의 시냇물에 서식합니다. 물리면 심하게 부어오릅니다.
- 먹파릿과 4mm 전후
- 한국, 일본

대모파리
물가의 잡목림에서 볼 수 있으며 수액에 모여듭니다. 유충은 동물의 똥에서 성장합니다.
- 대모파릿과 10~19mm
- 4~11월 한국, 일본

기바라각다귀(일본명)
산지에서 볼 수 있습니다.
- 각다귓과 30~40mm
- 일본

빨간도꾸나가깔따구
인가의 조명 등에 떼로 모여듭니다. 유충은 연못이나 늪의 진흙 속 등에 살며 낚싯밥으로 쓰입니다.
- 깔따굿과 6mm 전후 10~11월
- 한국, 일본

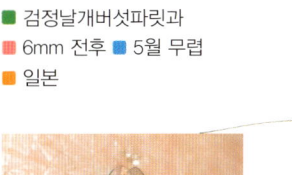

미카도각다귀(일본명)
일본에서 가장 큰 각다귀입니다.
- 각다귓과 30~38mm 일본

일본숲모기
볕이 들지 않는 장소를 좋아하며 암컷은 피를 빨아 먹습니다. 유충은 온갖 물웅덩이에서 자랍니다. 모깃과 5mm 한국, 일본

토막상식 쉬파릿과나 집파릿과, 검정파릿과의 일부 등, 알을 낳지 않고 직접 유충을 낳는 파리도 있습니다.

풀잠자리·뱀잠자리 등의 무리

풀잠자리 무리는 커다란 날개와 길쭉한 몸이 특징입니다. 앞날개와 뒷날개의 모양이 똑같습니다. 뱀잠자리 무리의 유충은 물속에 서식하며 명주잠자리나 풀잠자리 무리의 유충은 육지에 서식합니다. 유충은 번데기 과정을 거쳐 허물을 벗고 날개가 있는 성충이 됩니다.

풀잠자리·뱀잠자리 등의 무리

◀개미를 잡은 명주잠자리 유충.

명주잠자리 유충은 '개미귀신'
명주잠자리 유충의 일부는 '개미귀신'이라고 불리는데 지면에 사발 모양의 구멍(개미지옥)을 파고 그 안에서 생활합니다. 개미 등 작은 곤충이 구멍에 다가오면 주위의 모래가 무너져서 빠져나가지 못하고, 바닥에서 기다리고 있던 개미귀신에게 잡아먹힙니다.

공중에서 나풀나풀 춤추는 성충
허물을 벗은 성충의 생김새는 유충과 완전히 다릅니다. 날개가 크고 나풀나풀 춤추듯이 날아다닙니다.

▲공중을 나풀나풀 나는 명주잠자리.

▼대만수염진딧물을 잡은 풀잠자리 유충.

나뭇잎에 알을 낳는 풀잠자리

풀잠자리 무리는 나뭇잎 뒷면 등에 가는 실 같은 것이 달린 알을 낳습니다. 풀잠자리의 알은 인도 전설에서 3천 년에 한 번 핀다고 하는 상상 속의 꽃 이름을 따서 '우담화'라고 불립니다.

▲풀잠자리의 알.

'강의 지네'라고 불리기도 하는 뱀잠자리 유충

뱀잠자리 무리의 유충은 물속에 서식합니다. 그 모습에서 '강의 지네'라고 불리기도 하며, 날카로운 턱으로 다른 곤충 등을 잡아먹습니다. 또한 번데기인 상태에서도 만지면 움직여서 물어뜯는 경우도 있습니다.

▼뱀잠자리 유충.

풀잠자리·뱀잠자리 등의 무리

풀잠자리 무리는 앉았을 때는 날개를 접어서 등 위로 올립니다. 뿔잠자리 무리는 더듬이가 길고 뱀잠자리 무리는 날카로운 턱을 지닙니다. 약대벌레 무리는 머리와 가슴이 길고 생김새가 특징적입니다.

※이 페이지의 표본은 거의 실물 크기입니다.

명주잠자리
유충은 '개미귀신'이라고 불리며, 모래땅에 사발 모양의 함정을 만들어 그 바닥에서 먹이가 될 곤충이 떨어지기를 기다립니다.
- 명주잠자릿과 ■ 35~50mm
- 6~9월 ■ 한국, 일본, 중국
- 작은 곤충

기바네뿔잠자리(일본명)
낮에 초원 위를 활발하게 날아다닙니다.
- 뿔잠자릿과 ■ 20~25mm
- 5~8월 ■ 일본 ■ 작은 곤충

아미메풀잠자리(일본명)
성충은 낮에 힘없이 날아다닙니다. 밤에 불빛에도 날아듭니다.
- 풀잠자릿과 ■ 20~25mm
- 5~9월 ■ 일본 ■ 진딧물

모시보날개풀잠자리
산지의 숲속에 서식합니다. 밤에 불빛에 날아듭니다.
- 보날개풀잠자릿과
- 25~30mm ■ 4~9월
- 한국, 일본 ■ 작은 곤충

뿔잠자리
잠자리와 같은 모습을 하고 있지만 긴 더듬이가 특징적입니다. 밤에 불빛에 날아듭니다.
- 뿔잠자릿과 ■ 35~40mm
- 5~9월 ■ 한국, 일본, 중국
- 작은 곤충

애사마귀붙이
부화한 유충은 걸어 다니며 거미 배에 달라붙은 뒤, 거미의 알 주머니에 기생하며 구더기와 같은 모습이 됩니다('과변태'라고 합니다). 성충은 사마귀처럼 앞다리를 써서 곤충을 잡아먹습니다.
- 사마귀붙잇과 ■ 7~20mm ■ 6~8월 ■ 한국, 일본 ■ 거미 알

야에야마몬뱀잠자리 (일본명)
성충은 야행성이며 불빛에 날아듭니다. 수컷의 더듬이는 빗 모양을 띱니다.
- 뱀잠자릿과 ■ 30~50mm
- 3~10월 ■ 일본
- 수생 곤충의 유충

약대벌레
해안의 소나무 숲 등에 서식합니다. 유충은 나무껍질 밑에 숨어서 작은 곤충 등을 잡아먹습니다.
- 약대벌렛과 ■ 8~10mm ■ 5~8월 ■ 한국, 일본
- 흰개미 등의 작은 곤충

좀뱀잠자리
유충은 연못이나 강의 흐름이 완만한 곳에 살며 성충은 낮에 풀밭 등을 날아다닙니다. ■ 좀뱀잠자릿과 ■ 12~15mm
- 6~7월 ■ 한국, 일본 ■ 수생 곤충의 유충

뱀잠자리
흐르는 강에 서식하는 유충은 '강의 지네'로 불립니다. 성충은 야행성이며 불빛에 날아듭니다. ■ 뱀잠자릿과 ■ 45~55mm
- 6~8월 ■ 한국, 일본, 중국 ■ 수생 곤충의 유충

■ 과 ■ 앞날개 길이 ■ 성충을 볼 수 있는 주요 시기 ■ 분포 ■ 유충의 먹이

날도래 무리

날도래 무리는 날개와 온몸에 털이 나 있습니다. 유충은 물속에 서식하며 입에서 실을 내뿜어서 모래나 잎 등을 굳혀서 집을 짓습니다.

우묵날도래
유충은 물속의 낙엽을 잘라낸 것을 이어서 이동할 수 있는 집을 짓고 연못이나 늪가에서 생활합니다. 성충은 밤에 불빛에 날아듭니다.
- 우묵날도랫과 20~25mm 4~8월
- 한국, 일본, 러시아 물속의 작은 동물

▲물속에 만들어 놓은 수염치레각날도래 유충의 집.

공주날도래
유충은 낙엽 등으로 만들어 놓은 통 모양의 집 안에 들어가 있으며, 강의 흐름이 완만한 곳에서 생활합니다. 성충은 밤에 불빛에 날아듭니다.
- 날도랫과 30~40mm 5~10월 일본 물속의 작은 동물

밑들이 무리

밑들이 무리는 다리가 길고 몸이 길쭉합니다. 수컷은 기다란 배 끝부분을 들어 올려서 앉습니다.

▶암컷(아래)에게 먹이를 선물하는 수컷 각다귀붙이(위).

각다귀붙이
숲속에 서식합니다. 나뭇가지 끝부분 등에 앞다리로 매달려, 끝이 낫처럼 생긴 가운뎃다리, 뒷다리로 날아다니는 곤충을 잡아먹습니다.
- 각다귀붙잇과 20~25mm 6~7월
- 한국, 일본 곤충류

야마토밑들이 (일본명)
저지대에서부터 산지의 숲 가장자리 등에 서식합니다. 몸의 크기와 색, 날개 무늬에 변이가 많습니다.
- 밑들잇과 13~20mm
- 4~6월, 7~10월
- 일본 곤충류

벼룩 무리

벼룩은 매우 작고 날개가 없습니다. 뒷다리가 발달해서 높이 튀어 오를 수 있습니다. 새나 포유류의 피부에 기다란 주둥이를 찔러서 피를 빨아 먹습니다.

고양이벼룩
개나 고양이 외에 사람의 피도 빨아 먹습니다.
- 벼룩과 몸길이 2~3mm
- 1년 내내 한국, 일본 개, 고양이, 사람 등의 혈액

사람벼룩
사람이나 그 외 포유류의 피를 빨아 먹습니다.
- 벼룩과 몸길이 2~3mm
- 1년 내내 전 세계 사람 등의 혈액

칼럼 - 곤충에 기생하는 곤충, 부채벌레

부채벌레 무리는 벌, 사마귀, 노린재 등 다른 곤충에 기생하여 그 체내에서 생활합니다. 수컷과 암컷의 생김새는 완전히 다릅니다. 수컷은 앞날개가 퇴화했고 뒷날개는 비틀어져 있습니다. 암컷에는 날개가 없고 구더기와 같은 모습을 합니다. 이 기묘한 곤충은 어느 그룹에 가까운 무리인지 아직 확실히 알려지지 않았습니다.

 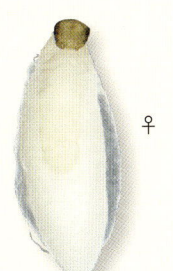

퇴화한 앞날개.

▲긴노린재 무리에 기생하는 긴노린재부채벌레(일본명). (몸길이 2mm)

토막상식: 일본 나가노현에서는 날도래 무리 등 몇 종류의 수생 곤충 유충으로 조림을 만들어 식용으로 사용합니다.

잠자리 무리

잠자리 무리(잠자리목)는 길쭉한 몸과 기다란 날개를 지니며 머리에는 매우 큰 겹눈이 있습니다. 유충은 '수채'라고 불리며 물속에서 생활합니다. 번데기 과정을 거치지 않고 탈피를 반복해서 날개가 있는 성충이 됩니다. 일본에는 190종, 한국에는 107종이 알려져 있습니다.

잠자리 무리

▼두점박이좀잠자리를 갉아 먹는 밀잠자리.

사나운 사냥꾼
잠자리는 다른 곤충 등을 잡아먹습니다. 가시가 달린 다리로 먹잇감을 꽉 붙잡아서 날카로운 턱으로 갉아 먹습니다.

고속으로 하늘을 나는 비행의 달인
잠자리는 네 날개를 따로따로 움직일 수 있어서 매우 잘 날아다닙니다. 빨리 날 수 있을 뿐만 아니라 공중에서 한자리에 멈추거나(호버링, 제자리 비행) 뒤로 갈 수 있는 종류도 있습니다. 뛰어난 비행 실력과 커다란 겹눈의 높은 시력을 살려서 날아다니면서 다른 곤충을 사냥합니다.

▲비행하는 장수잠자리.

▲교미하는 루리실잠자리(일본명).

▼장수잠자리의 산란.

▼아랫입술을 쭉 뻗어서 작은 물고기를 잡아먹는 왕잠자리 수채.

교미는 하트 모양

잠자리 수컷과 암컷은 생식기가 있는 부분이 다릅니다. 수컷의 생식기는 배가 연결되는 부분, 암컷은 배 끝부분에 있습니다. 교미할 때는 수컷이 배 끝으로 암컷의 목을 붙잡고 생식기끼리 붙이므로 하트 모양이 됩니다. 교미를 끝낸 암컷은 수면이나 물가의 풀 속에 알을 낳습니다.

물속에서 성장하는 유충 '수채'

잠자리 유충은 '수채'라고 불리며 물속에서 성장합니다. 수채에는 아가미라고 불리는 기관이 있어 물속에서 숨을 쉴 수 있고, 작은 물고기나 곤충 등을 잡아먹습니다. 성장한 수채는 나무줄기나 풀 위로 올라가 날개가 있는 성충이 됩니다.

▲허물을 벗는 왕잠자리.

▲허물을 벗고 막 성충이 된 왕잠자리.

물잠자리·실잠자리 등의 무리

앞날개와 뒷날개가 거의 똑같은 형태를 띠며 느릿하게 날아다닙니다. 특히 몸이 길쭉하며 겹눈은 양옆에 떨어져 있습니다. 유충은 길쭉하며 배 끝부분에서 아가미가 밖으로 나옵니다.

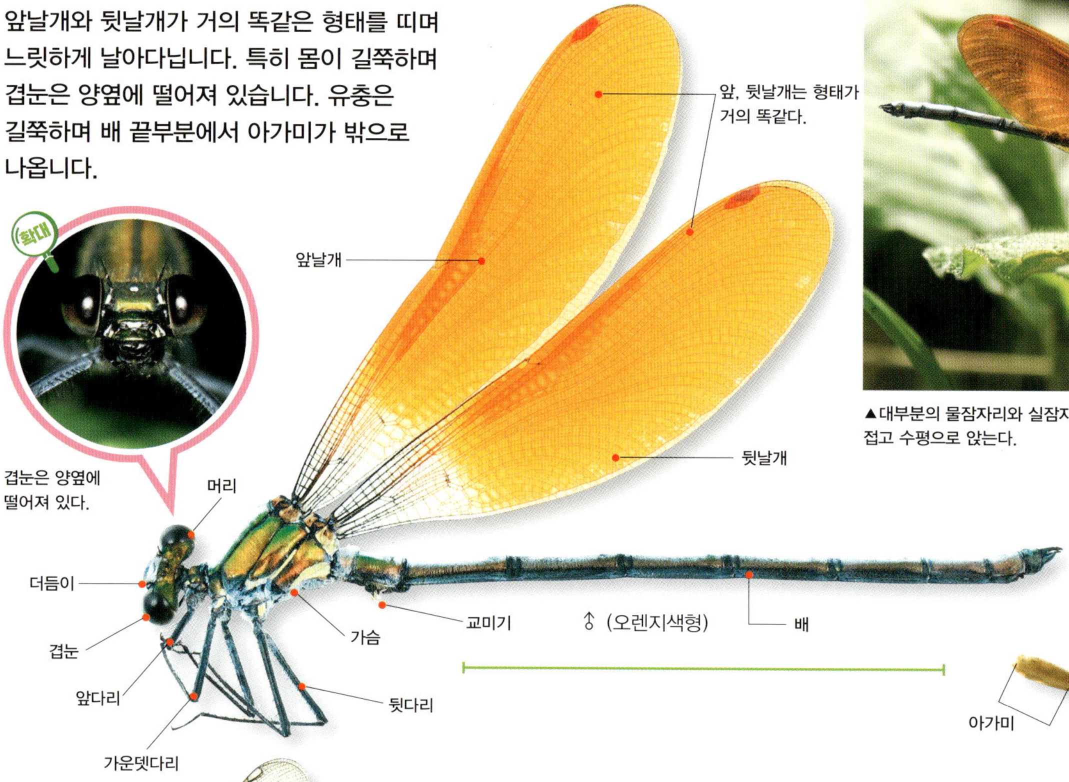

확대
겹눈은 양옆에 떨어져 있다.

앞, 뒷날개는 형태가 거의 똑같다.

앞날개
뒷날개
머리
더듬이
겹눈
앞다리
가운뎃다리
뒷다리
가슴
교미기
(오렌지색형)
배

▲대부분의 물잠자리와 실잠자리 무리는 날개를 접고 수평으로 앉는다.

길쭉한 몸
유충
아가미

교미기(산란관)
♀
♂ (투명형)

담색물잠자리
수컷의 날개가 오렌지색, 투명색인 종류가 있습니다. 물가의 돌이나 식물에 앉아 있는 경우가 많습니다.
- 물잠자릿과 ■ 50~64mm ■ 4~7월
- 한국, 일본, 중국 ■ 개울과 시냇물

일본물잠자리
암컷은 물속에 들어가 알을 낳는 경우가 많습니다.
- 물잠자릿과 ■ 70mm 전후
- 5~10월 ■ 한국, 일본
- 낮은 산지에서부터 산지의 시냇물

검은물잠자리
어린 성충은 나무 그늘에서 무리 지어 생활합니다.
- 물잠자릿과 ■ 60mm 전후
- 5~10월 ■ 한국, 일본, 중국
- 흐름이 완만한 강

※ ⊢———⊣는 실물 크기를 나타냅니다.
※ 크기 표식이 없는 것은 거의 실물 크기입니다.

잠자리 무리

■과 ■몸길이 ■성충을 볼 수 있는 주요 시기 ■분포 ■서식 장소

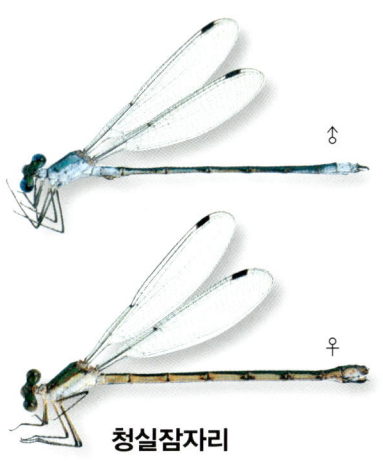
청실잠자리
날개를 펼쳐서 앉습니다.
- 🟩 청실잠자릿과 🟥 40mm 전후
- 🟦 5~11월 🟧 한국, 일본 🟦 볕이 잘 들고 식물이 많은 연못

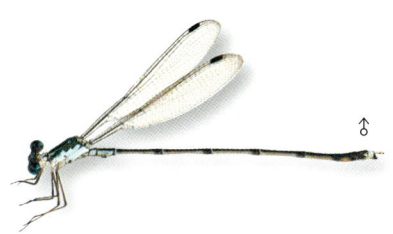
오가사와라청실잠자리(일본명) 멸종 위기종
수면으로 뻗은 나뭇가지나 잎에 알을 낳습니다. 일본 오가사와라 제도에서만 서식하며 멸종 위기에 놓여 있어서 보호 활동이 진행되고 있습니다. 🟩 청실잠자릿과 🟥 46mm 전후 🟦 거의 1년 내내 🟧 일본 🟦 숲으로 둘러싸인 연못이나 개울의 웅덩이

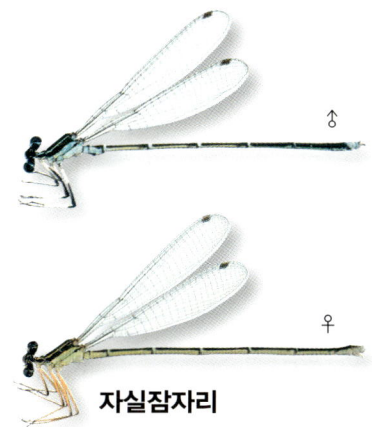
자실잠자리
수컷과 암컷이 연결돼서 수면의 식물에 알을 낳습니다. 배에 자의 눈금과 같은 무늬가 있습니다.
- 🟩 방울실잠자릿과
- 🟥 45mm 전후 🟦 5~10월
- 🟧 한국, 일본, 중국 🟦 나무 그늘이 있는 연못

가는실잠자리
여름에 성충이 되어 이듬해 초여름까지 살기 때문에 거의 일 년 내내 볼 수 있습니다.
- 🟩 청실잠자릿과 🟥 40mm 전후
- 🟦 7월~이듬해 6월 🟧 한국, 일본
- 🟦 식물이 많은 연못이나 습지

방패실잠자리 멸종 위기종
수컷의 다리 일부가 부채 모양을 이뤄서 암컷에게 구애할 때 쓰입니다.
- 🟩 방울실잠자릿과 🟥 37mm 전후
- 🟦 5~8월 🟧 한국, 일본, 중국
- 🟦 흐름이 완만한 강

등검은실잠자리
수면에 떠 있는 수초에 앉아 있는 경우가 많으며 수컷과 암컷이 연결돼서 알을 낳습니다.
- 🟩 실잠자릿과 🟥 32mm 전후 🟦 4~10월
- 🟧 한국, 일본, 중국 🟦 식물이 많은 연못

유충

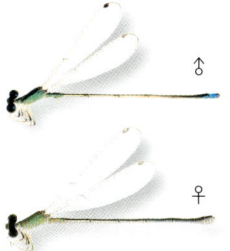
아시아실잠자리
물가의 풀밭에 숨어 있습니다.
- 🟩 실잠자릿과 🟥 28mm 전후
- 🟦 4~11월 🟧 한국, 일본, 중국
- 🟦 식물이 많은 연못이나 습지

노란실잠자리
수컷과 암컷이 연결돼서 수면의 식물에 알을 낳습니다. 소형 거미나 다른 종류의 잠자리를 먹습니다.
- 🟩 실잠자릿과 🟥 36mm 전후
- 🟦 5~9월 🟧 한국, 일본, 중국
- 🟦 식물이 많은 연못이나 습지

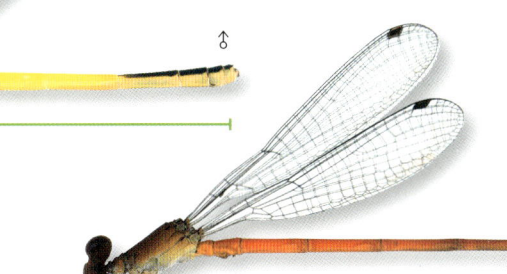
연분홍실잠자리 희귀종
식물이 많고 나무 그늘이 있는 연못에 삽니다. 수컷과 암컷이 연결된 채로 알을 낳습니다.
- 🟩 실잠자릿과 🟥 38mm 전후 🟦 5~10월 🟧 한국, 일본

Q: 겨울에 날아다니는 잠자리가 있나요? **A**: 가는실잠자리 등은 성충으로 겨울을 나기 때문에 거의 일 년 내내 날아다니는 모습을 볼 수 있습니다.

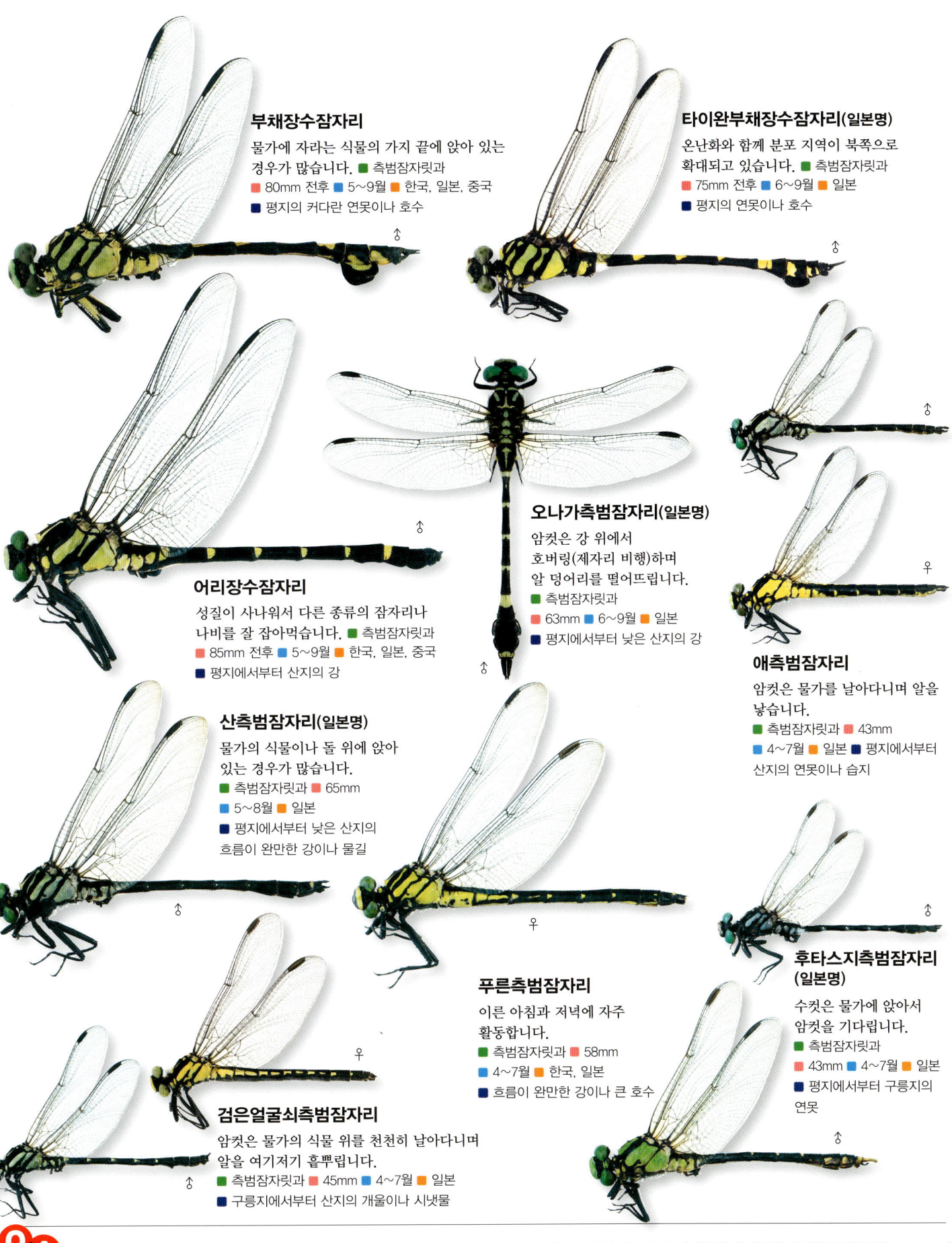

왕잠자리·장수잠자리 무리

왕잠자리 무리는 좌우가 맞붙은 커다란 겹눈을 지닌 대형 잠자리입니다. 장수잠자리 무리는 까만 몸에 노란 무늬가 있고 대형이며 좌우의 겹눈이 살짝 맞붙어 있습니다.

※ ├──┤는 실물 크기를 나타냅니다.
※ 크기 표식이 없는 것은 거의 실물 크기입니다.

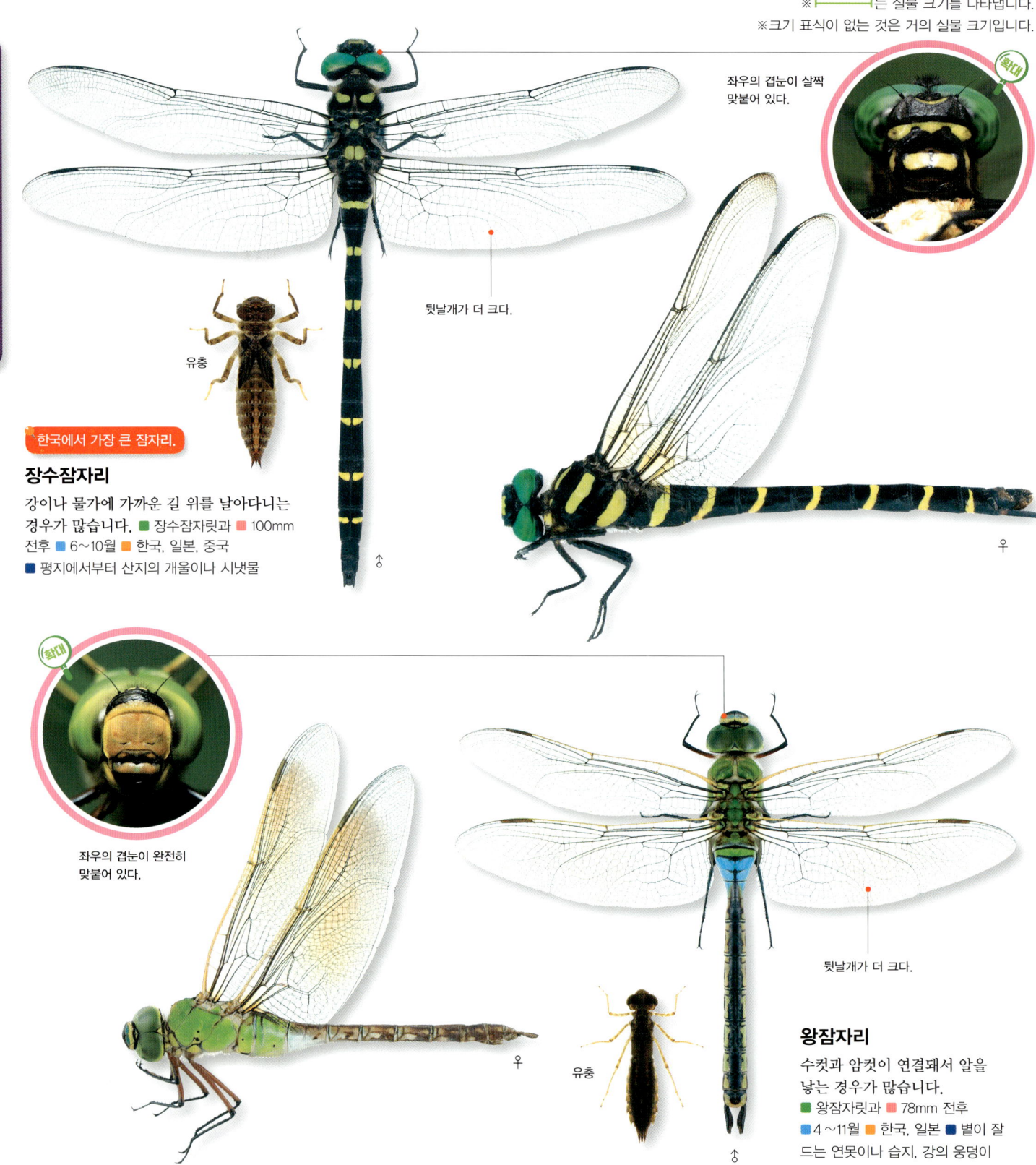

한국에서 가장 큰 잠자리.

장수잠자리
강이나 물가에 가까운 길 위를 날아다니는 경우가 많습니다. 🟩 장수잠자릿과 🟥 100mm 전후 🟦 6~10월 🟧 한국, 일본, 중국 🟦 평지에서부터 산지의 개울이나 시냇물

왕잠자리
수컷과 암컷이 연결돼서 알을 낳는 경우가 많습니다.
🟩 왕잠자릿과 🟥 78mm 전후 🟦 4~11월 🟧 한국, 일본 🟦 볕이 잘 드는 연못이나 습지, 강의 웅덩이

🟩 과 🟥 몸길이 🟦 성충을 볼 수 있는 주요 시기 🟧 분포 🟦 서식 장소

잠자리·청동잠자리 등의 무리

잠자리 무리는 겹눈이 크며 굵고 짧은 배가 특징입니다. 청동잠자리 무리는 금속과 같은 광택이 나는 몸이 특징이며, 좌우의 커다란 겹눈이 맞붙어 있습니다.

※ ┠───┨는 실물 크기를 나타냅니다.
※ 크기 표식이 없는 것은 실물의 약 80% 크기입니다.

고추좀잠자리
평지에서 성충이 된 잠자리는 산지로 이동해서 여름을 보내고 가을에 평지로 돌아옵니다. ■ 잠자릿과 ■ 40mm 전후 ■ 6~12월 ■ 한국, 일본, 유럽 ■ 무논이나 연못, 습지

유충

겹눈은 완전히 맞붙어 있다.

뒷날개가 더 크다.

▲막 성충이 된 수컷
고추좀잠자리의 몸은 노란색을 띤다.

배는 굵고 짧다.

밀잠자리
암컷이 알을 낳는 동안 수컷은 근처를 날며 지켜봅니다. ■ 잠자릿과 ■ 55mm 전후 ■ 4~11월 ■ 한국, 일본, 중국 ■ 연못이나 습지, 무논, 흐름이 완만한 강

하얀 가루로 뒤덮여 있다.

막 성충이 된 무렵에는 암컷과 색이 같다.

암컷 밀잠자리는 몸 색깔 때문에 일본에서는 '밀짚 잠자리'로 불리기도 한다.

■ 과 ■ 몸길이 ■ 성충을 볼 수 있는 주요 시기 ■ 분포 ■ 서식 장소

세계의 잠자리들

잠자리는 따뜻한 지역을 중심으로 세계에 약 5천 종이 서식합니다. 유충은 물속에서 살기 때문에 연못이나 강 등 물 근처에 있습니다. 몸집이 매우 큰 종류와 아름다운 날개를 지닌 종류도 있습니다.

※이 페이지의 표본은 거의 실물 크기입니다.

세계에서 가장 큰 잠자리.

인젠티시마잠자리
호주에 서식합니다. 몸길이는 120mm, 편 날개의 크기는 200mm 정도나 되어 세계에서 가장 큰 잠자리로 불립니다. 일본에 서식하는 무카시왕잠자리에 가까운 무리입니다.

세계에서 가장 큰 실잠자리.

카에룰라투스대왕실잠자리
몸길이는 100mm를 넘고, 실잠자리 중에서는 세계 최대종입니다. 브라질, 콜롬비아, 에콰도르, 페루 등 남아메리카 열대 우림 지역에 서식합니다.

▲나무에 매달린 카에룰라투스대왕실잠자리.

미도리물잠자리(일본명)
수컷은 녹색의 아름다운 뒷날개와 금속처럼 빛나는 몸을 지니고 있습니다. 몸길이는 65mm 전후이며, 중국과 인도, 라오스, 태국, 베트남 등에 서식합니다.

하루살이 무리

하루살이 무리는 날개가 있는 곤충 중에서 가장 원시적입니다. 앞날개가 크고 뒷날개는 작으며 일부는 뒷날개가 퇴화해서 사라진 종류도 있습니다. 두 개 또는 세 개의 긴 꼬리를 지니고 있습니다.

하루살이 무리 / 강도래 무리

▼일제히 나는 흰하루살이.

▲물속에 사는 다니꼬마하루살이(일본명)의 유충.

▲물속에서 허물을 벗는 꼬마흰꼬리하루살이의 아성충.

일제히 성충이 되어 밤하늘을 가득 메운다

허물을 벗고 성충이 된 하루살이의 수명은 매우 짧아서 몇 시간밖에 살지 못하는 종류도 있습니다. 수많은 하루살이가 일제히 성충이 되어 대량으로 발생하는 경우도 있어서 자동차 바퀴가 도로를 가득 메운 하루살이를 밟고 미끄러지는 등 교통사고의 원인이 되기도 합니다.

유충은 물속에서 생활하며 두 번 성충이 된다

하루살이 유충은 물에 삽니다. 아가미라는 기관이 있어 물속에서 숨을 쉴 수 있습니다. 유충은 허물을 벗고 날개가 있는 아성충이 된 후 다시 한번 허물을 벗어서 성충이 됩니다. 성충은 입이 퇴화해서 아무것도 먹지 않습니다.

▲아성충에서 허물을 벗는 무늬하루살이 성충.

긴꼬리하루살이
강 상류에 서식합니다. 유충은 강바닥의 모래에 숨어들어서 작은 유기물을 먹습니다. ■ 알락하루살잇과 ■ 11~14mm ■ 5~9월 ■ 한국, 일본 ■ 작은 유기물

미도리타니가와하루살이(일본명)
유충은 강바닥의 돌 표면 등에 살며 돌에 붙은 수초를 떼어 내어 먹습니다. ■ 꼬리하루살잇과 ■ 12~15mm ■ 4~10월 ■ 일본 ■ 수초류

연못하루살이
성충에게는 뒷날개가 없습니다. 유충은 연못 등에 살며 잘 헤엄칩니다. ■ 꼬마하루살잇과 ■ 8~10mm ■ 4~10월 ■ 한국, 일본 ■ 수초류

강도래 무리

강도래 무리는 몸이 납작하고 유연합니다. 앞날개보다 뒷날개가 더 크고, 꼬리 두 개가 있습니다. 날개가 없는 종류도 있습니다. 유충은 물속에 사는데 아가미가 있어서 물속에서 숨을 쉴 수 있습니다.

강도래
유충은 강 중류의 물살이 빠른 곳에 살며 일 년 만에 성충이 됩니다.
■ 강도랫과 ■ 15~25mm ■ 5~6월 ■ 한국, 일본
■ 하루살이 등 수생 곤충의 유충

얼룩강도래붙이
유충은 강 상류의 물살이 매우 빠른 곳에 살며, 성충이 되기까지 2~3년이 걸립니다.
■ 강도랫과 ■ 25~40mm ■ 7~9월 ■ 한국, 일본 ■ 하루살이 등 수생 곤충의 유충

오오야마강도래(일본명)
유충은 강 상류의 흐름이 완만한 곳에 삽니다.
■ 강도랫과 ■ 20~35mm ■ 4~6월 ■ 일본 ■ 하루살이 등 수생 곤충의 유충

구로히게강도래(일본명)
유충은 강 상류의 물살이 빠른 곳에 삽니다. 성충은 불빛에 날아드는 경우가 있습니다.
■ 강도랫과 ■ 15~25mm ■ 6~9월 ■ 일본
■ 하루살이 등 수생 곤충의 유충

유키쿠로강도래(일본명)
성충에는 날개가 없습니다. 겨울부터 초봄에 쌓인 눈 위를 걸어 다닙니다.
■ 강도랫과 ■ 몸길이 10~12mm ■ 1~3월 (고산 지대에서는 4월까지)
■ 일본 ■ 물속 낙엽

■ 과　■ 앞날개 길이　■ 성충을 볼 수 있는 주요 시기　■ 분포　■ 유충의 먹이

메뚜기 무리

메뚜기 무리(메뚜기목)에는 메뚜기, 귀뚜라미, 여치 등이 있습니다. 풀밭에서 생활하며 주로 들이나 강변에 자라는 풀을 먹습니다. 귀뚜라미, 여치는 육식성이 강해서 다른 곤충도 잡아먹습니다.

뒷다리로 점프!
메뚜기 무리에게는 무기가 없기 때문에 굵고 힘센 뒷다리로 땅을 박차서 크게 튀어 올라 천적으로부터 몸을 보호합니다.

▲점프하는 풀무치.

▼풀을 먹는 풀무치.

풀을 매우 좋아한다
메뚜기는 유충과 성충 모두 풀을 먹습니다. 벼 종류의 길쭉한 잎을 좋아하는 종류가 많습니다. 귀뚜라미나 여치 무리에는 초식성인 종류와 잡식성이라서 다른 곤충 등을 먹는 종류도 있습니다.

숨바꼭질의 달인

주로 낮에 활동하는 메뚜기 무리의 천적은 새, 거미, 사마귀 등입니다. 천적을 피하기 위해서 몸의 색이 녹색이나 갈색인 종류가 많고, 풀과 흙, 돌 위에 있으면 분간하기 어렵습니다. 귀뚜라미 무리의 경우, 낮에는 돌이나 낙엽 밑에 숨어 있고 주로 야간에 활동합니다.

▲강변에 굴러다니는 돌이나 주위의 경치와 닮은 가와라메뚜기.

▲해안의 모래와 뒤섞여 있어서 헷갈리는 동양알락방울벌레.

▲땅속에 산란관을 넣고 알을 낳는 풀무치. 알은 거품 덩어리에 싸여 있다.

울음소리로 서로를 부른다

귀뚜라미나 여치 무리는 여름 끝 무렵부터 가을에 걸쳐서, 어두워지면 아름다운 소리로 울기 시작합니다. 우는 것은 수컷 성충이며, 울음소리로 세력권을 지키거나 교미할 암컷을 유혹합니다. 목적에 따라 우는 방법이 달라지며, 상대방을 위협할 때는 날카로운 소리로 웁니다.

땅속에서 부화하고 풀 위에서 성장한다

메뚜기 무리는 가을이 되면 교미해서 알을 낳습니다. 알은 땅속에서 겨울을 나고, 따뜻해져서 풀이 무성해지면 부화합니다. 땅속에서 나온 유충은 여러 번 탈피를 거듭한 뒤에 허물을 벗고 성충이 됩니다.

▲풀무치가 성충이 되는 모습. 허물을 벗자 날개를 지닌 몸이 나타났다.

▲앞날개끼리 비벼서 우는 방울벌레.

가와라메뚜기(일본명)
강변에 살며 놀라면 재빠르게 날아갑니다.
- 메뚜깃과 ↕20~30mm ♀40~45mm 8~9월 일본

좁쌀메뚜기
강변이나 산길의 모래땅에 터널 모양의 구멍을 파서 생활합니다.
- 좁쌀메뚜깃과 3~4mm
- 3~11월 한국, 일본, 대만

칼럼 — 변신하는 메뚜기
메뚜기는 보통 단독으로 생활하며, 날아가는 힘도 세지 않습니다. 그러나 먹이인 식물이 줄어들고 서식 밀도가 높아지는 문제 등을 계기로 대량 발생하여 무리를 짓는 경우가 있습니다. 이런 상태가 된 메뚜기는 날개가 커지고 먹이를 찾아서 장거리를 이동하기에 적합한 몸으로 변화합니다.

▶날개가 조금 커진 풀무치.

> 밑들이메뚜기 무리는 날개가 짧아서 날지 못한다.
> (성충)
> (유충)
> 메뚜기나 귀뚜라미 무리는 유충과 성충의 생김새가 많이 닮았다.

제주밑들이메뚜기
활엽수림에 많이 서식하며 머윗잎을 즐겨 먹습니다.
- 밑들이메뚜깃과 25~30mm 7~10월 한국, 일본

> 모메뚜기 무리에게는 다양한 무늬가 있다.

모메뚜기
집의 정원이나 공원에서도 볼 수 있습니다. 몸 색깔과 무늬의 변화가 풍부합니다.
- 모메뚜깃과 8~12mm 4~10월 한국, 일본, 중국

가시모메뚜기
물가나 밭 등의 축축한 풀밭에서 볼 수 있습니다. 날개가 길며 양옆에 가시가 있습니다.
- 모메뚜깃과 15~20mm 4~10월 한국, 일본, 대만

> 모메뚜기 무리는 몸 색깔이 다양하다.

삽사리
모습이나 생태가 밑들이메뚜기와 비슷합니다.
- 메뚜깃과 ↕20mm 전후 ♀30mm 전후
- 6~9월 한국, 일본

끝검은메뚜기
축축한 초원에 서식합니다. 수컷은 노란색이고 암컷은 갈색입니다.
- 메뚜깃과 ↕33~42mm
- ♀45~49mm 7~9월
- 한국, 일본, 중국

각시메뚜기
칡 잎을 즐겨 먹습니다. 성충으로 겨울을 납니다.
- 밑들이메뚜깃과 ↕40mm 전후 ♀50~60mm
- 9~10월 한국, 일본, 중국

반날개벼메뚜기
무논에 서식합니다. 일본 일부 지방에서는 조림으로 만들어 먹습니다.
- 밑들이메뚜깃과
- 30~40mm 8~11월 일본

우리벼메뚜기
무논에 많이 서식하며 반날개벼메뚜기와 비교해서 몸이 조금 작습니다.
- 밑들이메뚜깃과 35~45mm 8~11월 한국, 일본, 중국

토막상식 '풀무치'의 이름 유래는 '풀에 묻혀 있다'고 하여 '풀묻히'라고 불리다가 '풀무치'가 되었다는 설이 있습니다.

여치 등의 무리

여치 무리는 유충일 때는 꽃을 즐겨 먹지만 성충이 되면 곤충을 잡아먹습니다. 몸은 짧고 다리와 더듬이가 긴 종류가 많으며 다리에는 가시가 잔뜩 나 있습니다.

▲ 날카로운 큰턱으로 메뚜기를 먹는 여치.

긴 더듬이

다리에 있는 날카로운 가시

동쪽베짱이
일본에서 일반적인 여치입니다.
■ 여칫과 ■ 25~40mm ■ 6~9월 ■ 일본 ● 총, 기이익

좀매부리
몸 색깔이 녹색과 갈색인 종류가 있습니다.
■ 여칫과 ■ 55~65mm ■ 10월~이듬해 6월
■ 한국, 일본, 중국 ● 지이지이

↑ (녹색형)

↑ (갈색형)

메뚜기에는 분홍색 색소가 있어, 돌연변이에 의해 진한 분홍색을 띤 메뚜기가 태어나는 경우가 있다.

↑ 희귀종

애여치
축축한 짧은 풀을 좋아합니다.
■ 여칫과 ■ 25~30mm ■ 6~8월 ■ 한국, 일본 ● 시리리리

우 (녹색형)

↑ (갈색형)

매부리
몸 색깔이 녹색과 갈색인 종류가 있습니다.
■ 여칫과 ■ 40~55mm ■ 8~10월 ■ 한국, 일본, 중국 ● 지이지이

중베짱이
나무 위나 덤불, 초원에서 볼 수 있습니다.
■ 여칫과 ■ 35~45mm ■ 6~8월 ■ 한국, 일본, 중국
● 기이기이

여치베짱이
참억새 등이 있는 초원에 서식합니다.
■ 여칫과 ■ 65~70mm ■ 7~9월
■ 한국, 일본 ● 자아자아

쌕쌔기
조릿대 등이 있는 초원에 서식합니다.
■ 여칫과 ■ 20~25mm ■ 8~10월
■ 한국, 일본, 중국 ● 시리시리시리

긴꼬리쌕쌔기
암컷에게는 붉은색을 띤 기다란 산란관이 있습니다. ■ 여칫과 ■ 25~30mm ■ 8~10월
■ 한국, 일본, 중국 ● 시리리, 시리리

우

우스이로쌕쌔기(일본명)
키가 작은 초원에 서식합니다. 몸의 색깔이 녹색과 갈색인 종류가 있습니다.
■ 여칫과 ■ 25~35mm ■ 6~11월
■ 일본 ● 시리리, 시리리

■ 과 ■ 전체 길이 ■ 성충을 볼 수 있는 주요 시기 ■ 분포 ● 울음소리

※ ┠───┨는 실물 크기를 나타냅니다.
※ 크기 표식이 없는 것은 실물의 약 120% 크기입니다.

도사사사키리모도키(일본명)
모습이 쌕쌔기를 닮았습니다. 야행성으로, 낮에는 나무 위에 있습니다.
- 사사키리모도키과 25mm 전후
- 8월 일본

검은다리실베짱이
평지에서부터 산지에 서식하며 다리 끝이 흑갈색입니다.
- 여칫과 30~35mm
- 7~10월 한국, 일본, 중국 지키익, 지키익

실베짱이
축축하고 키가 큰 풀을 좋아합니다.
- 여칫과 29~37mm 7~11월
- 한국, 일본, 대만 지지지지

줄베짱이
집의 산울타리 등에서 볼 수 있습니다.
- 여칫과 30~40mm 8~10월
- 한국, 일본, 대만
- 치치치, 지이초, 지이초

호소쿠비실베짱이(일본명)
산지의 활엽수림에 서식합니다.
- 여칫과 35~40mm 7~10월 일본 지키익, 지키익

귀뚜라미와 여치의 중간 형태를 띤다. 울지 못한다.

철써기
숲의 잡초에 서식하며 몸 색깔이 녹색과 갈색인 종류가 있습니다.
- 여칫과 50~60mm 7~11월
- 한국, 일본, 대만 딸깍딸깍

어리여치
평지에서부터 산지의 활엽수 위에 서식합니다. 야행성이며 경계심이 강합니다.
- 어리여칫과 35~40mm 7~9월 한국, 일본

베짱이붙이
몸집이 크고 높은 나무 위에 서식합니다.
- 여칫과 ♂40~50mm ♀60mm 전후
- 8~11월 한국, 일본, 대만 칫칫칫

하야시노베짱이(일본명)
밭이나 시냇가의 초원에 서식합니다.
- 여칫과 35~40mm 8~11월
- 일본 쓰이이총

알락꼽등이
야행성이며 집의 마룻바닥 등에도 서식합니다.
- 꼽등잇과 25mm 전후 1년 내내
- 한국, 일본

히라타쿠치키우마(일본명) [희귀종]
산지의 삼림에 있는 썩은 나무 등에 서식합니다.
- 꼽등잇과 15mm 전후 8월 일본

토막상식 우리나라에서는 여치를 대표적인 부지런한 곤충으로 인식하며, 가정의 편안함을 보여 주는 생물로 생각하였습니다.

세계의 메뚜기들

서식하는 장소의 환경에 동화되는 몸의 색깔이나 형태를 띠는 종류가 많습니다. 열대 지방에서는 나뭇잎이나 나뭇가지, 이끼 등을 닮은 메뚜기와 여치 무리를 흔히 볼 수 있습니다.

송라여치
중앙아메리카와 페루의 삼림에 서식하는 여치입니다. 나무에 자라는 이끼와 똑같은 모습을 하며 이끼를 먹습니다.

덕스왕메뚜기
남아메리카에 널리 서식하는 메뚜기입니다. 날개를 펼치면 23~24cm이며 한국의 풀무치보다 약 두 배 정도 큽니다.

헤라클레스나뭇잎베짱이
몸길이가 약 7cm이며 말레이시아 등에 서식하는, 나뭇잎과 똑같이 생긴 실베짱이입니다. 녹색이나 갈색 등 여러 종류가 있습니다.

말레이히라타실베짱이(일본명)
아시아에 널리 서식하는 실베짱이입니다. 몸길이는 약 5cm이며, 야행성이라서 낮에는 나뭇잎 뒤에 달라붙어 몸을 숨깁니다.

갈리나쎄우스메뚜기
몸길이는 약 5cm이며 낙엽과 똑같이 생긴 메뚜기입니다. 말레이반도, 보르네오섬 등에 서식하며 낙엽을 먹습니다. 다양한 색을 띤 종류가 있습니다.

사마귀 무리

낫과 같은 앞다리로, 꽃에 모여들거나 풀밭에 사는 곤충 등을 잡아먹는 육식성 곤충입니다. 곤충 외에도 개구리나 도마뱀 등을 먹기도 합니다.

▲커다란 낫으로 산호랑나비를 잡아먹는 왕사마귀.

풀밭의 사냥꾼

사마귀는 먹잇감을 직접 쫓지 않고, 풀이나 마른 잎에 몸을 숨기고 먹잇감이 다가오기를 기다립니다. 먹잇감이 다가오면 더듬이 끝과 두 개의 겹눈으로 먹잇감과의 거리를 잰 뒤, 순식간에 커다란 낫으로 상대를 사냥합니다. 밤에도 활동해서 빛에 모여드는 벌레를 잡아먹습니다.

◀먹이를 다 먹은 후 앞다리의 가시 사이를 깨끗하게 청소하는 왕사마귀.

상대를 위협한다

사마귀는 자신보다 강해 보이는 상대를 만나면, 자신을 강하게 보이려고 합니다. 날개를 크게 펼치고 배 끝을 구부리고 낫을 든 것 같은 자세를 취해서 상대를 위협합니다.

◀ 위협하는 왕사마귀.

▼ 알에서 계속 변화하는 유충. 유충의 절반 이상은 알 주머니에서 나오자마자 다른 생물에게 잡아먹힌다.

목숨을 건 교미

가을이 되면 수컷은 암컷이 내뿜는 냄새를 맡아서 교미합니다. 하지만 사마귀에게는 자신보다 작은 곤충에게 덤벼드는 습성이 있어서 교미 중에 암컷이 수컷을 공격하는 경우가 있습니다. 암컷은 100~300개의 알을 지키기 위한 거품(알 주머니)과 함께 알을 낳습니다. 알 주머니의 보호를 받으며 겨울을 난 알은 5~6월에 부화합니다. 유충은 여덟 번 정도 탈피를 거듭한 후에 성충이 됩니다.

▲ 교미 중에 암컷에게 잡아먹히는 수컷.   ▲ 알 주머니 속에 알을 낳는다.

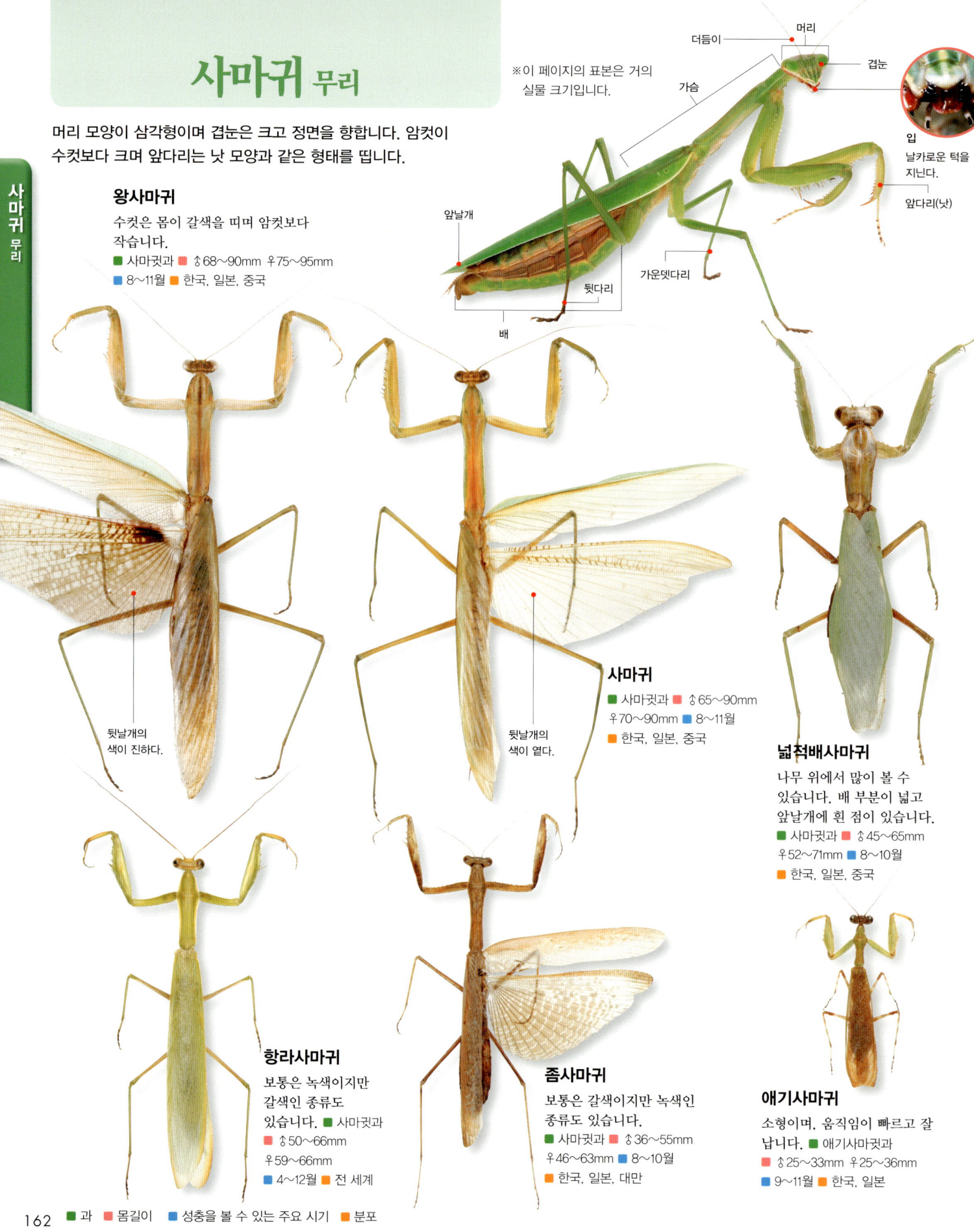

세계의 사마귀들

새 등의 천적에게 들키지 않기 위해서 그리고 먹잇감을 기다리기 위해서, 생활하는 환경에 동화되는 색이나 무늬를 띠는 종류가 많습니다. 주로 동남아시아의 열대 지방에 서식합니다.

△꽃으로 잘못 알고 찾아온 나비를 잡는다.

난초사마귀의 유충

모습이나 색이 꽃과 닮은 사마귀입니다. 꽃 위에서 먹잇감을 사냥합니다. 성충은 꽃과 그다지 비슷하지 않습니다.

트룬카타낙엽사마귀

낙엽을 닮은 사마귀입니다. 낙엽색에 맞춰서 거무스름한 종류부터 노란색, 갈색까지 다양한 색을 띤 종류가 있으며, 변화가 풍부합니다.

권투앞발꽃사마귀

몸길이는 30mm 정도이며, 사마귀가 권투 글러브를 낀 듯한 형태를 띱니다. 앞다리를 내밀거나 뒤로 빼며 권투 선수처럼 움직입니다.

마오우카레하사마귀(일본명)

몸길이 70mm 정도로, 검게 빛나는 앞다리를 지녔으며 무서운 얼굴을 합니다. 말레이반도나 보르네오섬에서 보이는 매우 희귀한 종류입니다.

대벌레 무리

메뚜기에 가까운 곤충이며, 숲이나 잡목림에서 생활합니다. 주로 밤에 활동하며 유충과 성충 모두 잎을 먹습니다. 몸은 길쭉하고 나뭇가지와 똑같이 생겼습니다.

위장술의 대가

무기가 없는 대벌레의 경우, 낮에는 천적인 새 등에게 들키지 않도록 녹색의 나뭇가지, 마른 가지, 나뭇잎 등으로 둔갑해서 가만히 있습니다.

▲나뭇가지처럼 매달려 있는 긴수염대벌레.

▲마른 나무 위를 걷는 가시대벌레.

암컷만으로 번식한다?

암컷은 가을에 나무 위에서 알을 낳습니다. 알은 식물의 씨앗과 똑같은 모양을 띱니다. 알은 그대로 겨울을 나서 봄부터 초여름에 부화하고 여름에 성충이 됩니다. 수컷이 발견되지 않은 종류도 많아서 암컷만으로 번식할 수 있다고 추정됩니다.

▲알은 나무 열매와 같은 모양을 띤다.

▲긴수염대벌레 유충. 부드러운 잎을 먹는다. 성충과 유충 모두 똑같은 형태를 띤다.

▲긴수염대벌레가 탈피하는 모습. 껍질을 찢고 몸이 나온다. 날개가 없는 종류가 많다.

■몸길이 ■성충을 볼 수 있는 주요 시기 ■분포 ■유충의 먹이

※이 페이지의 표본은 거의 실물 크기입니다.
※고부대벌레는 잎벌렛과입니다. 그 외는 모두 대벌렛과입니다.

대벌레 무리

더듬이
머리
가슴
배

입
날카로운 이빨은 없다.
앞다리
가운뎃다리
뒷다리

긴수염대벌레
녹색과 갈색인 종류가 있습니다.
- ♂65~82mm ♀82~112mm ■ 7~11월
- 한국, 일본, 대만 ■ 졸참나무나 벚나무

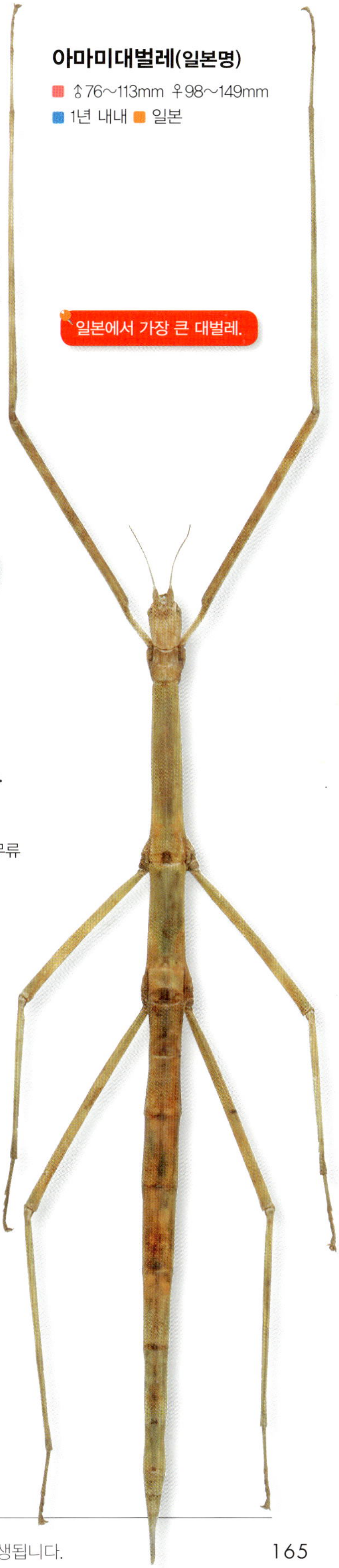

♀

아마미대벌레(일본명)
- ♂76~113mm ♀98~149mm
- 1년 내내 ■ 일본

일본에서 가장 큰 대벌레.

더듬이가 짧다.

분홍날개대벌레
수컷, 암컷 모두 날개가 있습니다.
- ♂36~40mm ♀46~56mm
- 여름~가을
- 한국, 일본 ■ 풀고사리나 떡갈나무류

♂

가시대벌레
땅 위를 기어 다니는 경우가 많습니다
- ♀57~75mm
- 봄~가을 ■ 일본
- 엉겅퀴나 장미, 풀고사리

고부대벌레 (일본명)
- ♂37~42mm
- ♀45~51mm
- 1년 내내 ■ 일본

대벌레
녹색과 갈색인 종류가 있습니다.
- ♂57~62mm ♀74~100mm
- 7~11월 ■ 한국, 일본

야에야마쓰다대벌레(일본명)
암컷만으로 번식하며 수컷은 발견되지 않았습니다.
공격하면 페퍼민트 같은 냄새가 나는 액체를 내뿜습니다. ♀102~119mm ■ 1년 내내 ■ 일본

토막상식 대벌레는 천적을 피하기 위해서 스스로 다리를 자르는 경우가 있는데, 유충의 경우 떨어진 다리는 탈피를 통해 재생됩니다.

세계의 대벌레들

삼림이 풍부한 동남아시아 등 열대 지방을 중심으로 약 2천 5백 종류가 서식합니다. 주위 환경에 맞춰서 다양한 모습과 형태를 띤 대벌레와 잎벌레 무리가 생활합니다.

엑타토소마 티아라툼(Extatosoma tiaratum)

성질은 온순하며 가시도 날카롭지 않습니다. 몸길이는 약 150mm입니다. 뉴기니섬과 호주에 서식합니다.

딜라타타왕대벌레

몸이 무거워서 암컷은 날지 못합니다. 위협할 때 물구나무를 서는 습성이 있으며 온몸에 날카로운 가시를 지니고 있습니다. 몸길이는 약 150~180mm입니다. 말레이반도에 서식합니다.

톱니다리녹색나뭇잎벌레

몸길이가 약 90mm이며, 나뭇잎과 같은 모습을 띱니다. 동남아시아에 서식합니다. 수컷은 암컷과 달리 몸이 가늘고, 날기 위한 날개를 지니고 있습니다.

골리아스왕대벌레

몸길이가 약 300mm나 됩니다. 목련과 나무에 앉아 있는 경우가 많으며 뉴기니섬에 서식합니다.

이끼긴수염대벌레(일본명)

이끼가 자란 마른 나뭇가지처럼 보이는 대벌레로 좀처럼 찾기 어렵습니다. 몸길이는 150mm 전후입니다. 보르네오섬 등에 서식합니다.

기가스왕대벌레

몸길이 약 200mm 전후이며, 특대 사이즈의 분홍날개대벌레의 일종입니다. 뉴기니섬에 서식합니다.

노린재 무리

노린재 무리(노린재목)에는 노린재, 매미, 물장군, 매미충 등이 포함되어 있습니다. 침처럼 길쭉한 주둥이가 특징이며, 대부분이 막과 같은 모양의 날개를 지닙니다. 번데기 과정을 거치지 않고 알에서 유충, 성충으로 성장하는 불완전 변태를 합니다.

▼낳은 알을 보호하는 에사키뿔노린재 암컷.

▼송충이를 공격하는 왕주둥이노린재.

침 모양의 주둥이로 찔러서 즙을 빨아 먹는다

노린재에는 식물의 즙을 빨아 먹는 종류와 벌레 등을 공격해서 그 체액을 빨아 먹는 종류가 있습니다. 초식성의 노린재는 빨대와 같은 긴 주둥이를 지녀서, 나무 열매 등에 주둥이를 깊이 찔러 넣습니다. 곤충을 먹는 종류의 경우, 주둥이는 비교적 굵고 짧으며 날카로운 주둥이 끝을 먹잇감에 찌릅니다.

△일제히 부화하는 에사키뿔노린재 유충.

어미가 새끼를 보호한다

노린재의 일부 종류 중에는 암컷이 낳은 알을 보호합니다. 에사키뿔노린재의 암컷은 알과 유충을 자신의 몸으로 덮고 천적이 다가오면 날개를 흔들어서 쫓아냅니다.

▲잎에 모여든 방패광대노린재 무리.

집단행동을 하는 노린재

종류에 따라서는 집단행동을 하며 큰 무리를 짓는 종류가 있습니다. 또 평소에는 단독으로 생활하고 겨울을 날 때 모이는 종류도 있습니다.

▲큰광대노린재 성충.

▲우화하는 큰광대노린재.

불완전 변태를 하는 곤충

노린재 무리는 유충 때부터 성충에 가까운 형태를 띠며, 여러 번 탈피해서 성장하면서 허물을 벗고 성충이 됩니다. 같은 종류라도 유충과 성충의 몸의 무늬가 완전히 다른 경우도 많아서, 마치 다른 종류처럼 보이기도 합니다.

▲벼의 즙을 빨아 먹는 남쪽풀색노린재.

노린재 무리

노린재 무리는 침처럼 긴 주둥이가 있습니다. 앞날개는 끝이 막과 같은 모양이며, 양옆으로 겹쳐서 접혀 있습니다. 천적을 만나면 몸에서 불쾌한 냄새를 풍기는 종류도 있습니다. 일본에는 800종, 한국에는 약 500종이 서식합니다.

※ ┝━━┥는 실물 크기를 나타냅니다.
※ 크기 표식이 없는 것은 실물의 약 250% 크기입니다.

- 머리
- 더듬이
- 앞다리
- 앞가슴
- 소순판
- 가운뎃다리
- 뒷다리

냄새샘(취선)
배 안쪽에 냄새를 내뿜는 기관(냄새샘)이 있어서 위험을 느끼면 악취를 풍긴다.

앞날개가 이어지는 부분은 딱딱하지만 끝부분은 투명하고 부드럽다.

분홍다리노린재
산지에 많고 당느릅나무나 층층나무, 물참나무 등에서 볼 수 있습니다.
- 🟩 노린잿과 🟥 17~24mm
- 🟧 한국, 일본

갈색날개노린재
배나 사과, 복숭아 등의 과일즙을 빨아 먹는 해충입니다.
- 🟩 노린잿과 🟥 10~12mm
- 🟦 4~10월 🟧 한국, 일본, 중국

풀색노린재
잡식성이라서 여러 종류의 풀, 나무, 채소, 과일나무 등에 모여듭니다.
- 🟩 노린잿과 🟥 12~16mm
- 🟦 4~10월 🟧 한국, 일본, 중국

비단노린재
유채나 무 등 십자화과 식물에 모여듭니다.
- 🟩 노린잿과 🟥 6.5~9.5mm
- 🟦 4~10월 🟧 한국, 일본, 중국

홍줄노린재
당근이나 안젤리카 등 미나릿과 식물의 꽃과 열매에 모여듭니다.
- 🟩 노린잿과 🟥 9~12mm
- 🟦 6~10월 🟧 한국, 일본, 중국

썩덩나무노린재
귤이나 사과, 콩 등의 즙을 빨아 먹는 해충입니다. 성충으로 겨울을 납니다. 강한 악취를 내뿜습니다.
- 🟩 노린잿과 🟥 13~18mm 🟧 한국, 일본, 중국

황소노린재
벚나무, 마취목, 편백나무 등에 모여듭니다.
- 🟩 노린잿과 🟥 8~9mm
- 🟦 7월~ 🟧 한국, 일본

메추리노린재
강아지풀 등 볏과 식물에 모여듭니다.
- 🟩 노린잿과 🟥 8~10mm
- 🟦 6월~ 🟧 한국, 일본, 중국

벼노린재(일본명)
벼 해충입니다.
- 🟩 노린잿과
- 🟥 12~13mm
- 🟧 일본

억새노린재
참억새 등 볏과 식물에 모여듭니다. 성충으로 겨울을 납니다.
- 🟩 노린잿과 🟥 14~19mm
- 🟧 한국, 일본, 중국

깜보라노린재
산지에서 상수리나무나 등나무, 나무딸기 등 여러 종류의 식물에 모여듭니다.
- 🟩 노린잿과
- 🟥 7.5~10mm 🟦 5~10월 🟧 한국, 일본, 중국

🟩 과 🟥 몸길이 🟦 성충을 볼 수 있는 주요 시기 🟧 분포

노린재 무리

※ ┠───┨는 실물 크기를 나타냅니다.
※ 크기 표식이 없는 것은 실물의 약 150% 크기입니다.

에사키뿔노린재
층층나무 등의 나무 위에서 볼 수 있습니다. 암컷은 알과 유충을 보호합니다.
🟩 뿔노린잿과 🟥 12mm 전후 🟦 4~10월
🟧 한국, 일본, 중국

뿔노린재 희귀종
아그배나무나 섬개벚나무 등에 모여듭니다.
🟩 뿔노린잿과 🟥 15~18mm
🟧 한국, 일본

긴가위뿔노린재
층층나무, 덩굴옻나무 등의 열매에 모여듭니다. 수컷의 배에는 돌기 한 쌍이 있습니다.
🟩 뿔노린잿과 🟥 18mm 전후 🟦 6~9월 🟧 한국, 일본

귤큰별노린재
예덕나무 꽃에 모여들며, 귤류의 과일즙도 빨아 먹습니다.
🟩 큰별노린잿과 🟥 15~19mm 🟦 4~10월
🟧 한국, 일본, 중국

여수별노린재
모밀잣밤나무와 예덕나무 등의 꽃에 모여들며, 불빛에도 끌립니다.
🟩 큰별노린잿과 🟥 11mm 전후 🟦 4~10월
🟧 한국, 일본

검은십자별노린재 (일본명)
해안 근처에 많고, 부용 등의 꽃이나 잎에 모여듭니다.
🟩 별노린잿과 🟥 10~16mm
🟦 1년 내내 🟧 일본

톱다리개미허리노린재
콩과 벼 등의 해충입니다.
🟩 호리허리노린잿과
🟥 14~17mm 🟧 한국, 일본, 대만

큰허리노린재
산지의 엉겅퀴 등에 모여듭니다. 지독한 냄새를 풍깁니다.
🟩 허리노린잿과
🟥 20~25mm 🟧 한국, 일본

아시비로허리노린재 (일본명)
호박이나 오이, 귤 등의 해충입니다.
🟩 허리노린잿과 🟥 17~25mm
🟧 일본

노랑배허리노린재
참빗살나무, 노박덩굴 등에 모여듭니다.
🟩 허리노린잿과
🟥 14~17mm 🟦 4~11월
🟧 한국, 일본, 중국

자귀나무허리노린재
유충은 자귀나무에 달라붙고, 성충은 귤이나 감에도 모여듭니다. 지독한 냄새를 풍깁니다.
🟩 허리노린잿과
🟥 17~24mm 🟦 3~10월
🟧 한국, 일본, 중국

침노린재 무리

침노린재 무리는 육식성이라서 다른 곤충 등을 공격해서 체액을 빨아 먹습니다. 다른 노린재 무리에 비하면 주둥이가 굵고 짧습니다. 또한 튼튼한 앞다리가 있어서 먹잇감을 꽉 붙잡습니다.

껍적침노린재
소나무에서 생활하며 다른 곤충을 습격합니다. 나뭇진 같은 점액질로 끈적끈적합니다.
🟩 침노린잿과 🟥 12~16mm
🟧 한국, 일본, 중국

왕침노린재
작은 곤충을 덮쳐서 체액을 빨아 먹습니다. 찔리면 심하게 아픕니다.
🟩 침노린잿과
🟥 20~27mm 🟧 한국, 일본

노랑침노린재
땅 위를 걸어 다니며 다른 곤충을 습격합니다. 찔리면 심하게 아픕니다.
🟩 침노린잿과 🟥 18~20mm
🟧 한국, 일본, 대만

붉은무늬침노린재
돌 밑이나 식물 뿌리 등에 서식합니다. 노래기를 즐겨 먹습니다.
🟩 침노린잿과 🟥 12mm 전후
🟧 한국, 일본, 중국

노랑날개쐐기노린재 희귀종
땅 위에서 생활하며 작은 곤충을 습격합니다.
🟩 쐐기노린잿과 🟥 9~10mm
🟧 한국, 일본, 중국

🟩 과 🟥 몸길이 🟦 성충을 볼 수 있는 주요 시기 🟧 분포

세계의 노린재들

노린재는 모습이 알록달록한 종류가 많습니다. 노린재는 악취를 풍기는 탓에 새 등의 천적이 잘 노리지 않으며, 눈에 띄는 생김새는 그것을 경고하는 것이라고 합니다.

사람얼굴노린재
등의 무늬가 사람 얼굴처럼 보이는 재미있는 노린재입니다. 몸길이는 30mm 정도이며, 동남아시아 열대 우림 등에 서식합니다.

하나비라히게부토침노린재(일본명)
중앙아메리카 열대 우림에 서식하며, 꽃잎처럼 몸 색깔이 선명한 노린재 무리입니다.

사파이어노린재(일본명)
몸 색깔이 마치 보석 같습니다. 인도네시아 수마트라섬에 서식합니다.

구와가타마루노린재(일본명)
아프리카 열대 우림에 서식합니다. 수컷만 뿔이 있으며 이 뿔을 사용해서 서로 힘껏 밉니다.

밧타모도키헤리노린재(일본명)
생김새가 메뚜기와 똑같은 노린재입니다. 브라질에 서식합니다.

중미긴다리침노린재(일본명)
몸이 매우 가늘고 긴 노린재입니다. 이래 보여도 육식을 합니다. 중앙아메리카에 서식합니다.

스네게후사히게침노린재(일본명)
뒷다리에 긴 털이 나 있는 특이한 모습의 노린재입니다. 호주 중앙부 사막에 서식합니다.

소금쟁이·장구애비·물장군 등의 무리

소금쟁이의 생활

소금쟁이는 다리 끝을 수면에 대고 물 위에 서 있듯이 앞으로 이동합니다. 몸이 가볍고 유일하게 수면에 대고 있는 다리에는 촘촘한 털이 빽빽하게 나 있어서 물을 튕겨 내기 때문에 가라앉지 않을 수 있습니다. 또한 그 다리로 수면의 물결을 감지해서 물에 떨어진 먹잇감을 찾아내서 덮칩니다.

▲물결을 넓히며 수면 위를 이동하는 참소금쟁이.

▼물에 떨어진 잠자리에 떼 지어 모이는 참소금쟁이.

▼침처럼 생긴 소금쟁이의 주둥이.

수면 위를 자유롭게 이동하는 육식 곤충.

소금쟁이의 주둥이는 다른 노린재 무리와 마찬가지로 침처럼 생겨서, 먹잇감의 몸을 찔러서 체액을 빨아 먹습니다. 물에 떨어진 곤충은 꼼짝없이 모여든 소금쟁이에게 잡아먹히고 맙니다.

물장군의 생활

물장군은 수생 곤충 중 가장 크며, 무논이나 연못 등에 서식합니다. 유충과 성충 모두 물속에서 생활하지만, 성충은 날개를 펴고 날 수도 있습니다. 물속에서 숨을 쉴 수는 없지만 배 끝부분에 호흡관이 있어서 때때로 그것을 수면 밖으로 내밀어서 숨을 쉽니다.

◀ 물고기를 잡아서 주둥이를 찔러 넣은 물장군.

사나운 '논의 제왕'

물장군은 매우 사나워서 개구리와 미꾸라지, 때로는 뱀에게도 덤벼듭니다. 끝부분에 날카로운 발톱이 달린 강력한 앞다리로 먹잇감을 잡고 주둥이 끝을 찔러 소화액을 주입해서, 녹은 살을 빨대 모양의 주둥이로 빨아 먹습니다.

▲ 알을 키우는 수컷.

▼ 다른 암컷이 낳은 알을 파괴하는 암컷.

복잡한 육아

수컷은 무논의 벼나 식물 줄기 등에 암컷이 낳은 알을 외부의 적으로부터 보호하거나 마르지 않도록 물을 공급해서 키웁니다. 한편 암컷은 다른 암컷이 낳은 알을 파괴해서 자신의 자손을 남기려고 합니다. 무사히 살아남은 알은 일제히 부화해서 수면으로 떨어집니다.

▲ 일제히 부화하는 유충.

소금쟁이·장구애비·물장군 등의 무리

소금쟁이 무리는 가운뎃다리와 뒷다리가 매우 길고, 털이 촘촘히 난 다리로 수면 위에 뜹니다. 장구애비와 물장군 무리는 물속에서 생활하며, 배의 끝부분에 있는 호흡관을 수면 밖으로 내밀어서 숨을 쉽니다. 육식성으로 힘센 앞다리로 먹잇감을 잡고 침 모양의 주둥이를 찔러서 체액을 빨아 먹습니다.

※ ┝━━┥는 실물 크기를 나타냅니다.
※ 크기 표식이 없는 것은 실물의 약 170% 크기입니다.

- 더듬이
- 앞다리
- 가운뎃다리
- 뒷다리

▶ 소금쟁이 다리에 촘촘히 나 있는 털이 물을 튕겨 내서 물 위에 뜰 수 있다.

소금쟁이
연못이나 강에서 흔히 볼 수 있습니다. 여름이 끝나 갈 무렵에 크게 무리를 짓는 경우가 있습니다. ■ 소금쟁잇과 ■ 11~16mm ■ 3~11월 ■ 한국, 일본, 중국

꼭지소금쟁이 [희귀종]
갈대 등이 자라는 연못이나 늪에 서식하며, 트인 장소에는 살지 않습니다.
■ 소금쟁잇과 ■ 7~11mm ■ 4~10월 ■ 한국, 일본

등빨간소금쟁이
산지의 연못이나 늪, 흐름이 완만한 강에 서식합니다. ■ 소금쟁잇과 ■ 10.5~14.5mm ■ 3~10월 ■ 한국, 일본, 중국

참소금쟁이
연못이나 무논, 개울 등 다양한 물가에 서식합니다. 초봄부터 활동합니다.
■ 소금쟁잇과 ■ 8.5~11mm ■ 3~11월 ■ 한국, 일본

[한국에서 가장 큰 소금쟁이]

왕소금쟁이
잡으면 사탕처럼 달콤한 냄새를 풍깁니다.
■ 소금쟁잇과 ■ 19~27mm ■ 여름~가을 ■ 한국, 일본, 중국

섬소금쟁이
어두운 나무 그늘의 물가에서 많이 볼 수 있습니다. ■ 소금쟁잇과 ■ 10~13.5mm ■ 3~11월 ■ 한국, 일본

엿소금쟁이
마름 등의 수초가 많은 연못을 좋아합니다. 일반적으로 날개가 없습니다.
■ 소금쟁잇과 ■ 6.5~10mm ■ 4~11월 ■ 한국, 일본, 중국

광대소금쟁이
시냇물에 서식합니다. 물살이 있는 장소에서 무리를 짓습니다.
■ 소금쟁잇과 ■ 5~7mm ■ 3~12월 ■ 한국, 일본

■ 과 ■ 몸길이 ■ 성충을 볼 수 있는 주요 시기 ■ 분포

※크기 표시가 없는 것은 거의 실물 크기입니다.

게아재비
연못이나 무논 등에 서식합니다. 작은 물고기와 올챙이 등을 잡아서 체액을 빨아 먹습니다. ■ 장구애빗과 ■ 40~45mm ■ 한국, 일본, 중국

▲수면 밖으로 긴 호흡관을 내밀어 숨을 쉰다.

― 낫처럼 생긴 앞다리
― 호흡관

방물벌레

연못이나 늪에 서식합니다. 물속에서는 날개와 몸 사이에 공기를 저장하여 풍선처럼 둥실둥실 떠 있어서 일본에서는 '풍선벌레'로 불리기도 합니다. ■ 물벌렛과 ■ 5~7mm ■ 한국, 일본, 대만

방게아재비
연못이나 늪에 서식합니다. ■ 장구애빗과 ■ 24~32mm ■ 한국, 일본, 중국

▲배를 위로 향하게 한 상태로 물 위에 뜬다.

송장헤엄치개
배를 위로 향하게 해서 헤엄칩니다. 작은 물고기나 물에 떨어진 벌레 등을 잡아서 체액을 빨아 먹습니다. 침처럼 생긴 주둥이로 찔리면 매우 아프므로 주의해야 합니다. ■ 송장헤엄치갯과 ■ 11~14mm ■ 한국, 일본, 중국

메추리장구애비
[희귀종]
샘터의 이끼 사이나 낙엽 밑 등에서 볼 수 있습니다. ■ 장구애빗과 ■ 18~22mm ■ 한국, 일본, 중국

▼등에 알을 업은 수컷

장구애비

연못이나 무논의 얕은 장소에 서식합니다. 붙잡아서 자극하면 주둥이 옆에서 고약한 냄새가 나는 유액을 내뿜습니다. ■ 장구애빗과 ■ 30~38mm ■ 한국, 일본, 중국

물자라
연못이나 무논에 서식합니다. 수생 곤충 등을 잡아서 체액을 빨아 먹습니다. 초여름에 암컷이 수컷의 등에 알을 낳아 붙이는 습성이 있습니다. ■ 물장군과 ■ 17~20mm ■ 한국, 일본, 중국

큰물자라

몸이 물자라보다 둥그스름하며 진한 색을 띱니다. ■ 물장군과 ■ 23~26mm ■ 한국, 일본

물장군 [멸종 위기종]
수초가 많은 연못이나 무논에 서식하며, 작은 물고기와 개구리 등을 습격해서 체액을 빨아 먹습니다. 물리면 매우 아프니 주의해야 합니다. ■ 물장군과 ■ 48~65mm ■ 한국, 일본, 중국

― 날카로운 발톱
― 호흡관

Q : 바다에 사는 소금쟁이도 있나요?   A : 네. 바다소금쟁이와 황해소금쟁이는 주로 연안부의 해수면에서 생활합니다.

매미 무리

매미의 생활

성충은 대부분의 생활을 나무 위에서 합니다. 빨대처럼 생긴 주둥이를 나무에 찔러서 수액을 빨아 먹습니다. 수컷은 배에 있는 발음 기관을 사용하여 큰 소리로 울어서 교미를 위해 암컷을 유인합니다.

나무 위에서 수컷과 암컷이 만난다

수컷과 암컷이 나무 위에서 만나면 수컷은 울음소리로 암컷을 유인하고 서로 다리를 맞닿게 하는 구애 행동을 한 후 교미합니다.

▼구애 행동을 하는 유지매미.

▲빨대 같은 주둥이로 수액을 빨아 먹는 유지매미.

▲유지매미 유충의 성장 과정.

나무와 함께 보내는 일생

알은 마른 나뭇가지 등에 낳으며, 부화한 유충은 나뭇가지에서 떨어져 땅속으로 파고들어 갑니다. 유충은 땅속에서 나무뿌리 즙을 빨아 먹으며 성장하고, 다 자라면 땅 위로 나와 풀이나 나무에 올라가 번데기를 벗고 성충이 됩니다. 갓 성충이 된 무렵에는 몸이 유연하지만 곧 단단해집니다.

▲번데기를 벗고 성충이 되는 유지매미.

▲갓 성충이 된 유지매미.

매미 무리

매미 무리는 날개가 길어서 잘 납니다. 수컷은 배에 발음 기관이 있어서 큰 소리로 웁니다. 유충은 땅속에서 생활하며 번데기에서 성충이 될 때 땅 위로 나옵니다. 일본에는 35종, 한국에는 13종이 서식합니다.

※여기에서 소개하는 매미는 모두 매밋과입니다.
※├──┤는 실물 크기를 나타냅니다.
※크기 표식이 없는 것은 거의 실물 크기입니다.

▲공중을 날 때는 앞날개와 뒷날개를 갈고리처럼 생긴 부분에 걸어서 연결하여 함께 움직인다.

민민매미
평지에서부터 낮은 산지에 흔히 있는 매미입니다. ■ 57~64mm
■ 7~9월 ■ 일본, 중국
● 미임밈밈밈밈미……

▲수컷 매미는 거의 텅 빈 것처럼 보이는 배 안쪽에 막이 있는데, 이것을 진동시켜서 울음소리를 낸다.

▲등에 검은 무늬가 거의 없고 전체적으로 녹색과 하늘색으로 이루어진 민민매미는 정해진 지역에서만 한정적으로 볼 수 있다.

유지매미
평지에서부터 낮은 산지에 흔히 있는 대형 매미입니다.
■ 55~63mm ■ 7~9월
■ 한국, 일본, 중국
● 지이지리지리……

류큐유지매미(일본명)
유지매미와는 달리 어둑한 숲이나 저산지 등에 서식합니다.
■ 55~65mm ■ 6~10월 ■ 일본
● 지리지리기이……

쓰마구로매미(일본명)
일본어로는 '끝이 검은 매미'를 뜻합니다. 앞날개 끝부분에 검은 무늬가 있어서 이름의 유래가 되었습니다.
■ 19~28mm
■ 4~7월 ■ 일본
● 시이, 시, 시, 시, 시이……

※이 페이지의 표본은 거의 실물 크기입니다.

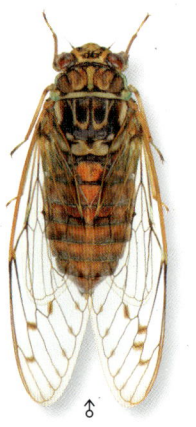

저녁매미
주로 이른 아침과 저녁에 울어서 저녁매미라는 이름이 붙었습니다.
- 46~48mm ■ 6~8월 ■ 일본, 중국
- 카나카나카나카나

타이완저녁매미(일본명)
세계에서 가장 큰 매미인 임페라토리아제왕매미에 가까운 무리입니다. ■ 34~52mm ■ 6~10월
- 일본 ● 빙, 빙, 빙, 규우……

짓치매미(일본명)
소나무 숲에 서식하며, 가을에 우는 매미입니다.
- 25~30mm ■ 7~11월 ■ 일본
- 칫칫칫칫……

호좀매미
낙엽송 숲에 서식합니다.
- 35~39mm ■ 7~9월
- 한국, 일본, 중국 ● 칫칫칫칫……

오시마매미(일본명)
일본 애매미 무리 중에서는 가장 큽니다.
- 45~49mm ■ 6~11월 ■ 일본
- 깡깡깡……

구로이와매미(일본명) **멸종 위기종**
아름다운 녹색을 띱니다.
- 23~31mm ■ 5~8월
- 일본 ● 츄츄츄츄……

애매미
매우 민감해서 다가가기만 해도 가만히 울다 날아가 버립니다.
- 40~46mm ■ 8~9월 ■ 한국, 일본, 중국 ● 오―신쓰쿠쓰쿠, 오―신쓰쿠쓰쿠, 오―신쓰쿠쓰쿠, ……쓰쿠료―시, 쓰쿠료―시, 지―

칼럼: 버섯이 되는 매미?

매미포식동충하초라는 종류의 버섯은 포자를 바람에 날려서 매미 유충의 몸속에 파고들어 갑니다. 버섯이 성장하면 매미 유충은 죽고 버섯은 유충의 몸을 양분으로 삼아 자랍니다. 겨울에는 곤충이었던 것이 여름에는 버섯으로 변화한 것처럼 보이므로, 이렇게 곤충에게 기생하는 버섯을 '동충하초'라고 부릅니다.
동충하초에는 매미포식동충하초 외에도 노린재포식동충하초와 벌포식동충하초 등이 있습니다.

▶저녁매미 유충에 기생한 매미포식동충하초.

세계의 매미들

세계에서는 약 1천 5백 종의 매미가 알려져 있습니다. 날개와 몸의 색깔이 선명해서 아름다운 종류와 특수한 생활을 하는 종류도 있으며, 울음소리도 다양합니다.

임페라토리아제왕매미

몸길이 80mm, 날개를 편 크기가 약 200mm나 되는 세계 최대의 매미로, 말레이시아 등의 고지대에 서식합니다. 저녁매미에 가까운 무리입니다.

실물 크기

세계에서 가장 큰 매미.

17년매미

미국에 서식하는 매미이며 17년에 한 번 셀 수 없을 정도로 많은 성충이 일제히 우화하여 도시를 꽉 메웁니다. 그 개체 수는 수십억 마리나 된다고 합니다. 17년매미에는 네 종류가 알려져 있습니다.

고노하매미(일본명)
나뭇잎과 똑같이 생긴 매미입니다. 호주 열대 우림 등에 서식합니다.

기에리유지매미(일본명)
동남아시아 저산지 등에 서식하는 화려한 매미입니다.

거품벌레의 생활

거품벌레 유충은 식물 줄기에 주둥이를 찔러서 그 즙을 빨아 먹으며, 거의 움직이지 않습니다. 빨아들인 수분을 배설물과 섞어서 끈기가 있는 거품을 만들고, 그 속에 숨어서 생활합니다. 성충은 매미를 닮았는데 거품 밖으로 나와 하늘을 날아다닙니다. 일본에는 40종, 한국에는 약 30종이 서식합니다.

▲거품을 내는 광대거품벌레 유충.

▲완전히 거품 속에 숨은 모습.

▲우화하여 거품 밖으로 나온 광대거품벌레 성충.

▼유충을 낳는 긴꼬리볼록진딧물.
▲교미하는 밤나무왕진딧물.

번식 방법은 두 종류

진딧물의 번식 방법에는 두 종류가 있습니다. 먹이가 풍부한 봄과 여름에는 암컷이 교미하지 않고 유충을 낳습니다. 가을이 되면 날개가 있는 수컷이 태어나, 암컷은 수컷과 교미해서 알을 낳습니다.

▼개미와 공생하는 조팝나무진딧물.

진딧물의 생활

진딧물은 식물의 즙을 빨아 먹으며 생활합니다. 무리와 협력해서 천적과 싸우는 등 '사회성'을 지니는 종류도 있습니다.

개미와의 공생

진딧물 중에는 개미와 협력하며 살아가는 종류가 있습니다. 진딧물이 몸에서 배출하는 즙은 달아서 개미의 먹이가 됩니다. 그 즙을 찾아 모여든 개미가 진딧물을 천적으로부터 보호합니다.

매미충·거품벌레·진딧물 등의 무리

※ 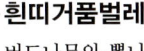 는 실물 크기를 나타냅니다.
※ 크기 표식이 없는 것은 실물의 250% 크기입니다.

매미충, 거품벌레는 매미에 가까운 무리이며, 유충과 성충 모두 식물의 즙을 빨아 먹습니다. 진딧물 무리는 몸이 땅딸막하며, 성충에게는 일부 계절을 제외하고 날개가 없습니다.

만주거품벌레
볏과 식물에 달라붙습니다.
- 거품벌렛과
- 13~14mm
- 한국, 일본, 중국

덴구거품벌레(일본명)
엉겅퀴 등에 기생하며, 불빛에도 모여듭니다.
- 거품벌렛과
- 10~12mm
- 일본

흰띠거품벌레
버드나무와 뽕나무, 사철나무 등에 달라붙습니다.
- 거품벌렛과
- 11~12mm
- 한국, 일본

끝검은말매미충
다양한 식물의 즙을 빨아 먹습니다.
- 말매미충과
- 13mm 전후
- 3~11월
- 한국, 일본, 중국

말매미충
다양한 식물의 즙을 빨아 먹습니다.
- 말매미충과
- 8~10mm   5~9월
- 한국, 일본, 중국

뿔매미
엉겅퀴와 쑥 등에 달라붙습니다.
- 뿔매밋과
- 6~8.5mm
- 7~8월 한국, 일본

외뿔매미
성충으로 겨울을 납니다. 말오줌나무, 등나무 등에 기생합니다.
- 뿔매밋과   5~6mm
- 4~11월
- 한국, 일본, 중국

선녀벌레
다양한 식물에 달라붙습니다. 귤과 차 등의 해충입니다.
- 선녀벌렛과
- 9~11mm   한국, 일본, 중국

부채날개매미충
뽕나무 등에 붙어 있습니다.
- 큰날개매미충과
- 9~10mm   일본

귀매미
상수리나무 등에 달라붙습니다. 성충으로 겨울을 납니다.
- 매미충과   14~18mm
- 한국, 일본, 중국

주홍긴날개멸구
참억새 등의 볏과 식물에 달라붙습니다.
- 긴날개굿과   9~10mm
- 한국, 일본, 중국

홍도알멸구
언뜻 보면 무당벌레를 닮았습니다. 위험을 느끼면 튀어 오릅니다.
- 알멸굿과   5~6mm
- 한국, 일본

긴꼬리볼록진딧물
잠두, 갯완두 등의 줄기와 잎 뒷면에 기생합니다.
- 진딧물과   3mm 전후
- 3~6월   한국, 일본

아카시아진딧물
팥, 잠두, 살갈퀴 등의 콩과 식물에 기생합니다.
- 진딧물과   1.4~2.2mm 전후   1년 내내   한국, 일본

빈대 외래종
전 세계에 서식하며 사람에게서 피를 빨아 먹는 해충입니다. '베드버그'라고 불리기도 합니다. 물리면 엄청 가렵습니다.
- 빈댓과   5~7mm
- 1년 내내   전 세계

깍지벌레 무리

깍지벌레 무리는 식물에 기생해서 거의 움직이지 않으며, 일부는 다리가 퇴화해서 전혀 움직이지 못하는 종류도 있습니다. 흰 가루와 밀랍 같은 물질을 내뿜어서 몸 주위를 덮는 종류도 있습니다. 대부분의 종류에서 암컷은 평생 움직이지 못합니다. 수컷은 성충이 되면 날개를 지니고 암컷을 찾아 날아다닙니다.

짚신깍지벌레
수컷에만 날개가 있습니다. 떡갈나무류 등의 나뭇가지나 줄기에 기생합니다.
- 이세리아깍지벌렛과
- ♂ 5mm 전후
- ♀ 8~12mm   5~6월
- 한국, 일본, 중국

외래종
이세리아깍지벌레
감귤류, 남천, 팔손이나무 등 다양한 식물에 기생합니다. 수컷은 드물게 볼 수 있습니다.
- 이세리아깍지벌렛과
- ♂ 3mm ♀ 4~6mm
- 연 2~3회
- 한국, 일본, 중국

토막상식 진딧물의 체내에는 진딧물에게 필요한 영양분을 만들어 내는 세균이 살고 있습니다. 세균은 밖에서 살지 못하므로 둘은 공생 관계를 유지합니다.

바퀴벌레·그 외의 곤충

바퀴벌레 무리

공룡보다 더 오래전부터 서식했으며, 강한 생명력을 지니고 있습니다. 일부는 집에 눌러 사는 탓에 해충으로 미움을 받지만, 대부분의 종류는 숲에서 마른 잎 등을 먹으며 생활합니다. 일본에서는 60종, 한국에서는 약 10종이 알려져 있습니다.

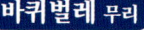
※ ┠────┨는 실물 크기를 나타냅니다.
※ 크기 표식이 없는 것은 거의 실물 크기입니다.

이질바퀴 (외래종)
전 세계의 도시와 열대 지역에 서식하는 해충입니다.
■ 왕바큇과 ■ 30~40mm
■ 한국, 일본, 대만

먹바퀴 (외래종)
집 안에서 가장 흔히 볼 수 있는 해충입니다.
■ 왕바큇과 ■ 25~35mm
■ 한국, 일본, 중국

집바퀴
일본 토착종인 바퀴벌레입니다. 집 안에서도 볼 수 있지만 원래는 잡목림 등에 서식합니다.
■ 왕바큇과 ■ 25mm 전후
■ 한국, 일본, 중국

▲ 지갑 입구처럼 생긴 형태의 알에서 일제히 부화하는 먹바퀴 유충.

바퀴(독일바퀴) (외래종)
저온에 약해서 난방이 잘 되는 빌딩이나 조리장에 사는 해충입니다. ■ 바큇과
■ 11~13.2mm ■ 전 세계

히메마루바퀴 (일본명)
암컷은 자극하면 공벌레처럼 몸을 둥글게 맙니다. 수컷은 날개가 있습니다. ■ 대형바큇과
■ 10~12mm ■ 일본

대형바퀴 (일본명)
천연림의 말라 죽거나 쓰러진 나무에 숨어서 썩은 나무를 먹습니다.
■ 대형바큇과
■ 37~41mm ■ 일본

사쓰마바퀴 (일본명)
날개가 퇴화해서 비늘 모양입니다. 썩은 나무껍질 밑에 서식합니다.
■ 대형바큇과 ■ 25~35mm
■ 일본

세계의 바퀴벌레

세계에는 열대 지역을 중심으로 약 4천 종의 바퀴벌레가 서식합니다.

거인굴바퀴벌레
세계 최대급 바퀴벌레로 몸길이가 80mm 정도나 됩니다. 땅속에서 새끼를 키웁니다. 호주의 건조한 숲에 서식하며, 애완용으로 기르는 경우도 있습니다.

유칼립투스바퀴벌레 (일본명)
몸길이는 15mm 정도이며 호주 등에 서식합니다. 볕이 잘 드는 숲 등의 밝은 곳에 살며 꽃가루 등을 먹습니다.

루리바퀴 (일본명) (희귀종)
삼림에 서식합니다. 남색으로 빛나서 아름다운 바퀴벌레입니다.
■ 옛날바큇과 ■ 11.7~12.7mm ■ 일본

일본에서 가장 큰 바퀴벌레.

야에야마마다라바퀴 (일본명)
숲속에서 마른 잎 밑이나 나무 구멍에 서식합니다.
■ 대형바큇과 ■ 35~48mm
■ 일본

■ 과 ■ 전체 길이 ■ 분포

집게벌레 무리

세계에는 약 1천 9백 종, 한국에는 약 20종이 서식합니다. 꼬리 끝에 집게가 있어서 적에 대해 꼬리를 치켜들고 구부려, 집어서 공격합니다. 동물의 사체, 작은 곤충, 썩은 식물 등을 먹습니다.

▲알을 돌보는 혹집게벌레 암컷.

큰집게벌레
해안과 하천, 밭의 돌이나 쓰레기 밑에 서식합니다.
- 큰집게벌렛과
- 18~30mm
- 한국, 일본, 중국

못뽑이집게벌레
나무 위나 산지의 돌 밑에 서식하며, 수컷의 집게는 못뽑이와 같은 형태를 띱니다.
- 집게벌렛과
- 21~36mm
- 한국, 일본

혹집게벌레
산지의 초목 위 등에 서식합니다. 수컷의 집게는 세 가지 형태가 알려져 있습니다.
- 집게벌렛과
- 12~20mm
- 한국, 일본, 중국

▲혹집게벌레와 노란날개집게벌레의 암컷은 부화한 유충에게 자신의 몸을 먹인다.

이·다듬이벌레 무리

몸길이는 0.5~10mm 정도입니다. 대부분의 새이는 새에 기생하며, 이는 포유류에 기생해서 피를 빨아 먹습니다. 사람에게 기생하는 이로는 머리카락에 달라붙는 머릿니와 의복에 달라붙는 몸니가 있습니다. 다듬이벌레는 긴 더듬이를 지녔으며 곰팡이나 지의류 등을 먹습니다. 집 안에 서식하는 종류도 있습니다.

▲머릿니의 확대 사진.   ▲옷에 달라붙은 몸니.   ▲풀 줄기 위에 있는 큰다듬이벌레(일본명).

귀뚜라미붙이(=갈루아벌레) 무리

원시적인 곤충으로 '살아 있는 화석'이라고 불리며 유충과 성충의 생김새가 똑같습니다. 날개는 없고 몸이 유연해서 땅속에 파고들기 적합한 몸입니다.

귀뚜라미붙이
산지의 숲속에 있는 돌이나 이끼 밑에서 생활합니다.
- 귀뚜라미붙잇과
- 20~30mm
- 한국, 일본

총채벌레 무리

몸길이가 2mm 전후로 매우 작아서 눈에 띄지 않는 곤충이지만, 농작물의 즙을 빨아 먹는 탓에 해충으로 알려져 있습니다. 종류가 많고 균류 등을 먹는 종류도 있습니다.

◀고로쇠나무 위의 귤총채벌레.

톡토기·좀붙이 무리

가장 원시적인 곤충입니다. 땅속 등에 서식하며 날개는 없고 유충과 성충의 생김새가 똑같습니다. 곤충과는 다른 그룹으로 간주하는 경우도 있습니다.

▲지면을 걷는 큰가시톡토기(일본명).

좀 무리

원시적인 곤충으로 날개는 없고 유충과 성충의 생김새가 똑같습니다. 몸길이는 약 10mm 정도이며, 책을 못 쓰게 만드는 해충으로 유명합니다.

▲집 안에 있는 작은좀.

돌좀 무리

원시적인 곤충으로 날개는 없고 유충과 성충의 생김새가 똑같습니다. 몸길이는 10~15mm이며, 실외의 바위나 돌담 등에 서식하고 해초 등을 먹습니다. 놀라면 배로 지면을 쳐서 튀어 오릅니다.

▲콘크리트를 걷는 돌좀.

▲땅속에 있는 레피도캄파 웨베리(Lepidocampa weberi).

토막상식 바퀴벌레 무리는 공룡이 번성했던 시대보다 훨씬 더 오래전인 3억 년 전부터 존재했다고 해서 '살아 있는 화석'으로 불립니다.

거미 무리

거미 무리는 크게 나누면 곤충과 똑같은 절지동물 그룹에 포함되지만 곤충은 아닙니다. 생김새와 다리 수도 곤충과 다릅니다. 1천 3백여 종이 서식하며, 거미 무리는 모두 몸에서 실을 만들어 낼 수 있다는 점이 큰 특징입니다. 이 실을 사용해서 거미줄(거미집)을 치는 것이 유명한데, 거미줄을 치지 않는 거미도 많습니다.

거미의 먹이

대부분의 거미는 육식성이라서 곤충이나 다른 거미 등을 잡아먹습니다. 포획한 먹잇감은 그대로 먹지 않고 상대의 몸에 소화액을 주입해서 녹인 후에 빨아들입니다.

거미줄을 치지 않고 먹잇감을 사냥한다

거미줄을 치지 않는 거미는 식물의 잎 위 등에서 잠복하거나 돌아다니며 먹잇감을 찾습니다. 그리고 먹잇감을 발견하면 잽싸게 덤벼들어서 붙잡습니다. 거미줄은 치지 않지만 이동할 때는 늘 실을 만들어 내며 움직입니다. 이 실 덕분에 위험이 닥쳤을 때 땅 위로 점프해서 도망칠 수 있습니다.

▲청개구리를 잡은 황닷거미.

▲둥근 거미줄의 한가운데에서 먹잇감을 기다리는 긴호랑거미.

▲알 주머니를 만드는 긴호랑거미.

거미줄의 여러 가지 사용 방법

거미 무리는 거미줄을 치는 것 외에도 여러 가지 일에 실을 이용합니다. 예를 들어, 암컷 거미는 알을 낳으면 실로 여러 겹을 감싸서 '알 주머니'라고 부르는 주머니를 만듭니다. 이렇게 해서 알을 보호합니다.

거미줄에 숨은 비밀

거미가 치는 거미줄 모양은 종류마다 차이가 있습니다. 둥근 그물이라고 하는 거미줄의 경우 끈끈한 씨줄과 끈끈함이 없는 날줄로 이루어져 있습니다. 거미가 거미줄 위를 이동할 때는 날줄을 타고 지나가므로 자신이 친 거미줄에 걸릴 일은 없습니다. 한가운데의 두껍고 흰 부분은 '숨음띠'라고 불립니다. 둥근 거미줄을 치는 거미 중에서도 숨음띠의 형태는 종류마다 다릅니다.

거미줄을 사용하면 하늘도 날 수 있다

부화해서 일제히 알 주머니에서 나온 새끼 거미는 며칠에서 일주일 정도 집단생활을 합니다. 이 집단생활 기간이 끝나면 새끼 거미들은 각각 독립해서 떠나는데 이때 공중에 실을 쏴서 바람을 타고 하늘을 나는 모습을 볼 수 있습니다.

▼새끼 긴호랑거미들의 집단생활.

◀붙잡은 잠자리에 거미줄을 칭칭 감는 긴호랑거미.

거미줄을 쳐서 먹잇감을 기다린다

거미줄은 먹잇감을 잡기 위한 덫 역할을 합니다. 끈끈한 거미줄에 먹잇감이 걸리면, 그 진동을 감지한 거미가 재빠르게 다가와 몸에서 만들어 낸 실로 움직이지 못하게 합니다.

▼실을 쏴서 공중으로 튀어 나가려고 하는 들풀거미의 일종.

거미 무리

곤충의 몸이 세 부분으로 나뉘는 것에 비해 거미의 몸은 두 부분으로 나뉩니다. 다리 수도 곤충은 3쌍 6개지만 거미는 4쌍 8개입니다. 또 거미에게는 더듬이와 날개도 없습니다.

※ ———— 는 실물 크기를 나타냅니다.

- 배
- 머리

방적돌기
배 끝부분에 있는 실을 분비하기 위한 기관. 3쌍 6개가 달려 있다.

입
날카로운 송곳니가 있어서 이 부분으로 먹잇감에게 독을 주입하여 마비시킨다.

더듬이다리
머리가슴 끝에 있으며, 사람으로 치면 손과 같은 역할을 한다.

홑눈
거미에게는 겹눈이 없고, 대부분이 홑눈 8개를 지니고 있다.

산왕거미
인가의 처마 끝이나 가로등 등에 거미줄을 치고 밤에만 거미줄로 나옵니다. ■ 왕거미과
■ ♂15~20mm ♀20~30mm ■ 6~10월
■ 한국, 일본, 중국

호랑거미
키가 큰 풀이 자란 곳에 서식하며 거미줄에 X자형의 숨음띠를 만듭니다. ■ 왕거미과 ■ ♂5~7mm ♀20~30mm
■ 6~8월 ■ 한국, 일본, 중국

무당거미
거미줄이 크고 그물눈이 촘촘해서 악보를 그리는 오선지처럼 보입니다.
■ 무당거미과
■ ♂6~10mm ♀17~30mm
■ 8~12월 ■ 한국, 일본, 중국

민새똥거미
낮에는 나뭇잎 뒤에서 가만히 지내고 밤에 습도가 높아지면 거미줄을 칩니다. ■ 왕거미과
■ ♂1~2.5mm ♀8~10mm ■ 7~9월
■ 한국, 일본, 중국

> 사람의 목숨도 빼앗을 정도로 강력한 독을 지닌다.

붉은배과부거미 [외래종]
외국에서 온 거미입니다. 독이 강해서 만지지 않도록 주의해야 합니다. ■ 꼬마거미과
■ ♂3.5~6mm ♀7~10mm
■ 1년 내내 ■ 일본

필리페스무당거미
일본에서 거미줄을 치는 거미 중에서는 가장 큽니다(암컷만 크고 수컷은 작습니다).
■ 무당거미과 ■ ♂7~10mm
♀35~50mm ■ 7~12월
■ 일본

비너스연두꼬마거미
금색이 선명한 거미인데 자극하면 수수한 색깔로 변합니다. ■ 꼬마거미과
■ ♂3.3~5mm ♀4.2~7.7mm
■ 6~9월 ■ 한국, 일본, 중국

말꼬마거미
툇마루 밑이나 실외 화장실 등의 인공물에 너저분한 거미줄을 칩니다. ■ 꼬마거미과
■ ♂2.2~4.1mm ♀5.1~8mm
■ 1년 내내 ■ 한국, 일본, 중국

■ 과 ■ 몸길이 ■ 성충을 볼 수 있는 주요 시기 ■ 분포

주홍더부살이거미
다른 거미가 친 거미줄에서 생활하며, 먹이를 훔치거나 거미줄 주인과 함께 먹기도 합니다. ■ 꼬마거미과
■ ♂3.6~4.2mm ♀3.8~6.2mm
■ 7~10월 ■ 한국, 일본, 중국

창거미
다른 거미가 친 거미줄에 침입해, 빈틈을 노려서 집주인을 공격해 잡아먹습니다. ■ 꼬마거미과
■ ♂6~8mm ♀6~11mm
■ 5~10월 ■ 한국, 일본

▲ 옆에서 본 모습.

홀거미
몸이 매우 납작하며 오래된 절이나 민가에서 볼 수 있습니다.
■ 홀거미과 ■ ♂5~8mm ♀6.1~8mm ■ 6~10월
■ 한국, 일본

> 더부살이거미 무리나 창거미는 다른 거미줄에 침입한다.

물거미 [멸종 위기종]
물속에서 먹잇감을 사냥한 뒤 실로 만든 공기 집으로 운반해 먹습니다. ■ 굴뚝거미과 ■ ♂ ♀8~15mm
■ 1년 내내 ■ 동북아시아, 북유럽

꼬리거미
여러 가닥의 줄을 쳐서 그 줄을 타고 오는 거미를 잡아먹습니다.
■ 꼬마거미과 ■ ♂12~25mm ♀25~30mm ■ 5~8월
■ 한국, 일본, 대만

낯표스라소니거미
초원에 서식하는 거미이며, 다리에 많은 가시가 나 있습니다.
■ 스라소니거미과
■ ♂7~9mm ♀9~11mm
■ 6~10월 ■ 한국, 일본, 중국

오각게거미
앞다리 두 쌍은 굵고 튼튼합니다. 배가 재미있는 모양을 띱니다.
■ 게거미과 ■ ♂3.6~5.3mm ♀8.5~12.1mm
■ 5~10월 ■ 한국, 일본, 중국

불개미거미
생김새가 개미를 꼭 닮았지만, 개미와의 관계는 알 수 없습니다.
■ 깡충거미과 ■ ♂ ♀5.8~8mm
■ 5~9월 ■ 한국, 일본, 대만

줄연두게거미
예쁜 녹색을 띠며 나뭇잎 위에 가만히 앉아 있는 경우가 많은 종류입니다.
■ 게거미과 ■ ♂6~11mm ♀9~12mm
■ 4~8월 ■ 한국, 일본, 중국

올가미로 먹잇감을 사냥하는 거미
거미 무리는 거미줄을 잘 사용해서 먹이를 잡는데, 여섯뿔가시거미의 경우 거미줄의 사용법이 매우 희한합니다. 점액을 거미줄 끝에 공 모양으로 뭉쳐 붙인 뒤 마치 카우보이가 던지는 올가미처럼 다리로 휘둘러서 먹잇감을 사냥합니다.

털보깡충거미
나무껍질 속이나 마른 잎 속에 주머니 모양의 집을 만들고 겨울을 보냅니다.
■ 깡충거미과
■ ♂7~13mm
■ 5~8월 ■ 한국, 일본, 중국

기무라거미(일본명) [멸종 위기종]
배에 마디의 흔적이 있어서 살아 있는 화석으로 불립니다.
■ 리피스티데(Liphistiidae)과
■ ♂ ♀9~13mm ■ 1년 내내
■ 일본

땅거미
나무 밑이나 벽 가장자리 등 지면과 가까운 곳에 통 모양의 집을 짓고 숨어 지냅니다.
■ 땅거미과 ■ ♂10~15mm ♀12~20mm ■ 1년 내내 ■ 한국, 일본

토막상식 숨음띠의 역할에 관해서는 자외선을 반사해서 먹잇감을 유인하거나 거미줄을 보강한다는 설 등이 있으나 확실하지 않습니다.

공벌레·지네 등의 무리

공벌레 무리
공벌레는 곤충이 아니라 새우 및 게 등과 같은 갑각류입니다. 다리는 14개(7쌍)이며, 위험을 느끼면 몸을 공처럼 둥글게 말아서 보호합니다.

공벌레
- 10~14mm ■ 전 세계

숲속의 청소부
공벌레는 낙엽이나 곤충 사체 등을 먹습니다. 공벌레가 먹고 남은 낙엽은 미생물에 잘 분해되어서 흙의 양분이 풍부해집니다.

쥐며느리
공벌레와 많이 닮았지만, 몸을 둥글게 말지는 못합니다. ■ 10~12mm ■ 전 세계

지네 무리
다리가 매우 많습니다. 다리 수는 종류마다 차이가 있습니다. 송곳니에 독이 있으며 곤충 등을 잡아먹습니다.

노래기 무리
노래기 무리는 균류나 마른 잎 등을 먹습니다. 움직이는 속도는 느린 편이며 자극을 주면 몸에서 불쾌한 냄새가 나는 액을 내뿜습니다.

고운까막노래기
인가의 정원 등에서 흔히 볼 수 있습니다.
- 20mm 전후 ■ 6~10월 ■ 한국, 일본

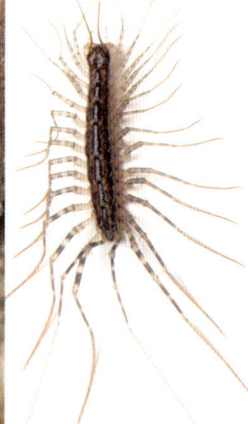

진드기 무리
진드기는 거미에 가까운 무리이며, 대부분의 종류가 매우 작아서 육안으로 보기 어렵습니다. 사람의 피를 빨아 먹거나 식물에 붙어사는 등 종류가 다양합니다.

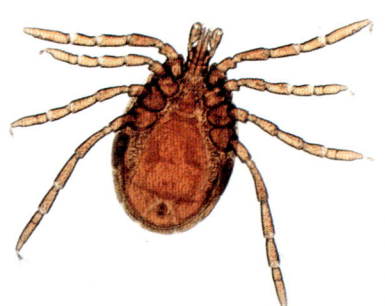

집쥐진드기
사람의 피를 빨아 먹는 진드기입니다. 병을 옮기기도 해서 주의해야 합니다.
- 0.7mm 전후 ■ 전 세계

왕지네
바퀴벌레나 메뚜기 등을 먹습니다.
- 80~150mm ■ 한국, 일본

그리마
다리가 30개이며, 엄청 빠른 속도로 이동합니다. 바퀴벌레 등을 먹습니다.
- 25~30mm ■ 전 세계

사슴참진드기
대형 진드기로 사람이나 동물의 피를 빨아 먹습니다. 피를 한 번 빨기 시작하면 떨어지지 않습니다.
- 2~3mm ■ 한국, 일본, 중국

색인

이 도감에 나오는 키워드를 가나다순으로 정리했습니다.

가

가는등줄벌레	42
가는실잠자리	141
가랑잎나비	86
가슴각진버섯벌레	54
가슴빨간개미붙이	54
가슴빨간금풍뎅이	35
가시개미	127
가시나무비단벌레	52
가시대벌레	165
가시모메뚜기	155
가시범하늘소	64
가와라메뚜기	155
가위개미	128
가젤라멋쟁이사슴벌레	33
가중나무고치나방	98
가중나무껍질밤나방	101
각다귀붙이	137
각시메뚜기	155
각시멧노랑나비	83
갈고리왕푸른자나방	102
갈구리나비	84
갈구리신선나비	85
갈리나쎄우스메뚜기	159
갈색날개노린재	170
갈색둥근날개사슴벌레	30
갈색무늬거위벌레	74
갈색발왕개미	127
갈색얼룩가지나방	102
감나무통호랑하늘소	64
강도래	151
강변길앞잡이	42
강변먼지벌레	42
개미반날개	45
개미집귀뚜라미	158
개미허리왕잠자리	145
거꾸로여덟팔나비	85
거무튀튀긴꼬리맵시벌	122
거위벌레	74
거인굴바퀴벌레	186
검거세미밤나방	101
검은노랑등에	132
검은다리실베짱이	157
검은둥근장수풍뎅이	22
검은물잠자리	140
검은십자별노린재	172
검은얼굴쇠측범잠자리	143
검은줄얼룩무늬밤나방	101
검은줄포충나방	107
검정가시잎벌레	69
검정긴딱정벌레	43
검정꽃무지	37
검정녹색부전나비	93
검정말벌	119
검정명주딱정벌레	43
검정송장벌레	45
검정오이잎벌레	69
검정팔랑나비	95
검정풍뎅이	36
검정풍이	36
검정하늘소	62
검정혹가슴소똥풍뎅이	35
게아재비	177
겐지반딧불이	51
고구마바구미	73
고노하매미	183
고동털개미	127
고려나무쑤시기	54
고려비단벌레	52
고마다라거위벌레	74
고마후하늘소	64
고부대벌레	165
고부야하즈하늘소	65
고양이벼룩	137
고운까막노래기	192
고운점박이푸른부전나비	94
고차바네팔랑나비	95

고추좀잠자리	146
고혼뿔소똥구리	35
곤봉딱정벌레	43
골리아스왕대벌레	166
골리앗왕꽃무지	38
곰개미	127
곰보벌레	42
공벌레	192
공작나비	85
공주날도래	137
광대노린재	171
광대소금쟁이	176
구로멘카타박각시	100
구로보시시로오오심식나방	105
구로쓰바메	106
구로쓰야반날개	45
구로오비히게부토딱정벌레	42
구로이와매미	182
구로카타바구미	72
구로후히게나가바구미	74
구로히게강도래	151
구름표범나비	87
구리풍뎅이	36
구와가타마루노린재	173
구치키쿠시히게무시	53
군대개미	128
굴뚝긴노린재	171
굴뚝나비	89
굴벌레나방	105
권연벌레	54
권투앞발꽃사마귀	163
귀뚜라미붙이	187
귀매미	185
귤빛부전나비	92
귤큰별노린재	172
그늘나비	90
그랜트왕장수풍뎅이	24
그리마	192
그물등개미	127
극남노랑나비	83
극동귀뚜라미	158
극동등에잎벌	122
극동혹개미	127
금빛얼룩하늘소	63
금색크리스마스풍뎅이	38
금줄풍뎅이	36
금테비단벌레	52
금풍뎅이	35
기가스왕개미	128
기가스왕대벌레	167
기라파톱사슴벌레	32
기무라거미	191
기바네뿔잠자리	136
기바라각다귀	133
기생나비	84
기생재주나방	104
기시모침벌	122
기에리유지매미	183
기쿠비유리나방	107
긴가위뿔노린재	172
긴광대노린재	171
긴꼬리	158
긴꼬리볼록진딧물	185
긴꼬리부전나비	92
긴꼬리산누에나방	99
긴꼬리쌕쌔기	156
긴꼬리제비나비	80
긴꼬리하루살이	151
긴날개재주나방	104
긴다리개미사돈	45
긴다리파리매	132
긴다리호랑꽃무지	37
긴다색풍뎅이	36
긴모우구멍벌	121
긴수염대벌레	165
긴수염하늘소	65
긴은점표범나비	87
긴촉각범하늘소	64
길앞잡이	42
길쭉꼬마사슴벌레	29
길쭉표본벌레	54
깃주홍나비	84
까마귀밤나방	101
까마귀부전나비	93
깔따구풀색하늘소	63
깔따구하늘소	62
깜보라노린재	170
깽깽매미	181
껍적침노린재	172
꼬리거미	191
꼬마검정송장벌레	45
꼬마넓적사슴벌레	29
꼬마별쌍살벌	119
꼬마잠자리	148

꼬마장수말벌	118	넉점박이큰가슴잎벌레	68
꼭지딱정벌레	43	넉점팔랑나비붙이	105
꼭지소금쟁이	176	넉줄꽃하늘소	63
꽃등에	132	넓은띠녹색부전나비	93
꽃무늬밤나방	101	넓적다리송곳벌	122
꽃무지	37	넓적배사마귀	162
꽃반딧불이	51	넓적뿌리잎벌레	68
꿀단지개미	128	넓적사슴벌레	29
끝검은개미붙이	54	네눈박이밑빠진벌레	54
끝검은말매미충	185	네눈박이송장벌레	45
끝검은메뚜기	155	네발나비	85
끝검은왕나비	91	네점가슴무당벌레	58
끝노랑보라병대벌레	53	네점노랑물명나방	107
끝분홍나비	84	네점무늬무당벌레붙이	54
		넵투누스왕장수풍뎅이	24
		노란띠가지나방	102

나

		노란실잠자리	141
나가아나아키바구미	73	노란줄반딧불이	51
나가후토히게나가바구미	74	노란허리잠자리	147
나나호시광대노린재	171	노랑가슴녹색잎벌레	69
나무결재주나방	104	노랑나비	83
나미에흰나비	84	노랑날개쐐기노린재	172
나비잠자리	147	노랑뒷날개나방	101
난초사마귀	163	노랑무당벌레	58
날개띠좀잠자리	147	노랑배허리노린재	172
날개무늬잎벌	122	노랑범하늘소	64
남방공작나비	86	노랑쌍무늬바구미	73
남방남색꼬리부전나비	92	노랑초파리	133
남방노랑나비	83	노랑침노린재	172
남방녹색부전나비	93	노랑털다리사슴꽃무지	39
남방매미나방	103	노랑털알락나방	106
남방물땅땅이	48	노래기벌	121
남방부전나비	94	노부오오오아오방아벌레	53
남방사마귀물가파리	133	녹슬은방아벌레	53
남방장수풍뎅이	22	높은산노랑나비	83
남방제비나비	80	높은산지옥나비	89
남방차주머니나방	105	누비딱정벌레	43
남색나나니	121	누에나방	104
남색남방공작나비	86	눈나비	84
남색부전나비	92	눈많은그늘나비	89
남색잎벌레	68	느티나무비단벌레	52
남색주둥이노린재	171	는쟁이벌	121
남생이무당벌레	58	능금녹색가루바구미	72
낯표스라소니거미	191	늦털매미	181
냄새개미	127	니혼호호비로방아벌레붙이	54
넉점박이똥풍뎅이	35	닌후호소하나하늘소	63
넉점박이송장벌레	45		

다

다우리아사슴벌레	31
다윈사슴벌레	34
다이세쓰타카네그늘나비	89
다카네그늘나비	89
다카네애보라사슴벌레	31
다카네잠자리	148
다카하시토게바구미	73
단풍뿔거위벌레	74
달무리무당벌레	58
담색긴꼬리부전나비	92
담색물잠자리	140
담흑부전나비	94
대륙무늬장님노린재	171
대만흰나비	84
대모벌	120
대모송장벌레	45
대모잠자리	148
대모파리	133
대벌레	165
대범하늘소	64
대왕거저리	58
대왕박각시	100
대형바퀴	186
덕스왕메뚜기	159
덴구거품벌레	185
도깨비거저리	58
도깨비왕잠자리	145
도사사사키리모도키	157
도손청띠제비나비	81
도시처녀나비	89
도쿄히메길앞잡이	42
도토리거위벌레	74
독나방	103
독수리잠자리	145
독수리팔랑나비	95
돌담무늬나비	88
동남아송장풍뎅이	35
동백밤바구미	72
동애등에	132
동양왕잠자리	145
동쪽베짱이	156
된장잠자리	147
두꺼비메뚜기	154
두눈박이쌍살벌	119
두쌍무늬노린재	171
두점박이좀잠자리	147
두줄감탕벌	120
두줄나비	88
두줄제비나비붙이	102
뒷노랑왕불나방	103
들신선나비	85
등검은맵시사슴벌레	33
등검은실잠자리	141
등검정쌍살벌	119
등빨간긴썩덩벌레	59
등빨간소금쟁이	176
등줄기생파리	133
등황등에	132
디디에리사슴벌레	32
딜라타타왕대벌레	166
딱정벌레붙이	44
땅강아지	158
땅거미	191
땅딸보가시털바구미	72
땅벌	119
때죽나무배거위벌레	74
떠돌이쉬파리	133
똥파리	132
똥풍뎅이 35	

라

라티페니스대왕길앞잡이	44
람프리마사슴벌레	34
레테노르모르포나비	112
렉시아스 알보푼크타타	111
렌지소똥풍뎅이	35
루리머리대장	54
루리바퀴	186
루리알락꽃벌	123
루리하늘소	63
루미스부전나비	92
루이스길쭉벌레	59
루이스방아벌레	53
룩케리광사슴벌레	34
류큐세줄나비	88
류큐유지매미	180
리시리불나방	103

마

마다가스카르비단제비나방	113

마름무늬버섯벌레	54	무늬박이제비나비	81
마스다검은별비단벌레	52	무늬뾰족날개나방	102
마오우카레하사마귀	163	무늬수중다리잎벌	122
만주거품벌레	185	무늬수중다리좀벌	122
말꼬마거미	190	무늬오동나무바구미	73
말똥사슴벌레	29	무늬흰불나방	103
말레이히라타실베짱이	159	무당거미	190
말매미	181	무당벌레	58
말매미충	185	무당벌레붙이	54
말총벌	122	무당알노린재	171
매미나방	103	무라사키오오대모벌	120
매부리	156	무지개거저리	58
맴돌이거저리	58	무지개보석비단벌레	55
맵시방아벌레	53	무카시왕잠자리	142
맵시흑백알락나방	106	무카시잠자리	142
머리먼지벌레	44	물거미	191
먹그늘나비	90	물결부전나비	94
먹그늘나비붙이	90	물땡땡이	48
먹그림나비	88	물맴이	48
먹바퀴	186	물방개	48
먹줄왕잠자리	145	물빛긴꼬리부전나비	92
멋쟁이밑빠진먼지벌레	44	물자라	177
메넬라우스모르포나비	112	물장군	177
메노코가뢰	59	물진드기	48
메스스지물방개	48	뮤엘러리사슴벌레	34
메추리노린재	170	뮬키베르점박이왕나비	91
메추리장구애비	177	미도리나카보소비단벌레	52
메코푸스 아우디네티이	75	미도리물잠자리	149
메탈리퍼가위사슴벌레	33	미도리타니가와하루살이	151
멜리가면사슴벌레	34	미스지간썩덩벌레	59
멤논제비나비	81	미야마까마귀부전나비	93
멧노랑나비	83	미야마부전나비	94
멧누에나방	104	미야마사슴벌레	29
멧팔랑나비	95	미야마하늘소	63
명주잠자리	136	미운사슴벌레	31
모대가리귀뚜라미	158	미카도각다귀	133
모메뚜기	155	미카도호리병벌	120
모세리황금사슴벌레	33	미쿠라미야마사슴벌레	31
모시긴하늘소	65	민도로제비나비	109
모시나비	82	민무늬귤빛부전나비	92
모시보날개풀잠자리	136	민민매미	180
모엘렌캄피왕장수풍뎅이	25	민새똥거미	190
모자주홍하늘소	64	밀잠자리	146
목대장	59	밑드리좀벌	122
목화바둑명나방	107	밑보라붉은점모시나비	111
몸큰가지나방	102		
못뽑이집게벌레	187		

바

바둑돌부전나비	92
바이올린딱정벌레	44
바퀴(독일바퀴)	186
박각시	100
박쥐나방	105
박하잎벌레	68
반날개벼메뚜기	155
반날개하늘소	62
반디하늘소	63
발광방아벌레	55
밤나무산누에나방	98
밤바구미	72
밧타모도키헤리노린재	173
방게아재비	177
방물벌레	177
방아깨비	154
방울벌레	158
방패광대노린재	171
방패실잠자리	141
배나무육점박이비단벌레	52
배자바구미	73
배점무늬불나방	103
배추흰나비	83
배치레잠자리	147
뱀눈그늘나비	89
뱀잠자리	136
버드나무얼룩가지나방	102
버들잎벌레	68
버들하늘소	62
버섯소바구미	74
벌꼬리박각시	100
벚나무모시나방	106
베니몬아게하	82
베니몬치비버섯벌레	54
베니몬코노하	101
베니호시하마키거위벌레	74
베짱이붙이	157
벼노린재	170
벼잎벌레	68
별개미벌	122
별넷버섯벌레	54
별박이세줄나비	88
별박이왕잠자리	145
별선두리왕나비	91
별쌍살벌	119
별줄풍뎅이	36
병대벌레	53
보라금풍뎅이	35
보르네오투구뿔꽃무지	39
보석큰비단벌레	55
복숭아거위벌레	74
복숭아명나방	107
봄매미	181
봄어리표범나비	85
봄처녀나비	89
부채날개매미충	185
부채장수잠자리	143
부처나비	90
부처사촌나비	90
북방녹색부전나비	93
북방띠호리병벌	120
분개미	127
분홍날개대벌레	165
분홍다리노린재	170
불개미거미	191
불나방	103
붉은깽깽매미	181
붉은날개장다리거위벌레	74
붉은땅노린재	171
붉은목도리비단나비	111
붉은무늬침노린재	172
붉은배과부거미	190
붉은배털파리	133
붉은산꽃하늘소	63
붉은제왕비단나비	109
붉은줄무늬네발나비	111
붉은줄무늬호랑하늘소	64
비너스연두꼬마거미	190
비늘개미	127
비단노린재	170
비단벌레	52
빈대	185
빌로오드재니등에	132
빨간도꾸나가깔따구	133
빨간집모기	133
뽕나무명나방	107
뽕나무하늘소	65
뾰족부전나비	92
뿔거위벌레	74
뿔나비	87
뿔나비나방	102
뿔노린재	172

뿔매미	185	섬소금쟁이	176
뿔사슴벌레붙이	45	세로줄길앞잡이	42
뿔소똥구리	35	세로줄무늬하늘소	64
뿔잠자리	136	세아카검정날개버섯파리	133

사

사과나무잎벌레	68	세점박이잎벌레	69
사과하늘소	65	세줄나비	88
사람벼룩	137	세줄박각시	100
사람얼굴노린재	173	센달나무잎말이나방	105
사마귀	162	소금쟁이	176
사무라이개미	127	소나무비단벌레	52
사슴참진드기	192	소바구미	74
사시나무잎벌레	68	솔귀뚜라미	158
사쓰마니시키	106	솔나방	104
사쓰마바퀴	186	솔수염하늘소	65
사자풍뎅이	39	송라여치	159
사탄왕장수풍뎅이	24	송장헤엄치개	177
사토키마다라그늘나비	90	쇳빛부전나비	93
사파이어노린재	173	수수꽃다리명나방	107
사향제비나비	82	수염송곳벌	122
산그늘나비	90	수염풍뎅이	37
산깃동잠자리	147	수중다리꽃등에	132
산꼬마부전나비	94	수풀꼬마팔랑나비	95
산네발나비	85	수풀떠들썩팔랑나비	95
산녹색부전나비	93	스네게후사히게침노린재	173
산부전나비	94	스네케부카히로반날개하늘소	63
산왕거미	190	스즈벌	120
산잠자리	148	스키바독나방	103
산제비나비	81	스티주스 풀케리무스	121
산줄점팔랑나비	95	스페인달나방	113
산측범잠자리	143	시가도귤빛부전나비	92
산푸른부전나비	94	시라오비시데무시모도키	45
산하늘소붙이	59	시로몬오오히게나가바구미	74
산호랑나비	80	시로아나아키바구미	73
살짝수염홍반디	53	시로야요이히메꽃벌	123
삼나무하늘소	64	시로오비나카보소비단벌레	52
삽사리	155	시로오비하라나가배벌	120
상수리밤바구미	72	시리지로히게나가바구미	74
상아잎벌레	69	시베르스하늘소붙이	59
상제나비	84	시이볼드방아벌레	53
샤프물방개붙이	48	신선나비	85
석물결나비	89	실꼬리비단나비	111
선녀벌레	185	실베짱이	157
선녀부전나비	92	십자무늬긴노린재	171
섬서구메뚜기	154	쌍꼬리나비	86
		쌍꼬리부전나비	93
		쌍무늬바구미	72
		쌕쌔기	156

썩덩나무노린재	170	암끝검은표범나비	87
썩덩벌레	58	암먹부전나비	94
쐐기풀나비	86	암붉은점녹색부전나비	93
쑥잎벌레	68	암어리표범나비	85
쓰마구로말벌	119	앞붉은흰불나방	103
쓰마구로매미	180	애거저리	58
쓰마몬긴수염나방	105	애기나방	103
쓰마아카청벌	122	애기사마귀	162
쓰마키배벌	120	애기세줄나비	88
쓰시마멋쟁이딱정벌레	43	애둥근혹바구미	72
쓰시마헤리비로가시잎벌레	69	애매미	182
쓰야하다사슴벌레	30	애물결나비	89
		애물땅땅이	48
		애반딧불이	51
		애보라사슴벌레	31

아

아게하맵시벌	122	애봄매미	181
아마미니세쿠와가타하늘소	62	애비단사슴벌레	31
아마미대벌레	165	애사마귀붙이	136
아마미둥근날개사슴벌레	30	애사슴벌레	29
아마미시카사슴벌레	31	애알락수시렁이	54
아마미톱사슴벌레	31	애여치	156
아무르납작풍뎅이붙이	45	애왕사슴벌레	30
아미메오오가지나방	102	애청삼나무하늘소	64
아미메풀잠자리	136	애측범잠자리	143
아사마줄나비	88	애호랑나비	82
아사히표범나비	87	애황나나니	121
아스파라가스잎벌레	68	야마토밑들이	137
아시비로허리노린재	172	야마토사비사슴벌레	31
아시아실잠자리	141	야마토큰줄흰나비	83
아오하거저리	58	야에야마둥근날개사슴벌레	30
아이누킨딱정벌레	43	야에야마마다라바퀴	186
아카시아진딧물	185	야에야마말매미	181
아카코부코바구미	73	야에야마몬뱀잠자리	136
아카쿠비나가잎벌레	68	야에야마보라나비	86
아틀라스왕장수풍뎅이	25	야에야마쓰다대벌레	165
안테우스왕사슴벌레	33	야에야마쿠비나가길앞잡이	42
알긴썩덩벌레	59	야에야마톱사슴벌레	31
알락귀뚜라미	158	야콘딱정벌레	43
알락꼽등이	157	약대벌레	136
알락똥풍뎅이	35	얇은흰나비	82
알락무늬방아벌레	53	양봉꿀벌	123
알락수염하늘소	65	어리나나니붙이	121
알락풍뎅이	37	어리별쌍살벌	119
알락하늘소	64	어리쌀바구미	73
알렉산더비단나비	110	어리여치	157
알브레크티우리딱정벌레	43	어리장수잠자리	143
암검은표범나비	87	어리호박벌	123

억새노린재	170
언저리잠자리	148
얼룩강도래붙이	151
얼룩나방	101
얼룩사슴벌레	29
얼룩포충나방	107
에구리데오버섯벌레	45
에사키뿔노린재	172
에조요쓰메	98
엑타토소마 티아라툼	166
엔마무시모도키	45
엘라푸스가위사슴벌레	33
여름좀잠자리	147
여섯무늬침봉바구미	73
여수별노린재	172
여왕흰밤나방	113
여치베짱이	156
연노랑흰나비	84
연두금파리	132
연두빛얼룩나비	84
연못하루살이	151
연분홍실잠자리	141
열대붉은팔랑나비	95
열석점긴다리무당벌레	58
열점박이알락가위벌	123
엿소금쟁이	176
오가사와라길앞잡이	42
오가사와라부전나비	94
오가사와라비단벌레	52
오가사와라청실잠자리	141
오각게거미	191
오각뿔장수풍뎅이	25
오나가측범잠자리	143
오니호소반날개하늘소	63
오리나무풍뎅이	36
오베르투에리	39
오비나방	103
오스미긴수염하늘소	65
오시마매미	182
오오루리딱정벌레	43
오오루리수중다리잎벌	122
오오몬배벌	120
오오야마강도래	151
오오토라후꽃무지	37
오오히게부토꽃무지	37
오오히메하나하늘소	63
오오히사시장수풍뎅이	24
오이잎벌레	69
오키나와둥근날개사슴벌레	30
오키나와앞장다리장수풍뎅이	36
옵티마보석풍뎅이	38
옻나무바구미	73
왕가위벌	123
왕귀뚜라미	158
왕그늘나비	89
왕나비	91
왕넓적사슴벌레	33
왕눈이큰비단벌레	55
왕똥풍뎅이	35
왕무늬대모벌	120
왕물결나방	104
왕물맴이	48
왕바구미	73
왕빗살방아벌레	53
왕사마귀	162
왕사슴벌레	29
왕세줄나비	88
왕소금쟁이	176
왕소나무좀	74
왕소등에	132
왕소똥구리	38
왕얼룩나비	91
왕오색나비	86
왕원뿔나방	105
왕은점표범나비	87
왕자팔랑나비	95
왕잠자리	144
왕주둥이노린재	171
왕줄나비	88
왕지네	192
왕청벌	122
왕침노린재	172
왕파리매	132
왕흰줄태극나방	101
왜송곳벌	122
왜알락꽃벌	123
왜코벌	121
왜콩풍뎅이	36
외뿔매미	185
외뿔장수풍뎅이	22
요코야마긴수염하늘소	65
우리벼메뚜기	155
우묵날도래	137
우스몬납작잎벌	122

우스바겨울자나방	102
우스이로쌕쌔기	156
울도하늘소	65
울릉범부전나비	93
울릉비단벌레	52
유럽꼬마딱정벌레	44
유리둥근풍뎅이붙이	45
유리산누에나방	99
유리창갈고리나방	102
유지매미	180
유칼립투스바퀴벌레	186
유키쿠로강도래	151
율리시스제비나비	109
으름밤나방	101
은날개녹색부전나비	93
은줄팔랑나비	95
은줄표범나비	87
은회색부전나비	92
이끼긴수염대벌레	167
이세리아깍지벌레	185
이시가키고마후하늘소	64
이와사키쿠사매미	181
이와타은주둥이벌	121
이질바퀴	186
인젠티시마잠자리	149
일본광채꽃벌	123
일본귤빛부전나비	92
일본꿀벌	123
일본나나니	121
일본노래기벌	121
일본노린내등에	132
일본물잠자리	140
일본숲모기	133
일본애수염줄벌	123
일본애호랑나비	82
일본왕개미	127
일본지옥나비	89
일본풍뎅이	36
임페라토리아제왕매미	183
입치레반날개	45
잇시키키몬하늘소	65

자

자귀나무허리노린재	172
자실잠자리	141
자케부카바구미	75

작은깽깽매미	181
작은녹색부전나비	92
작은멋쟁이나비	86
작은붉은날개벌레	59
작은산누에나방	99
작은주홍부전나비	93
작은표범나비	87
잔산잠자리	148
잔소니앞장다리풍뎅이	39
잘록허리왕잠자리	145
잘모키스제비나비	112
잠자리가지나방	102
장구애비	177
장미가위벌	123
장수땅노린재	171
장수말벌	118
장수유리나방	107
장수잠자리	144
장수풍뎅이	22
재주나방	104
잿빛물방개	48
저녁매미	182
점박이꽃무지	37
제브라집게사슴벌레	33
제비나비	81
제왕비단나비	109
제왕얼룩나비	111
제주꼬마팔랑나비	95
제주밑들이메뚜기	155
제주왕바다리	119
조롱박벌	121
좀길앞잡이	42
좀뒤영벌	123
좀말벌	118
좀매부리	156
좀방울벌레	158
좀뱀잠자리	136
좀사마귀	162
좁쌀메뚜기	155
좁쌀하늘소	62
좁은날개재주나방	104
주름개미	127
주홍긴날개멸구	185
주홍꼽추잎벌레	68
주홍더부살이거미	191
주홍머리대장	54
주홍박각시	100

주홍배가위벌	123	참풀색하늘소	63
주홍하늘소	64	창거미	191
줄꼬마팔랑나비	95	창뿔소똥구리	35
줄나나니	121	창포그림날개나방	105
줄나비	88	철써기	157
줄넓적사슴벌레	30	청동방아벌레	53
줄녹색박각시	100	청동잠자리	148
줄먹가뢰	59	청동풍뎅이	36
줄먼지벌레	44	청동하늘소	63
줄무늬감탕벌	120	청딱지개미반날개	45
줄무늬먹파리	133	청띠신선나비	85
줄무늬물방개	48	청띠제비나비	81
줄배벌	120	청색하늘소붙이	59
줄베짱이	157	청솔귀뚜라미	158
줄사슴벌레	30	청실잠자리	141
줄연두게거미	191	청줄보라잎벌레	68
줄재주나방	104	청줄하늘소	63
줄점불나방	103	청풍이	36
줄점팔랑나비	95	초록비단벌레	52
중국멋쟁이딱정벌레	44	칠레딱정벌레	44
중국별똥보기생파리	132	칠성무당벌레	58
중땅벌	119	칠성털날개나방	105
중미긴다리침노린재	173		
중베짱이	156	## 카	
쥐며느리	192		
지리산팔랑나비	95	카스트니아 프시타쿠스	113
직작줄점팔랑나비	95	카에룰라투스대왕실잠자리	149
진가사잎벌레	69	칼로데마 플레베이아	55
진달라방패벌레	171	캄프메이네르티앞장다리바구미	75
집바퀴	186	켄타우로스장수풍뎅이	25
집쥐진드기	192	코끼리장수풍뎅이	24
집파리	133	코카서스왕장수풍뎅이(케이론청동장수풍뎅이)	25
짓치매미	182	콩명나방	107
짚신깍지벌레	185	콩중이	154
짱구개미	127	큰갈고리나방	102
		큰갈색얼룩꽃벼룩	59
## 차		큰검정파리	132
		큰꼬마사슴벌레	29
차독나방	103	큰나방파리	133
차잎말이나방	105	큰남생이잎벌레	69
참구멍벌	121	큰넓적송장벌레	45
참나무부전나비	92	큰노랑테먼지벌레	44
참나무산누에나방	98	큰노랑하늘소붙이	59
참나무하늘소	62	큰녹색부전나비	93
참말벌(유럽말벌)	118	큰늦반딧불이	51
참빗깃털나방	105	큰딱정벌레	43
참소금쟁이	176	큰먹나비	90

큰멋쟁이나비	86
큰명주딱정벌레	43
큰무늬길앞잡이	42
큰물자라	177
큰밀잠자리	147
큰뱀허물쌍살벌	119
큰별꽃벼룩	59
큰부채명나방	107
큰산알락꽃하늘소	63
큰수중다리송장벌레	45
큰쌀도적	54
큰유리나방	107
큰이십팔점박이무당벌레	58
큰자색호랑꽃무지	37
큰점노랑들명나방	107
큰점박이똥풍뎅이	35
큰점박이푸른부전나비	94
큰조롱박먼지벌레	44
큰줄흰나비	83
큰집게벌레	187
큰털보먼지벌레	44
큰표범나비	87
큰허리노린재	172
큰호랑하늘소	64
큰흰줄표범나비	87
클라비거톱뿔장수풍뎅이	24
클라우디나아그리아스나비	112

타

타란두스광사슴벌레	34
타이완부채장수잠자리	143
타이완저녁매미	182
태양모르포나비	112
털귀뚜라미	158
털매미	181
털보깡충거미	191
털보다리유리나방	107
테두리염소하늘소	65
톱날노린재	171
톱날버들나방	104
톱니다리녹색나뭇잎벌레	166
톱니바퀴산누에나방	99
톱다리개미허리노린재	172
톱사슴벌레	28
톱하늘소	62
통나무좀	54

트룬카타낙엽사마귀	163

파

파란줄얼룩나비	91
파랑쐐기나방	106
파리잡이벌	121
판장수풍뎅이	24
팔점박이먼지벌레	44
팔점박이잎벌레	68
팥중이	154
패리큰턱사슴벌레	32
페리에베니보시하늘소	63
페모라타오오모모부토잎벌레	69
포도유리날개알락나방	106
폭탄먼지벌레	44
표범무늬가지나방	102
푸른딱정벌레	43
푸른띠뒷날개나방	101
푸른베짜기개미	128
푸른병대벌레	53
푸른부전나비	94
푸른잎긴썩덩벌레	59
푸른제왕비단나비	109
푸른측범잠자리	143
푸른큰수리팔랑나비	95
풀무치	154
풀색꽃무지	37
풀색노린재	170
풀색먼지벌레	44
풀종다리	158
풀표범나비	87
풍뎅이	36
풍이	36
프라이토르대왕바구미	75
필리페스무당거미	190

하

하나비라히게부토침노린재	173
하라나가호리병벌	120
하리오오비꽃벼룩	59
하야시노베짱이	157
하이이로히라타치비비단벌레	52
하치조톱사슴벌레	31
한국길쭉먼지벌레	44
한노아오하늘소	65

한라별왕잠자리	145
한라십자무늬먼지벌레	44
항라사마귀	162
허리무늬대모벌	120
허벅호리병먼지벌레	44
허연가슴바구미	73
헤라클레스나뭇잎베짱이	159
헤라클레스왕장수풍뎅이	23
협죽도호크나방	100
형광맵시꽃무지	38
혜성꼬리나방	113
호두나무잎벌레	68
호랑거미	190
호랑나비	80
호랑하늘소	64
호박벌	123
호소쓰야애보라사슴벌레	31
호소쿠비실베짱이	157
호좀매미	182
혹거저리	59
혹바구미	72
혹집게벌레	187
홋카이도봄매미	181
홍가슴개미	127
홍다리사슴벌레	30
홍다리조롱박벌	121
홍도알멸구	185
홍딱지반날개	45
홍띠수시렁이	54
홍반디	53
홍점알락나비	86
홍줄노린재	170
홑거미	191
황가뢰	59
황갈색거위벌레	74
황띠대모벌	120
황띠배벌	120
황말벌	118
황모시나비	82
황소노린재	170
황알락그늘나비	90
황알락팔랑나비	95

황오색나비	86
황초록바구미	72
회색붉은뒷날개나방	101
후박나무하늘소	65
후지녹색부전나비	93
후타스지측범잠자리	143
휘쉐리장수하늘소	62
흑백알락나비	86
흑점박이왕바구미	73
흰뒷날개나방	101
흰띠거품벌레	185
흰띠곰보하늘소	64
흰띠그늘나비	89
흰띠길쭉바구미	73
흰띠명나방	107
흰띠알락나방	106
흰띠제비나비	81
흰무늬왕불나방	103
흰별꽃벼룩	59
흰점박이꽃무지	37
흰점팔랑나비	95
흰점하늘소	65
흰제비불나방	103
흰줄숲모기	133
흰줄표범나비	87
흰줄풍뎅이	37
흰테주둥이노린재	171
히게부토꽃무지	37
히라즈가뢰	59
히라타쿠치키우마	157
히로헤리아오쐐기나방	106
히메대눈파리	133
히메마루바퀴	186
히메반딧불이	51
히메아오쓰야하다방아벌레	53
히메키마다라그늘나비	90
히사마쓰남방장수풍뎅이	22

기타

17년매미	183
88무늬나비	112

KODANSHA no Ugoku Zukan MOVE KONCHU
© KODANSHA, 2011
All Rights Reserved.
Original Japanese edition published by KODANSHA LTD.
Korean translation rights arranged with KODANSHA LTD.
through Shinwon Agency Co.
Korean edition published in 2019 by LUDENS MEDIA Publishing Co., Ltd.

이 책의 한국어판 저작권은 ㈜신원에이전시를 통해 저작권자와 독점 계약한 루덴스미디어㈜에 있습니다.
저작권법에 의하여 한국 내에서 보호를 받는 저작물이므로 무단 전재 및 복제를 금합니다.

[감수]
요로 다케시 (해부학자, 일본 도쿄대학교 명예 교수)

[특별 협력]
다카쿠와 마사토시 (일본 가나가와현립 생명의별·지구박물관 명예 관원)

[기획·조정]
이토 야스히코 (일본갑충학회)

[표본 제공·지도]
아라이 다카오(매미, 벌) / 이토 후쿠오(메뚜기) / 이토 야스히코(딱정벌레, 노린재) /
오조노 아키라(잠자리) / 기무라 마사아키(나방, 풀잠자리, 하루살이 등) /
구리야마 사다무(나비) / 사토 다케히코(흰개미) / 스다 히로히사(벌) /
다니가와 아키오(거미) / 데라야마 마모루(벌, 개미) /
나가하타 나오카즈(사마귀, 집게벌레, 외국산 곤충 등)

[지도·협력]
이시카와 다다시(노린재) / 이토 노리마사(파리, 등에, 모기) / 소린 마사토(진딧물)

[표본 제공]
아키타 가쓰미 / 아키야마 히데오 / 엔도 다쿠야 / 오노 가쓰지 /
가와다 가쓰유키 / 간노 요시히코 / 기시다 야스노리 / 기노시타 소이치로 /
기무라 쇼조 / 구도 세이야 / 구라니시 료이치 / 시바타 요시히데 /
스기모토 마사시 / 세이노 모토유키 / 다케우치 마사토 / 다테노 히로시 /
도모나가 마사아키 / 나가이 신지 / 나카지마 히데오 /
나카야마 쓰네토모 / 하마지 히사노리 / 하야시 후미오 / 마노 다카유키 /
야고 마사야 / 야노 다카히로 / 야마다 나리아키 / 요시다 지로

[협력]
이토 기오 / 우에다 고이치 / 우시지마 유이치 / 우치다 시게카즈 / 가와이 신야 /
기쿠치 마리카 / 구사카베 요시야스 / 고바야시 노부유키 / 사사키 아키오 /
다카하시 게이이치 / 다케다 마사시 / 나카자토 도시히데 / 나카무라 신이치 /
니사토 다쓰야 / 니이노 다이 / 니혼대학 생물자원과학부 박물관 / 후지타 히로시 /
후루카와 마사미치 / 가도타 와타루 / 요시다 유즈루 / 와케시마 데쓰토

[일러스트]
다테노 히로시

[표본 촬영]
스기야마 가즈유키 (고단샤 사진부)

[사진 협력]
[특별 협력] 운노 가즈오 (속표지, 2~3, 7, 9 , 11, 13~16, 20~23, 26~28, 35~38, 40~42, 45~48, 50~51, 53~58, 61~62, 66~67, 70~71, 75, 77~80, 82~83, 85, 91, 94, 96~100, 103~106, 108~109, 111~117, 119, 123~128, 130~131, 133, 135~140, 142, 144, 146, 149, 151~156, 158~168, 170, 173~175, 177~180, 183~184, 186~189, 192)
[커버 사진] 고히야마 겐지 [앞 면지] 가와사키 사토시 [뒤 면지] 고히야마 겐지
아오키 노보루(18) / 아다치 나오키(176) / 이토 후쿠오(158) / 이토 야스히코(11, 69, 73, 128) / 이마모리 미쓰히코(8~11, 16, 28, 55, 137, 183) / 우치야마 류(151) / 오가와 히로시(61, 135) / 오키 가즈시(2, 91) / 오조노 아키라(42, 52, 94, 138~139, 149) / 주식회사 네이처 프로덕션(41, 51, 61, 106, 134~135, 151, 175, 182) / 기타조에 노부오(175) / 구도 세이야(106, 107) / 구리바야시 사토시(17, 20, 40~41, 51, 60, 134, 152) / 일본 국립감염증연구소 곤충의과학부(133, 137, 185, 192) / 고히야마 겐지(9, 23, 32, 72, 75, 118, 127) / 곤충문헌 롯폰아시(22, 37) [※검은둥근장수풍뎅이, 오오히게부토꽃무지 사진은 일본 장수풍뎅이연구회 감수 『일본산 풍뎅이상과 도감 제2권 식엽군 1』(곤충문헌 롯폰아시 간행)에서 전재] / 사가와 히로유키(191) / 사토 다케히코(9, 12~13, 15~16, 58, 77~79, 97, 102, 108, 110, 129, 131, 133, 137, 185) / 시로아리햐쿠토반 주식회사(129) / 신카이 다카시(106~134) / 스즈키 도모유키(60, 186) / 다카이 미키오(2, 168~169) / 다카쿠와 마사토시(19) / 다카시마 기요아키(56, 68, 78~79, 108) / 쓰키지 다쿠로(46, 54, 133, 135, 151, 171, 177, 185, 187, 192) / 독립행정법인 과학기술진흥기구 이과네트워크(7) / 나카세 준(3, 150) / 나카세 유타(137) / 나가하타 요시유키(19, 60, 127) / 마스다 모도키(41) / 미나토 가즈오(51, 182) / 야마구치 시게루(35, 64) / 야마구치 스스무(149, 166) / 유한회사 무시샤(22)
[※히사마쓰남방장수풍뎅이 사진은 무시샤에서 제공]

[편집 제작]
주식회사 도메

[표지·속표지 디자인]
기도코로 준+세키구치 신페이 (JUN KIDOKORO DESIGN)

[본문 디자인]
하라구치 마사유키, 아마노 히로카즈 (DAI-ART PLANNING)

루덴스미디어

움직이는 도감
MOVE 곤충

편저 고단샤
감수 요로 다케시
역자 박재영
찍은날 2019년 8월 16일 초판 1쇄
펴낸날 2022년 11월 30일 초판 3쇄
펴낸이 홍재철
편집 정연주
디자인 박성영
마케팅 황기철·안소영
펴낸곳 루덴스미디어(주)
주소 경기도 고양시 일산동구 무궁화로 43-55, 604호(성우사카르타워)
홈페이지 http://www.ludensmedia.co.kr
전화 031)912-4292 | **팩스** 031)912-4294
등록 번호 제 396-3210000251002008000001호
등록 일자 2008년 1월 2일

ISBN 979-11-88406-64-7 74400
ISBN 979-11-88406-60-9(세트)

결함이 있는 책은 구입하신 곳에서 바꾸어 드립니다.
값은 뒤표지에 있습니다.

이 도서의 국립중앙도서관 출판시도서목록(CIP)은 e-CIP홈페이지
(http://www.nl.go.kr/ecip)에서 이용하실 수 있습니다. (CIP제어번호 : CIP2019031684)

서바이벌 만화 수학상식

(전 8권)

가상의 세계에서 펼쳐지는 인류의 운명을 건 수학 서바이벌!

글 류기운 | 그림 문정후 | 올컬러

수학세계에서 살아남기
전 8권 세트

서바이벌 만화 문명상식

(전 8권)

국내 누적 판매 100만 부!
코믹 무장 문명 서바이벌!

글 코믹컴 | 그림 문정후 | 올컬러

코믹컴 전화 | 031)912-4292 팩스 | 031)912-4294 루덴스미디어(주) http://www.ludensmedia.co.kr

정글에서 살아남기 (전 10권)

돌연변이의 공격은 아직 끝나지 않았다!
목숨을 건 쫓고 쫓기는 추격전이 펼쳐진다!

서바이벌 만화 생태상식

글 코믹컴 | 그림 네모올컬러

정글에서 살아남기 전 10권 세트

'살아남기' 시리즈 결정판!

특별 선물! 10+1

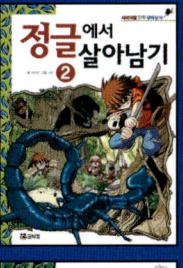

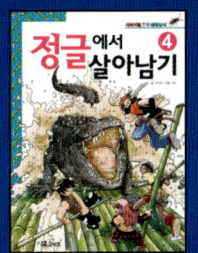

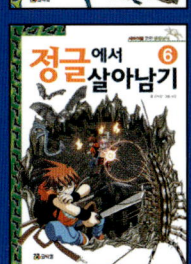
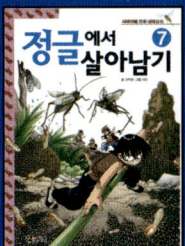

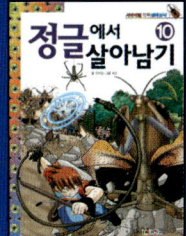

코믹컴 전화 | 031)912-4292 팩스 | 031)912-4294 루덴스미디어(주) http://www.ludensmedia.co.kr

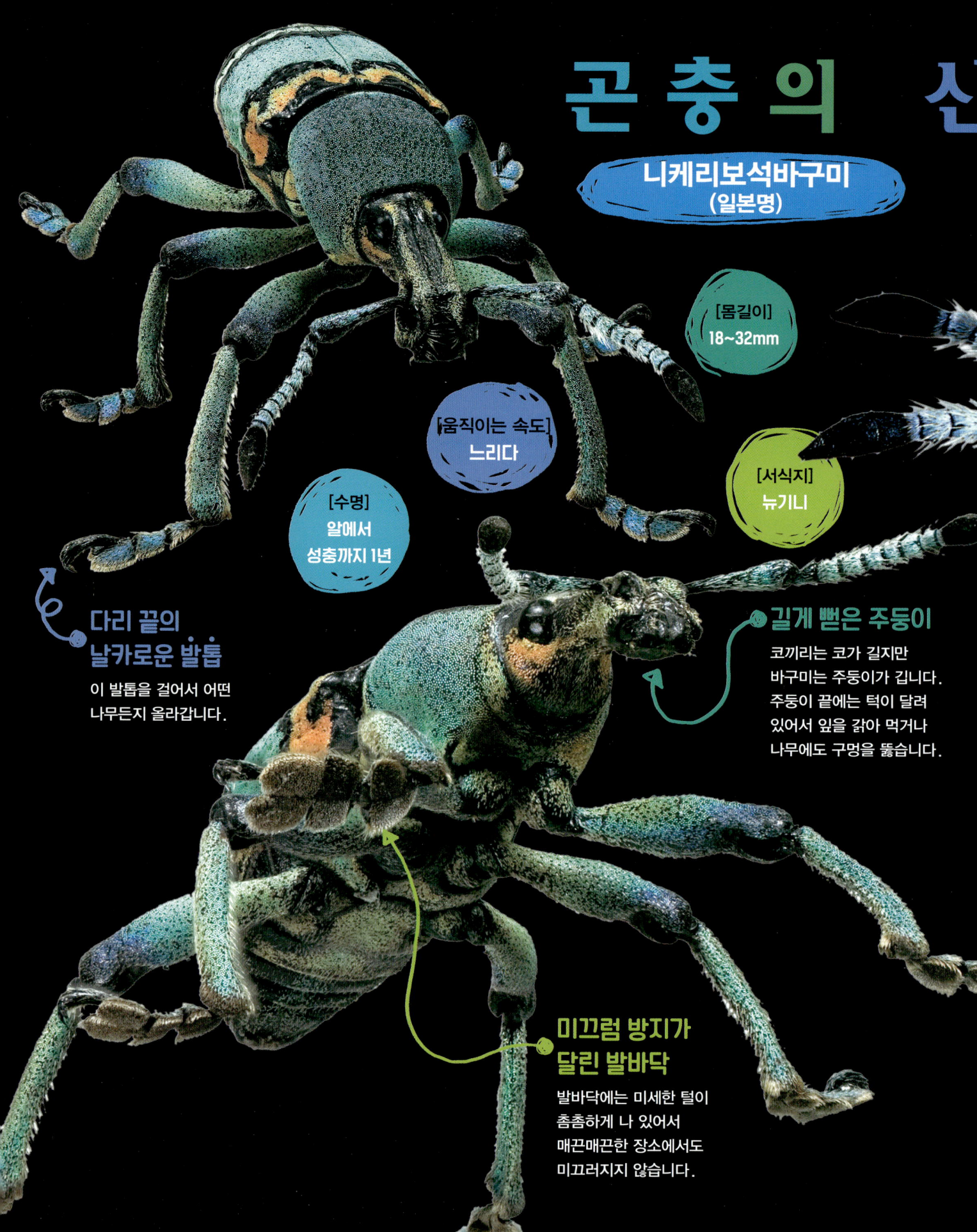

곤충의 신

니케리보석바구미
(일본명)

[몸길이]
18~32mm

[움직이는 속도]
느리다

[서식지]
뉴기니

[수명]
알에서 성충까지 1년

다리 끝의 날카로운 발톱
이 발톱을 걸어서 어떤 나무든지 올라갑니다.

길게 뻗은 주둥이
코끼리는 코가 길지만 바구미는 주둥이가 깁니다. 주둥이 끝에는 턱이 달려 있어서 잎을 갉아 먹거나 나무에도 구멍을 뚫습니다.

미끄럼 방지가 달린 발바닥
발바닥에는 미세한 털이 촘촘하게 나 있어서 매끈매끈한 장소에서도 미끄러지지 않습니다.